明远教育基金
MING YUAN EDUCATION FOUNDATION

"四有"好老师系列丛书

顾明远　总主编

走在行知教育实验的路上

杨瑞清

著

北京师范大学出版集团
BEIJING NORMAL UNIVERSITY PUBLISHING GROUP
北京师范大学出版社

特别感谢顾明远教育研究发展基金

对丛书的大力支持！

总序："四有"好老师引领教师成长

　　2024 年是习近平总书记提出"四有"好老师 10 周年。10 年前的教师节前夕，习近平总书记来到北京师范大学考察，与师生代表座谈。会上，他勉励师生从事教师这一崇高的职业，论述了教师的作用："教师是人类历史上最古老的职业之一，也是最伟大、最神圣的职业之一。"①习近平总书记引用人们常说的一句话："教师是太阳底下最崇高的职业。"并提到，自古以来，中华民族就有尊师重教、崇智尚学的优良传统，"国将兴，必贵师而重傅；贵师而重傅，则法度存"。中华民族 5000 多年文明发展史上，英雄辈出，大师荟萃，是与一代又一代教师的辛勤耕耘分不开的。教师之所以重要，是因为教师的工作是塑造灵魂、塑造生命、塑造人的工作。习近平总书记说："一个人遇到好老师是人生的幸运，一个学校拥有好老师是学校的光荣，一个民族源源不断涌现出一批又一批好老师则是民族的希望。"继而，他希望教师在科技进步日新月异、国际竞争日趋激烈的形势下，认

---

　　①　习近平：《做党和人民满意的好老师——同北京师范大学师生代表座谈时的讲话》，载《人民日报》，2014 年 9 月 10 日。

清肩负实现"两个一百年"奋斗目标、中华民族伟大复兴中国梦的使命和责任，努力为发展具有中国特色、世界水平的现代教育，培养社会主义事业建设者和接班人作出更大的贡献。

怎样才能成为好老师呢？习近平总书记提出了四条标准。

第一，做好老师，要有理想信念。习近平总书记从我国历史上对教师的理解一直谈到今天对教师的要求，提出教师应是"经师"和"人师"的统一。他说，正确的理想信念是教书育人、播种未来的指路明灯。教师要始终同党和人民站在一起，自觉做中国特色社会主义的坚定信仰者和忠实实践者，忠诚于党和人民的教育事业，自觉把党的教育方针贯彻到教学管理工作全过程，严肃认真地对待自己的职责。

第二，做好老师，要有道德情操。习近平总书记说："老师的人格力量和人格魅力是成功教育的重要条件。"合格的老师首先应该是道德上的合格者，好老师首先应该是以德施教、以德立身的楷模。他希望老师把正确的道德观传授给学生。好老师的道德情操还包括师德。习近平总书记说，师德是深厚的知识修养和文化品位的体现，师德需要教育培养，更需要老师自我修养。习近平总书记非常关心教师，他说："现在，很多地方做老师还比较清苦，特别是农村基层小学老师很辛苦，收入不高，物质生活不是很宽裕，有些家庭负担较重的老师生活还比较困难。"他要求各级党委和政府都要关心广大老师的生活。同时，教师要有"衣带渐宽终不悔，为伊消得人憔悴"的精神，兢兢业业做好工作。做老师最好的回报是学生成人成才，桃李满天下。

第三，做好老师，要有扎实学识。习近平总书记说，扎实的知识功底、过硬的教学能力、勤勉的教学态度、科学的教学方法是老师的基本素质，其中知识是根本基础。所谓学识，不仅要有学问，还要有见识。习近平总书记认为，在信息时代做好老师，不仅要有胜任教学的专业知识，还要有广博的通用知识和宽阔的胸怀视野。他要求老师始终处于学习状态，站在知识发展前沿，刻苦钻研、严谨笃学，不断充实、扩展、提高自己。

第四，做好老师，要有仁爱之心。习近平总书记说："教育是一门'仁而爱人'的事业，爱是教育的灵魂，没有爱就没有教育。"他说，教育风格可以各显身手，但爱是永恒的主题。爱心是学生打开知识之门、启迪心智的开始，爱心能够滋润浇开学生美丽的心灵之花。他特别强调，老师要有尊重学生、理解学生、宽容学生的品质。老师要热爱每个学生，不能因为有的学生不讨自己喜欢、不对自己胃口就冷淡、排斥，更不能把学生分为三六九等。他说，老师在学生心目中具有重要地位，老师无意间的一句话，可能造就一个天才，也可能毁灭一个天才。这些讲话都具有很强的针对性，值得老师们认真思考。

习近平总书记所述好老师的标准，既有理论的论述、历史经验的解释，又有对现状的分析和具体的要求，具有很强的针对性和现实性。"四有"好老师一直引领着我国教师队伍的建设。

这十年来，习近平总书记到学校考察时，都要提到教师，提出对教师的要求。2016年9月9日，习近平总书记在与北京市八一学校师生座谈时，再一次提到教师的重要，他鼓励教师做学生锤炼品格的引路人、学习知识的引路人、创新思维的引路人、奉献祖国的引路人。① 同年12月，习

---

① 《全面贯彻落实党的教育方针　努力把我国基础教育越办越好》，载《人民日报》，2016年9月10日。

近平总书记在全国高校思想政治工作会议上强调，教师是人类灵魂的工程师，承担着神圣使命。[①] 2021 年，习近平总书记在视察清华大学时提出教师要做"大先生"。在党的二十大报告中，习近平总书记进一步强调："加强师德师风建设，培养高素质教师队伍，弘扬尊师重教社会风尚。"上述讲话为教师的培养和专业成长指明了方向。2022 年 9 月 8 日，习近平总书记给北京师范大学"优师计划"师范生回信，希望他们努力学习，毕业以后到祖国和人民最需要的地方去，努力成为党和人民满意的"四有"好老师。2023 年 9 月 9 日，在第三十九个教师节到来之际，习近平总书记致信教师代表时又提出了"教育家精神"。

从"四有"好老师、"四个引路人"、大先生，再到教育家精神，习近平总书记关于教师的一系列论述，形成了对广大教师思想、道德、学识、能力、作风、纪律等方面全方位的系统要求，赋予了人民教师崇高的地位和神圣的职责使命，是新时代进一步打造高素质教师队伍，推进教育高质量发展的行动指南。学习好、领会好、贯彻好、落实好习近平总书记关于教师队伍建设的重要论述精神，对于全面提升教师队伍质量和水平、加快推进教育现代化、建设教育强国具有重大而深远的现实意义。

顾明远

2024 年 6 月

---

① 《把思想政治工作贯穿教育教学全过程　开创我国高等教育事业发展新局面》，载《人民日报》，2016 年 12 月 9 日。

目　录

第一章

扎根：村校一体，生活育人

1

进城还是回乡

1978年，我初中毕业，进入陶行知先生创办的南京晓庄师范学校（以下简称晓庄师范）学习。

三年的中等师范学校（以下简称中师）经历，使我产生了"脱胎换骨"般的变化。这三年除了给我打下了良好的学业基础，如普通话、粉笔字等，也让我有了自己的爱好——音乐。我不仅可以熟练地操作脚踏风琴，还可以将它拆开检修。我最大的收获是什么呢？是了解了陶行知先生的生平事迹，接触了他的教育思想。

记得刚入学时，给我们上第一堂课的是辛国俊老师。辛老师在新生大会上给我们讲学校的历史，讲陶行知先生的故事和名言……那一堂课给我留下了极其深刻的印象。

我很快便知道辛老师居然就是我们的语文老师、班主任！我感到特别幸运！在中师的整个学习过程中，辛老师给予了我非常多的帮助和引导。在我看来，辛老师就是行知精神、行知教育的践行者，就是言行一致、知行合一的典范，他的话常常会在我心灵的土壤里落地生根。也因为他，我有幸参与了一些关于陶行知文稿的誊抄和图片的整理工作，这个过程让我的心灵受到了很大的触动。

让我印象特别深刻的是 1980 年 3 月，晓庄师范举办复校 30 周年庆祝活动，当时邀请到了陶行知先生的一些学生，我有幸参与了接待工作。

我负责接待的那位老先生是操震球。他是陶行知先生创办的晓庄师范招收的第一批 13 个学生之一，在报考晓庄师范之前，是清华大学三年级的在校学生。那个时候的年轻人居然能够为了自己的理想、心愿，放弃清华大学的学籍，毅然到南京追随陶行知先生，这对我也有很大的触动。

我搀扶着操震球先生在校园里走，一路将他带到我所在的班级参加班会。在班会课上，操震球先生动情地讲述了陶行知先生的故事，最后声情并茂地朗诵了陶先生的那首诗：

> 我是中国人，
>
> 我爱中华国，
>
> 中国现在不得了，
>
> 将来一定了不得！

说到最后一句"将来一定了不得"时，他噌的一下子就站起来了，声音提高了一个八度，我们在场的所有人都震惊了，特别受感染，那个场景至今都特别让人难忘。

1981年，快要毕业的时候，同学们有时候会围着辛国俊老师一起畅谈未来。有一位同学提议："将来毕业以后，我们可以找一批人一起到一个偏远的地方去办一所学校，这所学校就叫'行知小学'，我们也要像陶行知先生一样干一番事业！"说者无心，听者有意，这个提议一下子在我的心中掀起了波澜，从此我的脑海里就一直盘旋着一个问题：毕业以后如何去办一所践行陶行知教育思想的学校？

1981年3月，上海市陶行知研究会与江苏省陶行知研究会联合在南京大学举办陶行知生平事迹展览会。办展览会需要有人去服务，特别是晚上得有人去看管展品，辛老师便推荐我去。我在展览会上认识了一个叫李亮的同学，他也在晓庄师范读书，与我同届不同班。

白天，我们看到陶行知先生的夫人吴树琴女士以及南京大学的部分师生来看展览，听他们热烈地讨论，深受感染。特别是陶行知先生在育才学校的学生吕长春，从早到晚一直都在激动地讲解，声音嘶哑了也不肯休息。那份投入、那份情感深深地打动着人们。我一遍又一遍地听，一遍又一遍地在脑海里描绘着陶行知先生当年前行的足迹，心中"要办行知小学，要走行知路"的想法变得更加坚定、更加清晰。

晚上，展览大厅归于平静，就剩我和李亮两个人看管展品，在一种神圣的气氛中，我跟李亮彻夜畅谈。我把要办行知小学的想法告诉了他，谁知还没等我说完，他就激动地说："太好了，我正好也有这个想法，咱们一起干！"

于是，一个人的想法就变成了两个人的，两个年轻人的命运与友谊也从此紧紧联系在一起。

怎样把想法变成行动呢？辛老师给我们出了个主意，让我们把想法写成一份志愿书。我们就把要学陶行知、要征集一批志同道合的"志愿兵"、要到偏僻的地方去办一所行知小学、要在学校实践陶行知教育思想、要教好农民的孩子等想法写出来，变成一份志愿书。

为了征集"志愿兵"，我们找来钢板、蜡纸，由写字好看的李亮将我们的志愿书刻写出来，然后借用学校团委的油印机，印了 90 份。我们特意选择了五四青年节这一天，在学校里面散发志愿书。我们感觉很神圣、很神秘，也很兴奋。很快，全校师生开始传阅我们的志愿书，随之而来的是各种议论声。

有人挖苦，说我们"不自量力""爱出风头"，这些我们都不在乎。但有一种说法让我俩急了，说"这两个人想自己办学校，就是一个想当校长，一个想当主任"。我们把委屈说给当时担任晓庄师范办公室主任兼江苏省陶行知研究会秘书长的汤翠英老师听。汤老师语重心长地对我们说，陶行知先生当年办学校遇到的困难更多、更大，但是他认为，困难好比铁钉，我们要把自己的头变成钢头，用钢头碰铁钉，困难就不在话下了……

汤老师的开导大大增强了我们的信心，于是我们硬着头皮，不管别人怎么说，继续畅想着"行知路"。但现实中的困难远比舆论的压力大。现实是，谁愿意做杨瑞清、李亮的"志愿兵"呢？让两个初出茅庐的师范生领着一批人去办一所学校，简直就是异想天开。

一直到 6 月底我们快要毕业时，也没有征集到"志愿兵"，办行知小学的想法也没有着落。按照当时的毕业分配政策，我们得回到各自的县里去。李亮跟我不是一个县的。我们找到学校领导，提出请求：把我们两个人分到一所偏僻落后的乡村小学去工作。即使没有"志愿兵"，办不成行知小学，我们也要学习陶行知，为农民办教育。

这个想法最终得到了晓庄师范领导的支持，他们向南京市教育局进行了汇报。市教育局的一位副局长特地来学校找我俩谈话，对于我们主动要求到乡村学校任教的行为表示赞赏，勉励我们做好吃苦的思想准备。

在市教育局的协调下，江浦县（今浦口区）教育局对我和李亮很重视，局长亲自领着我们去选学校。看了几所学校后，我们看中了建在土墩上，只有一、二、三年级几十个学生的一所叫"果场"的初小。从县城到这所学校要先乘公共汽车，下了车再步行半小时左右。那是我们理想中的环境，我们决定选择这所学校，领导也当即表示同意。

可是等到快开学的时候，教育局跟我们说原先选的那所学校很快要被撤并了，决定让我们到建设乡五里小学任教。五里小学是一所农村完全小学，一个年级一个班，还附带一个学前班。因为之前磕磕碰碰走过来，对现实也有了更多的接纳和准备，所以我俩也没有太抗拒，只能去报到。

首先得安顿下来，住哪里？吃什么？黄庆元校长克服困难，为我们腾出了用芦席做隔墙的半间小屋，准备了两张木板床。我们在走廊上放了一个小煤炉，一日三餐，自己料理生活。后来发现买菜是最大的难题，周边没有集市，只能每到星期天，我俩步行八九里路，到集市上去买一次菜。有时候，我们会跟农民借一辆板车，把米和煤这些重的东西拉回来。那个时候我们还不会骑自行车，一个月的工资是 28 块 5 毛，而一辆自行车要 150 块，短期内也买不了自行车。农民们看到我俩满脸稚气，经常弃得灰头土脸，议论纷纷，甚至断言：分到这里的两个小年轻肯定是被好学校挑剩下的！

对于这样的生活、这样的议论，我们并没有太放在心上。初为人师，我们内心充满激情；路在脚下，我们要用行动证明自己！

我们向校长申请教一年级。办不成行知小学，我们可以在自己任教的班级里实践陶行知教育思想，我们要办行知实验班。开明的校长满足了我们的愿望，让我和李亮两个人教一年级，我教语文，他教数学，我教音乐，他教美术，一起当班主任。可是，还不到一个月，学校有老师生病了，校长就让李亮去教毕业班的语文，当毕业班的班主任，而我就成了一年级的包班老师。

就这样，我们开启了漫长的乡村教师生涯。

进城还是回乡？在这个抉择中，几位教育前辈的关心和指引，令我深受鼓舞，终生难忘。

1980年12月12日，晓庄师范请李吉林老师来学校做报告。听完精彩的报告后，我激动地递给李老师一张纸条：

李老师，和您一样，我将来出去工作时也是18岁。我要做一个像您这样的好老师。

李老师看过纸条，微微一笑，在纸条背面写道：

杨瑞清同学：为了孩子的明天奋战一生。

我至今还将这张纸条珍藏在日记本里。

1981 年 5 月，在辛国俊老师的引荐下，我和李亮拜访了斯霞老师。斯老师看到我们的志愿书后，高兴地说："年轻人就是要立大志，做大事。"

工作以后，我不断找机会向斯霞老师、李吉林老师请教，不断学习、实践、体悟"童心母爱""情境教育"的精妙意蕴，受益极深。

1981 年 7 月，陶行知先生的学生刘季平给晓庄师范汤翠英老师的回信中写了这样一段话：

> 杨瑞清、李亮两位同学关于试办"行知实验小学"的志愿书，令人感到振奋。很希望他们能在始终坚持四项基本原则，努力为逐步实现四个现代化服务的大方向上，好好研究和发展陶行知先生一切有利于当前我国社会主义建设的好经验，发扬他们所说的"勇于创新、大胆实践"的精神，实事求是，扎扎实实地为改造和发展我国农村教育做出尽可能大的贡献。

多年来，刘季平先生的这段话一直伴随着我们走在行知路上，使我们内心充满感动，充满力量。

2

从政还是从教

1981 年，我和李亮来到五里小学，工作很投入。一开始，村民并不看好我们。但是，因为我们非常用心地做事情，他们都看在眼里，所以很快大家都说学校来了两位好老师。村长也经常到学校看望我们，大家慢慢就有了一种想要改变这所学校落后面貌的共同愿望。

1982 年春天，五里村的农民在村长的倡导下，自发集资为学校新建校舍。我还记得，村长带着黄庆元校长、李亮和我，去选定新校址。我们走到村里适中的地方，在小河边的位置，村长说："我们就在这儿盖一所新学校。"那一幕给我留下了非常深刻的印象。

说干就干，没用多长时间，就在小河边盖起了一排平房。

暑假过后，因为新校舍还没有完全建好，所以只有高年级和学前班在新学年搬到了新校舍，我跟李亮两个人还留守在原来的老校舍。

　　到年底，校舍完全建好了，我们带着学生也搬进了新校舍。算起来，我们在小山坡上简陋的校舍里只待了一年多的时间。或许五里小学的变化给人们留下了深刻的印象，也可能是有关领导看到了我有点干劲儿，1983年春天，我突然接到调令，组织上决定调我到江浦县担任团县委副书记。

　　接到调令，我既犹豫又矛盾。因为我当时对在五里小学办行知实验班是特别投入的，而且已经做好了持续奋斗的准备。大家感觉我接到调令好像中了大奖似的，所有人都来祝贺我，认为这是前途无量的好事。我也有了一点好奇心，甚至有了一点虚荣心。既有想去的愿望，又有不舍的情感，非常矛盾。

　　最后，还是要服从组织的安排。

　　难忘的是，走之前，班上开欢送会，学生们哭成了一个个小泪人，学生家长给我送笔记本，送鸡蛋……特别是村长说："说心里话，真舍不得你走；但是，我们又不能耽误你的前途。"

　　经过相关程序，我成了团县委副书记，开始在团县委上班。工作了很短的一段时间之后，我内心就不像以前那样犹豫和矛盾了。我感觉到自己的好奇心消失了，虚荣心得到满足了，取而代之的是对原来学校、对老师工作的无限怀念、无限向往。

　　从教还是从政，对比下来，我感觉自己还是应该当老师。至于为什么，可能还说不清楚，但是情感的天平还是倾斜过来了。

　　之后，我尝试着跟领导汇报思想，也表达了想要回去的愿望。但毕竟这需要组织上进行很严肃的考虑，不是说我想回去就能回去的。领导也担心我是一时冲动，所以也都劝我，希望我能够服从大局，目光放长远，认识到团县委这个工作岗位可以发挥更大的价值等。

我表面上好像被他们说服了，但是心里更加不安。这个过程中发生了一件事，有一天，村长找到我，让我为他代笔给教育局写封信，表达这样的心愿："自从杨老师和李老师来了以后，学校有了很大的变化，老百姓看到了学校发展的希望，也愿意支持学校，可惜杨老师又被调走了。我们希望教育局能够分配更多的好老师来，改善乡村的教育面貌，我们依然愿意继续投入，继续改善办学条件，让学校办得更好。"

在代村长写这封信的时候，我内心感慨万千。因为我看到了农村教育的落后，看到了农民对让孩子受到好的教育那强烈的愿望，以及想改变学校落后面貌的那种心情，它们真真切切地触碰到了我的情感深处。尤其是在交流过程中，村长说我们不能光办一个行知实验班，要把学校早日办成行知小学。

其实他们并不了解陶行知，是我们反反复复跟他们说，我们将来要办行知小学。那时，好像我们并没那么急，反倒是他们等不及，恨不得马上就要办行知小学。

我把这封信写好后，村长就签名盖章，把它寄到教育局了，结果在教育局引起了很大的反响。后来我专门去拜访了教育局局长，局长也表示说："我们一定要支持这所行知小学，要早点把它办成。"那天我在日记里面记下了局长跟我讲的这番话。

就是农民的心愿、教育局支持的态度，促成我下决心要回到学校。1983年7月1日，我跟李亮在学校里面过了20周岁的生日。李亮的生日在 7 月 1 日前，我的生日在 7 月 1 日后，我们俩就选了个中间有意义的日子一起过生日。在生日会上，我很激动地表达了这个决心，我说："我是铁了心一定要回来的，哪怕是跑回来。"

在这之后，长江发大水，我作为年轻干部，被派到江边防汛，整个暑假期间几乎都是在江边度过的。参加防汛的就有五里村的书记和农民。我跟他们天天打交道，经常交谈，在这过程中，我回去的想法更加强烈了。

最后有一件事直接推动了我回到学校。那是在 1983 年 9 月 5 日，我接到通知，日本专修大学斋藤秋男教授要来访问我们五里小学。这可是一件大事情，据说那是江浦县有史以来第一次接待外宾，当然也是我们学校第一次接待外宾。

日本学者为什么会到访呢？因为他是研究陶行知的专家。他曾说过，陶行知不仅属于中国，也属于全世界。①

他在晓庄师范我的老师那里了解到，有两个年轻人在乡村学校实践陶行知教育思想，办起了行知实验班。他很好奇，也特别赞赏，就要过来看看。

当时全国刚刚恢复对陶行知的学习研究，行知实验班是一个小的生长点。作为研究陶行知的专家，斋藤秋男教授到处考察，他发现行知实验班是一块自发长起来的试验田，很看重它的实验价值。他来访问时，县领导、教育局领导也都一起陪同。

这件事情之后，县委组织部的领导找我谈话，征求我的意见。当然，

---

① 张劲夫：《思陶集》，304 页，北京，华夏出版社，1994。

我的心思早就飞回去了，我毫不犹豫地就表了态。

就这样，我回到了学校，继续带我那个班。好在我 5 月离开这个班，7 月、8 月放暑假，9 月初就回来了，所以只耽误了两个月。

我回来这件事情也引发了很大的关注，很多人都不理解。一种极端的说法是，我犯错误了，给遣送回来了。我也不去理会。

还有一种说法是我关注的，认为这种选择是很傻的。这让我想到了陶行知的《傻瓜》那首诗："傻瓜种瓜，种出傻瓜。惟有傻瓜，救得中华。"①这首诗在那个时候就是我的精神力量。我把它抄在笔记本上，并在日记里面写了这样一句话："从此我就铁了心做乡村教师，既然回来了，我就不会再动摇了。"

人各有志，可以选择走自己的路。现在回过头来想想，其实我走了一条适合自己的路，这条路也适合我那时的状态。当然，我也可以在团县委努力工作，不断上进。

如果你现在问我，选择这条路有没有后悔？

一开始回去时，我还会有一点患得患失的感觉，会问自己是不是真傻，将来会不会后悔。因为人们告诉我说，团县委的工作会使我的人生价值更大。

人生价值究竟在哪里？

我带着这样一个问题，经过了很长一段时间的探索和思考，为此还给自己创造了一个公式：人生价值＝奉献量÷获取量。人生价值的大小不在

---

① 《陶行知全集》第 7 卷，597 页，成都，四川教育出版社，2005。

于你的地位的高低，你创造的价值大，得到的人生价值就大，实际上我是在给自己的选择找一个能说服自己的理由。

现在回过头来看，我完全想明白了，人生要走适合自己的道路。

3

解脱还是坚守

我常常会回忆起，小河边那间灯火通明的教室，以及我们在里面欢送教师的场景。在乡村学校成长起来的骨干教师大多会被调到城里教书或被提拔当干部。每次有教师接到这种调令，我们全体教师都会在学校里为他们开欢送会，大家都有一点不舍，也会表达相互的勉励。其实，对我来讲，在欢送的过程中，内心是很煎熬的。

那个时候，我已经是校长了。作为校长，我希望办好这所学校，而办好这所学校最重要的力量就是骨干教师，偏偏骨干教师是最容易被调走的。有的教师因工作的需要被调走；有的教师因个人的需要，或是认为乡村学校比较封闭，不利于个人的事业发展，或是希望能够改善工作环境，提高待遇而离开。所以，教师被调走这种事情，在我们身边时有发生。

学校规模本来就小，骨干教师今年走一个，明年走两个，很快就没有了。当然，教师被调走以后，还会有新的教师补充进来，但是他也要有一个适应的过程。所以，面对这种情况，我会感到很彷徨，甚至有一种无可奈何的孤独感。

我那时总在想一个问题：要是都走了，我怎么办？

有人劝我说："你也可以申请调走，走了就解脱了，不必那么死心眼。"所以，很长一段时间，"解脱"这个词在我心里面一直盘旋着。我确实也想过，自己是不是也要申请调走。

这里面有一个插曲，1985年，我考进了南京师范大学教育系本科函授班，1988年成为江浦县小学教师队伍中的第一个本科生。记得那个时候，教师进修学校还请我去做过一段时间的心理学和教育学的兼职老师，那里的老师们都还比较喜欢听我的课。所以我相信，如果要申请调离的话，还是有可能的。

现在想想看，就是那一份想要改变学校的落后面貌、让农民的孩子也能受到良好教育的初心，对我来说是放不下的。虽然在这个过程中，我内心有很多挣扎、很多煎熬，但最终没有走。

什么时候下了决心，坚决不走了呢？就是1991年10月18日陶行知先生100周年诞辰纪念大会的时候。从1981年到1991年，我已经在这所学校工作10年了，第一次有机会到北京去参加陶行知先生100周年诞辰纪念大会，第一次到人民大会堂，第一次登上长城。在人民大会堂开会的时候，我见到了陶行知先生的学生，又一次见到了吴树琴女士，又一次见到了陶城教授。那个时候学校已经被命名为行知小学了，大家对我们这所行知小学特别关注，也给予了很多勉励、很多指导。记得我登上长城后，趴在城墙上，在日记本上写了几句话，算是给自己的一个勉励：

> 1991年10月21日下午3：00，我登上了长城，4：05，我在城墙上记下心中誓言：
>
> 此生属长城，一辈子立足为普通老百姓服务，立足实践，为发展乡村教育、探索有中国特色的社会主义教育新路而高效率奋斗。
>
> 母亲、妻子、儿子，我想念你们！
>
> 因为行知先生百岁诞辰，因为"学陶师陶"登上长城。"学陶师陶"之心、之志坚如长城！
>
> 中华赤子　杨瑞清

中国陶行知研究会自1985年成立之后，第一次颁发全国陶行知教育理论研究与实验成果奖，我们学校获得了一等奖，这让我们很受鼓舞。

我们这10年，虽然磕磕碰碰，遇到了很多困难，但要跟当年陶行知先生相比，我们的困难真是微不足道的。我们学校在农民的爱护下，在教育局的支持下，有了很大的发展。虽然留不住骨干教师，但是学校里面只要有人坚守，学校就会一点点进步。在这个过程中，我也看到了希望，更看到了那种力量。力量在哪里？实际上还是榜样的力量在感召，陶行知精神的力量就像一盏明灯，对我们有很大的激励和指引作用。所以，我们还能够守得住这一块阵地。

"调出去是不应该的，调出去是不好的"，后来我发现这样的认知还是有点片面的。每个人都有自己的选择，调出去的老师有他的考虑，我们要予以尊重与理解。我不能要求大家都不走，但是我自己一定要坚持做下去，何况身边还有一些同事在这里继续努力。

我慢慢地对教师的调进调出有了一些新的认识：其一，我觉得这个学校有骨干教师调出去，在新的岗位上做得好，做得出色，也是为国家做贡献；其二，这些老师表现出色，发展得好，也可以为我们学校提供宝贵的帮助，他们对学校也有一份感情。所以，对自己的学校，我们还要充满信心。

这份信心在哪里？后来我概括成两句话：第一句话是"让成长的速度远远快于流动的速度，乡村小学就能有一支好的队伍"；第二句话是"留下来的加快成长，调出去的回来帮忙，我们的学校就有希望"。就这样，我自己克服了一种认知，或者说是超越了一种认知。所以，有很长一段时间，我们跟调出去的老师都保持着密切的联系。大家都以"五里人"自居，后来就改成以"行知人"自居，我们都是行知人。

我后来感觉到，调出去的老师，其实也是在带领着我们去开阔眼界，去融入这个大的社会。它也是一种牵引的力量，让我们对教师调进调出的问题有了一种更广泛的认知。不过我也很喜欢我的选择、我的追求，直到现在我一直在乡村教育这块阵地上坚守着，这个过程我还挺享受的。

4

行知实验班

回首 40 多年走行知之路的足迹，我们看似做了很多事，但其实一直在做一件事，那就是行知教育实验。第一个行知实验班的成立则是一个标志性的开始。

1981 年 9 月，我和李亮所带的一年级被命名为行知实验班，之后学校招收的每一届一年级都被称作行知实验班，也叫行知班。后来，一个年级不再只有一个班，可能有两个、三个甚至更多，行知实验班的发展速度也就更快了。到 2023 年为止，已经有 113 个行知实验班了。

那么，行知教育实验在一个班级中是如何进行的呢？我想与您分享我们第一个行知实验班的故事。

1981 年 9 月，我和李亮来到五里小学工作，当时没有办成行知小学，没有实现最初的愿望，内心多少有点失落。但是心里面其实也有了新的打算，行知小学暂时是没有条件办成的，但我们肯定要带班，是不是可以把我们任教的班级办成学习陶行知教育思想、开展实验探索的班级呢？

刚来学校报到时，我们就向校长请求教一年级，因为从研究的角度来看，起始班有更多的可控性。校长很开明，同意我们来教一年级，因为村办小学教师人手非常紧张，所以我也按照常规，包班教学。

李亮作为一个中师生，虽然刚毕业，但到学校不久就被分配到毕业班，教语文并担任班主任。我们两个虽然一头一尾带两个班，但主要的心思还是在一年级这个起始班。因为办行知实验班是我们两个人共同的心愿，而且李亮也担任一年级的美术课老师，所以这个班他也投入了很多心血。在我们心目中，它已经是行知实验班，但内心深处总渴望谁来宣布一下，或者有个什么仪式来正式命名一下。

1981 年 10 月 18 日，是陶行知先生 90 周年诞辰，那一天全国政协在北京召开了纪念大会。纪念大会之后不到一个月，11 月 14 日，陶城教授因一个机会来到南京，同行者还有陶城教授的夫人陈树新、陶行知先生的学生王琳。因为我们一直有决心践行陶行知教育思想，所以晓庄师范的汤翠英老师、辛国俊老师就陪着他们一起来到我们学校。陶城教授是黑龙江省政协委员，他来的时候也有江苏省政协委员陪同，我们就赶紧把这个情况向校长和教育局做了汇报。

那一天，教育局领导出面来接待陶城教授，我们的村长也来了。我们把陶城教授邀请到班上跟孩子们见面，陶城教授一首接一首地唱着陶行知先生写的歌，浑厚的男中音带给我们足够的震撼和享受，让人很是难忘。

在这之前，我们跟教育局和学校校长已经有过请示，那就是趁着陶城教授这次来为我们班命名。我们的黄庆元校长的美术字写得特别棒，于是他就在我们的班上写了"五里小学行知实验班命名大会"一行大字。教育局的老局长对陶城教授表示欢迎，并对我和李亮办行知实验班给予了一番勉励，然后代表教育局宣布这个班从此就叫"行知实验班"。他请人在一张奖状上用毛笔写下了"行知实验班"几个字，并镶嵌在一个木框里面，郑重地颁发给我们。

我们当时激动坏了！把它直接挂在了教室后面的正中央，天天看着"行知实验班"几个字上课，无比喜悦、无比珍惜。后来想想也很惭愧，当时我们并没有很系统或者很有高度地体现出行知思想，更多的可能只是一种情感的力量或信念的支撑。但信念就是决心，我认为做一件事，有时候决心比事情本身更重要。

当时有两个举措是比较突出的：一个是对每一个学生的那种不放弃的爱护，也就是践行陶行知先生讲的"爱满天下"；另一个就是跟生活打成一片，用一句话来概括，就是"把课外引进到课内来，把课内延伸到课外去"。因为只是关起门来，就书本论书本，是办不好行知教育的，所以，我们需要把课外的各种资源引进到课内来，然后又把课内延伸到课外去。在办学理念上，我们还是比较早地走在了教育跟生活相连接、教育跟实践相结合的路上。

比如我们搬到新校舍后，带着行知实验班的孩子年年在学校里栽树，慢慢地就营造了一个绿色校园。再比如我们在学校东面带着学生开辟菜园，带着学生在池塘水沟里种荷花。我们栽下了一排柿子树，让这些柿子树成为我们的实践天地。我们还自制器材办"小气象站"；春天到南京市城区去春游，秋天到户外去野炊，夏天到长江边踏浪；六一儿童节，邀请家长到校一起开篝火晚会……

第一个行知实验班，采用的就是这样一种办学方式。但当时因为我们缺乏经验，也不忍心让学生过度留级，所以最开始学生的统考成绩并不是很理想。因此，也有人断定我们是"搭花架子""不务正业""名声很响，质量不高"……我们硬是顶着压力，继续坚持走行知教育之路。

一转眼，到了1986年6月底，行知实验班的孩子以良好的成绩毕业。在全乡十几所村办小学中，行知实验班的毕业会考成绩是最好的，其平均分和及格率仅次于乡中心小学。后来，大家给了我们这样的评价——"行知实验班不为统考，不怕统考"。

所以，如果真的去爱孩子，真的去组织丰富多彩的、有意义的活动，不仅不会耽误学业，反而会让学生在学业成绩上有较快的提升。

1986年，《光明日报》在头版的显著位置对此做了报道，称行知实验班"成绩斐然"。行知实验班的工作总结《陶风吹绿了一畦教育园地》也备受关注，并参加了全国陶行知研究会学术交流，被陶行知研究会的书刊收录。

从1981年到现在，再回首40多年的行知之路，我越发觉得第一个行知实验班具有独特的、不可替代的价值。它是我们走行知之路的一个起点，也是乡村学校在改革开放以后，学习和传承陶行知教育思想最早的试验田之一。它的价值远远超越了当时毕业会考时的喜人成绩，因为它是第一个行知实验班，这样才有了之后的第二个、第三个……第一百个，连续不断。

千里之行，始于足下。第一个行知实验班，是我们在行知路上迈出的第一步，可能这一步走得有些跌跌撞撞、有些缓慢，但足够坚定！正是因为勇敢迈出了这一步，才带动无数个行知路上的后来人一起义无反顾地走行知路，才让这所乡村学校"走出"五里村，走向全国，走向世界。

5

行知小学

1985年1月10日，又是一个难忘的日子。

我们学校来了很多贵宾，江浦县教育局张成文局长，晓庄师范的老师、领导，特别是吴树琴女士也专程赶来学校，为我们行知小学命名，送上祝福。

全校师生在幼儿园水泥地上集合，等待着这激动人心的时刻到来。局领导宣读了江教字〔1985〕1号文件，决定将五里小学更名为行知小学。

宣布完后，在鞭炮声与喝彩声中，我们把写有"行知小学"的那块牌子挂到了学校大门口。木牌上面的字是县领导找书法家林散之先生题写的，林先生是国内外知名的书法大家，草书造诣登峰造极。当牌子挂在校门口的那一刻，我和我的同事们激动万分！轮到我发言时，我即兴放声，表达了心中的感慨：

时节虽还是严冬，

我校却劲吹着春风。

春风带来了一个新生命，

江浦县行知小学从此诞生！

　　大家报以热烈的掌声。我看着一张张诚挚的面孔，感激、感动、感慨……诸多情绪一下子涌上心头：是啊！4年前，我和李亮两个刚满18岁、稚气未脱但豪情满怀的小伙子，一心想办一所行知小学，但在遇到不少坎坷后，我们心中已经做好了要用一辈子去实现这个目标的打算，没想到今天居然实现了！

　　望向人群中这些诚挚的面孔，一种更加强烈的感激之情在内心激荡。促成行知小学的命名，离不开我们凝聚探索与情感的行知实验班的影响！离不开淳朴善良的农民的支持！离不开联合国教育、科学及文化组织（以下简称联合国教科文组织）考察带来的效应！离不开我们赶上的这个大好时代！正是这些力量的叠加，才有了今天行知小学的命名。

　　此时，村民其实已经用三年的工夫为我们建造了一个占地9亩的四合院校舍，并在四合院的校舍中间隔了一道围墙，小一点的院子是一个完整的幼儿园，分小班、中班、大班；大一点的院子是小学，有一到五年级。后来，小学开始设置六年级，村民又集资加盖了一间教室。

　　我们带着学生年年栽树，这些树木在呵护下茁壮成长，形成了温馨的绿色校园。当时虽然是面积不大的一个平房校舍，条件也比较简陋，但是在 20 世纪 80 年代初，拥有这样校舍的村办小学是比较罕见的。一般学校是没有围墙的，也更谈不上在校园里设置乒乓球台、安装单双杠和攀登架了。学校还为教师配备了宿舍、图书室、乒乓球室……那个时候，村里还专门为幼儿园小朋友修建了食堂，并派村民到学校为我们烧饭。幼儿园小朋友中午可以不用回家，在食堂里吃饭。在农民的大力支持下，学校有了这样的变化，为行知小学的命名打下了坚实的基础。

1984 年 11 月，联合国教科文组织在南京召开普及初等教育与扫盲规划研讨会。研讨会要选择我们五里小学作为考察点。这是学校的一次重大的外事活动，也是学校的一次重要的发展机遇。

为了迎接这次联合国教科文组织的考察，省市各级教育主管部门的领导们到我们学校，推动指导工作。这次接待在客观上也让大家了解了我们学校，如当时那种强烈的要践行陶行知教育思想、改变农村教育落后面貌的迫切愿望，在很大程度上被主管部门的领导们了解和支持。

学校小树林边上的那间屋子，是我们当时的接待室。在接待联合国教科文组织考察团之前，大家商量一些重大事宜都在这间屋子里。为了在屋子里接待外宾，黄庆元老校长连夜在墙上画了一幅精美的壁画——《锦绣河山》。在我看来，这间屋子是促成行知小学命名的一个重要场所，许多重要的决策都是在这间屋子里产生的，都是在那幅壁画的见证下完成的。

一晃 40 多年过去了，校舍不断地被修缮，但是那面墙和那幅壁画被我们保留了下来，成为学校历史的见证。

还有一股重要力量推动了行知小学的命名，那就是从学术部门到教育部门的鼎力支持。我们有陶行知教育思想的支撑；有教育学者、专家们在学术层面上的不断推动；有吴树琴女士、陶城教授等人的来访；有江苏省陶行知研究会的支持；有晓庄师范辛国俊、汤翠英等老师的鼓励；以及有教育行政部门的认可，尤其是当时江浦县教育局的大力支持。

正因为有了这些推动，大家越来越认识到，办好乡村教育是一篇大文章，所以大家也都慢慢认识到探索的价值和意义。

还有一股力量不得不提，那就是我们这批年轻教师那种干劲儿十足、脚步坚定、不怕吃苦的精神，也给大家带来了信心。

以上多重力量，最终促成了江苏省第一所用"行知"命名的小学的诞生，这就是我们的"行知小学"。

当年我跟李亮被别人说想自己办学校，就是一个想当校长，一个想当主任，真的好委屈。很有意思的是，行知小学被命名之后，我们两个人真的一个当了校长，一个当了主任（副校长）。因为我们要代管幼儿园，幼儿园在我们心目中，就自然而然被称为"行知幼儿园"，所以也可以说我是幼儿园园长。

总之，行知小学的命名，标志着我们在行知教育实验的路上迈出了新的步伐。在此之前，我们更多是在班级层面上来做行知教育实验的。在此之后，我们就在学校层面上展开了更高层次、更丰富的行知教育实验，在行知路上实现了新的跨越。

6

不让一个孩子失学

　　1981年刚工作的时候，一年级开学了，班上坐着32个学生，我初为人师，还蛮兴奋的。但是校长很快就提醒我说，还有一些孩子没有来报名，让我赶紧去动员。后来我就开始走村串户，去寻找这些失学的孩子。我发现失学的原因大体上有几种类型：第一种就是家里穷，交不起几块钱的学杂费，　时没有送来上学；第二种就是觉得女孩子读不读书无所谓，没有送过来；第三种，也是最突出的，有一个孩子已经读过三年一年级，然后又留级了，所以他死活都不肯来上学了。

　　我一家一家地走访，交不起学杂费的，大不了就缓交或者不交，这样的孩子动员起来相对容易一点，但是留级的孩子动员起来就稍微难一点。我虽第一次接触留级的现象，但感觉到留级好像是个问题，特别是连续留两年的，没有必要。所以我跟他们承诺说："你再来读一年级，以后不会让你再留级了。"后来，像这样的孩子，也慢慢被动员到学校来了。

最难动员的还是一个小女孩。小女孩每天都要赶着一群鹅去放，另外还有一个小弟弟在摇篮里面需要她照顾。这个时候我就想起陶行知先生说过的话，"来者不拒，不能来者送上门去"。[①] 一开始，我跑了好多趟都没有效果。后来跑多了，家长也觉得难为情，他们就躲着我。

早在二三十年代，陶行知先生就大力推动平民教育，要让所有的人都能够接受教育。可是在 80 年代的时候，我们国家的文盲率还比较高。

怎么能让这样的孩子成为文盲呢？我想，陶行知有"小先生制"的创新，我可以考虑上门去教她；等这个班的孩子再多读一点书，我就让他们做小先生，也上门去教她。

我是不会放弃她的。我上门去找，她不在家。一了解，她在田里面放鹅，我就跑去了，陪她一边放鹅，一边讲故事。通过这样反复地接触，反复地交流，孩子的那种抵触情绪和恐惧感就慢慢消失了。

那个时候没有双休日，只有在星期天时去教她识字，或者带几个小伙伴去她家里。我以为这样的时间要持续很久，哪知道 10 月初，也就是国庆节以后，这个家长自己把孩子送到学校来报名了。我还蛮感动的，觉得这个家长还是不错的，终于提高认识，终于支持我们的工作了。然而他跟别人说的理由又让我觉得"沮丧"，他说这个老师太麻烦了，还不如把孩子送去上学省心。

---

① 《陶行知全集》第 4 卷，479 页，成都，四川教育出版社，2005。

就这样，从 1981 年开始，我们做到了让该上学的孩子全部都来了，再也没有失学的孩子。这好像也没多难，只要较真，只要不放弃，就可以做到不让孩子失学。我感觉挺自豪，挺有成就感的。

当然，后来也遇到了很多挑战。

不让一个孩子失学，不只是把这些孩子全部动员来的问题，还有一个怎么让他们不再跑回去的问题。有一个一年级的孩子，他不是智力差学不好，他很聪明，就是顽皮，不是捣乱就是打架，或者是损坏物品。我总还是要说说他的，但孩子脆弱得很，一批评就跑，背着书包就要回家，不肯上学。不过他只要跑回家去，我就一定会再上门把他找回来，我就是要让这个孩子能够真正把心安下来，也让他感受到老师是爱他、相信他的，绝不会放弃他。教育这个孩子还是很有挑战的，孩子顽皮的性格、不良的习惯，其实跟他的家庭环境有极大的关系，父母对孩子的教育简单粗暴。孩子之所以一再留级，就是因为顽皮。老师把这个情况跟家长一说，家长就打一顿了事，所以恶性循环，这个孩子就更加顽皮。

有时候孩子背着书包跟家长说上学去了，可是我发现他没有来，我就中午最迟晚上上门去。家长脾气暴躁，发现孩子没有去上学，就要拿起棍子追着打。我就把孩子藏在我的怀里，反复说服家长，其实也用我们的态度慢慢地让家长感受到老师对他的孩子是负责任的，让他们觉得要配合老师教育好孩子。

听说有一次在学校里面，这个孩子的前任老师严厉地批评他，他下雨天就抓起地上的烂泥巴，往老师身上扔。老师把这个情况跟家长反映了，家长也厉害，抱起孩子就扔到家门口的池塘里去了。哪知道孩子并不觉得很伤心，反而在水里面玩得不肯上来，最后居然还在池塘里面抓到了一条大鱼。

记得有两次，为了让这个孩子对学校有归属感、安全感，我把他留在身边，让他跟我一起吃住。我用小煤炉烧饭做菜，陪了他一段时间，结果就建立了很深的感情。

这个孩子后来就没有再留级，一直到小学毕业，初中毕业以后还参军入伍。退伍回来以后又有了一份很好的工作，因为工作能力强，挣了不少钱，彻底改变了家庭贫困的面貌。那个时候，农民家里虽然穷，但是大体上还有两三间房子，唯独他家是在别人家房屋的山墙上搭了一间简陋的屋子。这个孩子有个姐姐，还有个弟弟，加上父母，一家5口挤在很小很小的一个地方。但是后来，他们家的生活品质超过了周边的很多人家，就是因为这个孩子挣钱养家，我还挺为他高兴的。

1983年下半年，我们接到一个任务，给乡村里面不识字的青年农民扫盲，要让他们识字。后来我们就去村里面登记，通知办扫盲班，居然还吸引了不少青年农民来上夜校。我们发现，有一个孩子跟她姐姐一起来上夜校，她叫王阴霞。一打听，原来在附近的一所小学上过二年级，后来不知道什么原因就辍学了。家里没有再送她去上学，她在家里面已经晃荡了一两年。我觉得这个孩子完全可以复学，就到她家里面去做工作，反反复复动员。这个孩子还蛮有灵气的，蛮爱学习的，终于我们把她动员到学校来上学了。但是她提了一个要求，说要来上学就要在我的班上，而我的那个班已经是四年级了。她只读过二年级，突然跑来上四年级，其实我还挺担心的。但是我转念又想，上四年级总比成为一个文盲好，所以就让她来读四年级。

印象中并没有花太多的力气给她单独补功课，她就是在班上跟着听课，语文、数学成绩都不是问题，甚至还要强于多半的学生。她的进步也让我很开心。小学毕业离开之后，我也没去了解这个孩子后来的去向。一直到前几年，才听到一个消息说，王阴霞被评为"中国好人"。她丈夫的肾脏出了问题，她毅然捐肾救夫。后来自己又患了癌症，也坚强面对。他们的事迹感动了无数人，她先后被评为"美善浦口人""江苏好人""中国好人"，我真为她自豪。她说是老师在她心中播下了善良的种子，"小时候老师对我很好，我长大了也要做个好人"。

80年代初，学校当时很重视教学质量，但衡量教学质量的手段好像就只有考试。大家很看重排名次，但是国家对教育评估其实有很好的一个标准，我清楚地记得那个标准叫"四率"——入学率、巩固率、毕业率、普及率。入学率就是适龄儿童上学的比例；巩固率就是来上学的孩子不会流失的比例；毕业率就是毕业年级的孩子顺利毕业的比例；普及率考察12岁到15岁年龄段的孩子，有多少接受了小学教育，就是为了让之前没有上过小学、没有受过教育的孩子获得接受教育的机会。"四率"是我们那个时候很重视的考核指标，我们学校从办第一个行知实验班开始，就把"四率"控制住了，都是百分之百，而且保持了很多年。

我觉得有一份爱，有一份责任心，对于办好乡村教育很重要。虽然一些农民的观念还有点落后，但是爱孩子的心都是一样的。希望下一代能够识字，会计算，能上学，有点文化，这是每一个农民的愿望。你只要顺应农民这样的愿望，不让一个孩子失学这件事情就是能做到的。

随着国家的发展，特别是改革开放以后，我们这一辈人实际上是参与和见证了不让一个孩子失学这样一段历史。我们在那个时候做了一些努力，我觉得有这样的经历还是蛮自豪的。

7

不让一个孩子留级

陶行知先生在 1932 年写过一首《留级》的诗。

今年留一留，

明年留一留，

留到哪年才罢休？

父母也羞，

同学也羞，

小小眼泪像雨流。

花儿也愁，

草儿也愁，

生长如今不自由！

不自由，不自由，

把它从字典里挖出来，

摔到天尽头！

摔到天尽头！

从今小孩儿，

一级也不留。①

我们曾经对五里村 1967 年到 1975 年出生的所有孩子在小学阶段的留级情况做了一个调查统计，在 357 人中，有 72％的人留过一年以上，51％的人留过两年以上，一共留级 455 年，人均约 1.27 年，这些数字是触目惊心的。

在办第一个行知实验班时，班级里 38 个学生，有 20 个是留级学生。我们开始有意识地减少留级情况，尽量不让孩子留级，但又不得不接收上面班级逐年留下来的学生。结果就是，我带的行知实验班到五年级毕业的那一年，共有 53 个学生，平均每人在小学学习了六七年。看到这样的数据，我开始认真思考乡村教育的留级现象。

1985 年，我考进了南京师范大学教育系本科函授班。在听课的过程中，我反反复复对照理论和正在做的不留级实验，想着怎么样把这个问题解决好。我一边学习一边思考，经过一段时间的酝酿，将 1986 年招收的第六个行知实验班确定为不留级实验班。

---

① 《陶行知全集》第 7 卷，110 页，成都，四川教育出版社，2005。

对于留级，我尤其关注两个问题。第一，留下去的就是一年的时间，这个账一定要算。学校要投入更多力量来教他，除此之外，家长还要养他，也要投入更多的精力。第二，留级对孩子自信心的打击是很大的。在学校里面，大家都觉得留级不是好事，可能会笑话留级的孩子。更为严重的是，留级会使自信心受损，会使学生更加逆反，更不想学习。结果就是，很多孩子到最后没有办法再往下学，没毕业就辍学回家的现象愈加严重。

当然，如果不留级，成绩一塌糊涂，好像也不行。我后来慢慢萌生了一个念头：能不能在不留级的前提下解决学生的成绩问题？

这让我想起1985年第五个行知实验班里一个叫朱仁洲的学生。在朱仁洲读完一年级后，他的父亲特地请求让他留级。家长的想法是，孩子留级，成绩肯定会提高，可以为以后打好基础。

因为我已经意识到留级对孩子的伤害很大，所以就反复劝说朱仁洲的父亲。有一次去朱仁洲家家访，看到墙上他画的画丰富而不失童趣，我就借这件事夸奖孩子画画有灵气。后来，通过观察，我发现孩子聪明得很，就是有点顽皮、对学习不上心，让这种孩子留级太可惜了。

朱仁洲的父亲终于同意不让他留级，但是他的父亲和我约定，如果到二年级时成绩还这么差，就一定要留级。我含混应付过去，说到时候再说。我们也有意识地关注这个孩子，孩子画画好，就鼓励他多画，还在班上帮助他办过小画展。班级的任课老师也没有专门为他补过语文课、数学课什么的，他居然就顺利地毕业了。直到小学毕业，他的父亲也没到学校要求留级。

可喜的是，朱仁洲凭借美术专长考上了大学，后来应聘到南京工业大学做老师，又到德国做了一年访问学者。为了回馈母校，朱仁洲还专门为行知小学设计了吉祥物、学校的标志、校徽等。

从朱仁洲身上我们可以看到，不留级制度把孩子的潜能挖掘出来了。如果没有一个制度放在这儿，即便是不需要留级的孩子可能也会留级。不留级实验，实际上是对学校教育制度的一个改变、一个调整。

我们把不留级实验的思路描述为 16 个字，叫作"弘扬主体，扬长补短，耐心等待，促进迁移"。

如果我们能够善于激发孩子的内在主体性，扬他的长，其实是可以补他的短的。"扬长补短"的心理学机制是"促进迁移"，提升他的自信心，从而提高他的整体学业水平。其中，"耐心等待"很重要。如果一年级成绩不好，没有合格，按照过去的做法就是留级，那么他就失去了在二年级弥补的机会。学习打基础和盖房子打基础有本质的区别。盖房子如果基础没有打好，一定会出问题；但是学习如果基础没有打好，后面还有很多办法去弥补。因为有教育原理的支持，所以我觉得不留级实验就不是蛮干。

后来，不留级实验一波三折。

刚开始，大家观念上一直转不过来，觉得不留级是异想天开，怎么可能呢？我们有嘴也说不清楚，反正就这么干了。慢慢地，那些之前有所怀疑的领导、教研员也觉得有道理，因为大家确实看到学校呈现出了一种新气象，最终江浦县教育局也发文支持行知小学做不留级实验。

教育局计划，第一个不留级实验班毕业的时候，免试直升初中，继续做不留级实验，把小学和初中的实验连贯起来。

其实有教育局这样的"尚方宝剑"对我们来讲未免是好事。原因是什么呢？其一，因为我们对实验的认识还没有那么深刻，所以成效并不那么显著。其二，这个班是第一个不留级实验班，前面的班还得往下留级。这就导致在当时以考试分数为唯一衡量标准的制度下，不留级实验存在很大的挑战。其三，因为不留级实验赢得了教育局的信任，教育局又给了免试直升初中的通道，所以我们也没有做必要的应试训练。

到了小学毕业时，教育局又要求这个班参加毕业考试。当时的意思是，虽然是直升，但也得考一考，看看实验效果到底怎么样。结果出了大洋相，语文和数学的分数全乡倒数第一，而且和倒数第二名还差一大截。

其实这个班的孩子也未必那么差，但最后的结果就是这样的。于是，铺天盖地的舆论压下来，得出的结论就是：不留级实验是失败的。当时给我们的评价是"一丑遮百好"，说得再好，做得再好，也遮不住考试这"一丑"。这对我们来讲是一件痛苦的事情，初中的不留级实验自然也没有再延续。

我们后来做了很多跟进的研究和调查，发现行知小学的毕业生升入初中后，期中考试的成绩跟从其他学校升到这个初中的学生是持平的。这就说明，我们学生的学业水平并不是小学毕业考试那样的状态。而且，他们的学习能力越往后反而越凸显。后来我们说服了教育局，同意我们在小学继续开展不留级实验。

1990 年，江苏省教育委员会出台了文件《关于当前小学教育改革的意见(试行)》，意见中有提倡并继续进行小学不留级实验的相关表述。文件的发布，说明当时不留级实验的做法已经产生了一定的影响。后来，国家规定，在义务教育阶段实行不留级制度，也说明我们当时的选择是正确的。

8

劳动教育实验

我一直很惦记当年的那块地，那个"小气象站"。

在我们学校四合院的东面，有一块小土墩，农民原来在这个地方种菜，后来我们请村长和农民商量，将这块地给了学校。我们带着学生在这块约半亩大的地上种了一些蔬菜，一来可以为学校生活做补贴，二来种菜的过程其实也是初步的劳动教育实践。

这块地是一个三面环水的小岛，我们就搭了一座小竹桥，经常带着学生小心翼翼地走过这座小竹桥，到小岛上开展各种活动。除了种菜，还栽果树、养鸡鸭，在西南角布置了一个"小气象站"。我们带着学生到村办工厂请师傅帮忙，用白铁皮自制了雨量桶与风向标；在县气象站要了一个废弃的百叶箱；又买来湿度表、温度计等，布置了一个可以测风向、风力、湿度、温度和降雨量的"小气象站"。

每天，我们都带着学生来这里记录，连续做了至少两年。学生轮流去观察、记录，并把这些数据跟对二十四节气的认知结合起来。

我们每一个节气都做一次统计，每一个季度都画一次气温变化曲线，发动学生收集气象谚语，让学生通过这些数据和文字的变化来感知大自然，触摸大自然。

后来，我们又进行了拓展，开始给大自然写日记。校园里的一草一木，回家路上的所见所闻，什么时候割麦子，什么时候收稻子，什么时候听到第一声蛙叫，什么时候看到第一朵桃花开……这些大自然中悄然发生的事情，全部被学生看在眼里，记在班级的大日记本上，学生有的时候还在上面画画。这样又记了整整两年，真是奇妙无穷，别有一番趣味。

这个活动是迷人的，是学生感兴趣的，也是有很多好处的。这个活动调动了学生的积极性，提高了他们的观察力和表达力。可别小看大日记本上的这一两句话，它们描绘的一定是学生印象特别深刻的画面。我们可以结合这些画面，将活动引申为写一篇日记，写一篇小作文，或者把一个现象变成一道数学题。

实际上，这些活动背后已经融合了德智体美劳各个方面的教育，这种教学的举措是很美的，是很有魅力的，也是我们学校最初实践陶行知生活教育理论的一种表现方式、一种模式。

这个"小气象站"给我留下了特别美好的回忆。那个时候我是班主任，与学生一起参加这些活动，我自己都特别着迷，乐在其中，更不要说学生了。后来，我们的大自然日记还在南京市"第二课堂"优秀作业评比中获得了二等奖，这也算是意外的收获。

其实，这个"小气象站"的开办只是学校众多活动的一个缩影。在我们学校中，类似这样将教学跟生活、跟自然相联系的实践还有很多。40多年来，我们累计开展了22项行知教育实验，劳动教育实验就是其中之一。它是我们最早开展的行知教育实验，是自然生长出来的。

乡村学校可能没有先进的现代化设备，但是有唾手可得的美丽的大自然，这是非常宝贵的教育资源。乡村孩子在家里面跟着父母上菜园，在门前屋后种花栽树，是再自然不过的事情。我们作为乡村教师，只需顺势而为，就可以让乡村教育虽艰苦，但一点也不苍白。

陶行知先生在他的教育理论里一直强调"教学做合一""做中教""做中学""手脑并用"，这些思想通过劳动教育，特别能够体现出它们真正的价值。

在整个教学过程中，我发现带着学生去劳动，让他们动手，这种价值绝不仅仅局限于劳动教育本身，也促进了美育，提升了智育，落实了德育，还增进了体育。在劳动中适当出出汗，对身体也是有好处的。

乡村学校对于落实国家教育方针，促进学生德智体美劳全面发展是有着天然优势的。在实践中，我们触摸到了"五育并举""五育融合"的融合点就是要"做中学"，在一次次的劳动中，在菜园、"小气象站"里。

再后来，我们有了更多的拓展，比如在池塘里面养鱼、种莲藕。我们曾经在学校的池塘里种了一大片荷花。每当夏天来临，整个池塘就被一大片绿色的荷叶铺满，荷叶间不时地冒出那么一两朵美丽的荷花，很美，很迷人。

我们还在学校的南边种下了一片小树林，这个过程也有很强的育人功能和办学意义。通过这样的拓展，学校扩大了规模，校园也美化了，学校借此争取到了更多的投入、更多的支持，扩大了影响。所有这些实践，可以说是对陶行知教育思想的一种印证与诠释。至今我们都觉得当时的这些做法是非常有意义的。

1984 年，我们建成了这个占地 9 亩的乡村小学四合院。一开始，这个四合院周围是光秃秃的，经过一番讨论和规划，我们就开始着手带着学生栽树，有龙柏、水杉、柿子树……种爬山虎，让爬山虎爬满围墙，变成一道绿色的屏障。

我们沿着墙边种了一排月季花，到了春天，月季花竞相开放，艳丽的花瓣在微风轻拂下摇曳着。我们时常带着学生去打理，施肥，浇水。月季花尤其需要修剪，不然的话它会肆意生长，可能就不那么美了。当然，修剪这种活儿，学生做不了，基本上都是我来做的。从小务农的我，有一个修剪小技能，我用左手拽着树枝，用一种很巧的劲儿稍微折一下，接着用右手拿着剪刀一剪，看起来很粗的枝条就被轻松地剪了下来。

后来我们跟村长商量，争取到了种树的权利。从浦乌路边到我们学校，有一条紧挨着小河的路，这条路的两边都没有树。我们带着学生把水杉从学校一直栽到浦乌路边。如今，当年的小树苗都已长成参天大树，成为一道独有的风景。再后来，我们又带着学生在小河边插柳，还让学生将其中一部分拿回家去插。柳树的成活率很高，把柳树的枝条插到泥土里，很快它就能生根发芽。

这就是最初的劳动教育。我从小在农村长大，在劳动中成长，被劳动滋养着，我也希望将我的感觉带给我的学生。劳动让我们学校越来越美，劳动让学生的本领越来越大，也正是这些劳动促进了他们的学习，包括学业成绩的提升和身心健康的发展。

劳动，成为他们快乐和美好的童年记忆的主旋律。

农村的学校有一块种植园地，作用是非常大的，可能不亚于一个图书馆。

9

行知幼儿园

　　我刚来的时候，五里小学一个年级一个班，还附带一个学前班。学前班有二三十个孩子，年龄有大有小，只要是农民家里面有需求，就把孩子送来。当时学前班还有一点小学化的倾向，没有严格意义上的学前教育的规范，只有一个女老师带着孩子，教他们写几个字，学一点计算。

　　我统计了一下，上过学前班的孩子，他们的学习起点会高一些，学习困难会少一些。而完全没有上过学前班的孩子，一开始上一年级时会有点懵。我带的一年级学生大概有三类：一类是上过学前班的，这是较好的一种状态；一类就是完全没有上过学前班的；还有一类是留过级的。

　　我们国家的学前教育起步是比较晚的，我小时候上学的那个学校是没有学前班。工作以后，我才知道有学前班，但也注意到不是每一个村的小学都有学前班，村里更没有完整意义上的幼儿园。

因为农民支持我们，学校盖了新校舍。1982年下半年，学前班就搬到了现在这个地方，有了比较多的房子后就开始扩班。我记得，应该是1984年就有了小、中、大三个班，成为全乡第一所幼儿园，也是全县第一所村办幼儿园。村里在村办工厂里招愿意做教育的年轻人，把他们派到幼儿园来做学前教育工作。

不仅如此，很难得的是，村里还盖了几间房子做幼儿园的食堂，派了村民来给孩子做午饭。原来我们教师是自己用小煤炉烧饭的，现在也可以跟着蹭饭，这着实提高了幸福指数。而且，幼儿园小朋友的午饭是村里面付费的。

我们村长是很有教育情怀的，就希望村里的孩子能够受到好的教育。当时幼儿园的年轻女教师是从村办厂有高中学历的职工中挑选来的，活泼、亲切，虽然没有受过专门的学前教育的训练，但是很爱孩子，工作有热情，而且非常投入。

1985年1月10日，行知小学命名的时候，我们就称这所幼儿园为行知幼儿园。当时我做校长，对幼儿园的发展有一份责任，但对幼儿教育的价值还缺乏认知。并不是所有的村民都把学前的孩子送到幼儿园，还有相当一部分孩子在家里面，不能来幼儿园。我们只是觉得，办好幼儿园，可以满足那些上班或者做工、种田没有时间带孩子的农民家庭的需要。此外，我们看重的是，经过学前教育，特别是经过小班、中班、大班系统的学前教育的孩子，上了小学会有比较好的发展基础。

我们对这个幼儿园是非常爱护的。我们曾经专门号召上小学的大哥哥大姐姐领着幼儿园小朋友一起上学、一起放学。这多少也带着一种引导，小学生作为小先生，引导小弟弟小妹妹上学、放学，其实也是给他们做个好榜样。这种教育引导在我们的小学里面是非常注重的。

现在回过头来看，实际上我们那个时候已经有了小学教育和幼儿教育相互衔接的意识。尽管并没有很突出、很特别的举措，但是这种意识是非常明显的，而且也是有效果的。

我还清楚地记得，1983年11月，江苏省陶行知研究会在南京召开学术交流会，有来自全国16个省市的研究陶行知的专家参加。其中包括陶行知先生教过的很多学生，有重庆社会大学的学生、育才学校的学生，有上海山海工学团的学生，更有晓庄师范的学生。当时江苏省陶行知研究会对我们的行知实验班非常关注，特别安排了研讨会的专家专程到我们五里小学来访问。当时应该至少有两辆大巴车，从南京长江大桥过来，走了两小时才到。

中午，我们村长烧了饭菜，招待远道而来的贵宾。那时我们小学只有幼儿园有一块水泥地，其他都是泥土的。所以，我们就在幼儿园的水泥地操场上围成一圈，接待研讨会的专家。

幼儿园小朋友打扮得很漂亮，唱歌跳舞，行知实验班的学生也朗诵了陶行知的诗歌。我还给他们排了一个节目叫《朱大嫂送鸡蛋》，这是当年陶行知带着育才学校的学生表演的节目。这些专家看到行知实验班的学生，看到幼儿园小朋友这么活泼可爱，都很高兴。

这个时候走出了一位个子不高的老先生，他给学生讲陶行知的故事，这位老先生叫戴自俺。戴自俺是陶行知当年晓庄师范的学生，后来成了北京知名的幼儿教育专家。还有育才学校的金钟鸣，他是歌唱家，现场给大家唱了陶行知的诗歌。那一幕很美好，给大家留下了特别深的印象。

现在回过头来看，那个过程也让我们慢慢意识到，陶行知教育思想对于幼儿教育具有重要的指导意义。从行知教育实验这个角度来看，幼儿园是非常重要的行知教育实验的场所。其实从一开始，行知教育实验就包含着幼儿园怎么来实践陶行知教育思想的一个大问题。比如乡村的幼儿园，它要融入生活，也要利用大自然开展一些游戏活动；幼儿教育要防止小学化的倾向；幼儿教育的优势恰恰在于不需要考试，它更是一种基础的教育。

当时的农村教育管理有一个体制，就是像我们这个行知小学作为一所村办小学，它会在乡中心小学的统筹管理下来运行。之前因为很多村里没有幼儿教育，所以也就没有做统筹管理。我们这个幼儿园是全乡第一所形态完整的幼儿园，一些村后来也有了学前班，再后来乡中心小学也有了一个有小班、中班、大班的完全幼儿园。因此，乡里的幼儿教育就需要有一个中心园来统筹。就这样，行知幼儿园就被指定为建设乡中心幼儿园，担负起了管理全乡幼儿教育的职能，也就不再是行知小学的附属幼儿园了。

这个时候，我们也在调整小学和幼儿园的关系，虽然这个幼儿园不是行知小学的附属幼儿园，但是我们的生源是相衔接的。我们还是一如既往地爱护幼儿园，支持幼儿园。以前我们是一家，现在分成两家，我们学会了相互支持、平等相处。这是一种合作的关系，令人愉快，也令人难忘。

10

扫盲班

1982年，我国进行了第三次人口普查，五里村青壮年的非文盲率是78%，也意味着22%的青壮年是文盲，这种状态亟须改变。1983年下半年，我们接到了给青年农民扫盲的任务。

小学老师都动员起来了，调查走访，登记造册，领扫盲课本，购买文具，经过一番准备，扫盲班开班了。刚丌始，青年农民的积极性很高，学校老师也干劲儿十足，从晚上七点到九点，小学教室里灯火通明，书声琅琅。

后来我们发现，扫盲班的农民文化程度不一样，有的从没上过学，有的上过一二年级，有的甚至读过高年级。于是我们就把有一定基础的分到高小班，一个字都不识的分到扫盲班。对高小班的农民，老师教他们查字典、写日记。

对教唱歌的过程，我的印象最为深刻。年轻人的嗓音很响亮，节奏感很强。我边弹脚踏风琴，边领着他们唱《回娘家》，愉快的歌声满天飞。常常有村民站在小河对岸听我们唱歌。现在回想起来，虽然那个时候很艰苦，但是我们都觉得那段生活很美好。

夜校办到后来，其实也碰到很多问题，比如出勤率的问题。在农民的意识里，不识字照样能上工；或者有的时候上工累了，也不想来了。也有的来过几次，满足了一些兴趣，就不想来了。

实际上，识字是一件很困难的事情，从以前不识字到真正达到脱盲的标准，需要老师和学员付出真实的、极大的努力。脱盲与否，是要通过一次考试验收的，合格了就算是脱盲了。后来也出现过一些怪现象，我们认认真真办扫盲班，脱盲的比例却很低。

刚开始，面对这种现象，我觉得挺别扭、挺难受的。慢慢地，我想明白了，哪怕农民来上过几次夜校，在这里唱过几首歌，读过几篇文章，那个过程其实也是一种精神生活。我们要超越识字不识字本身，更看重农民的精神生活，而我们在那个时间段创造了这样一番美好的景象，其实就已经足够了。

后来，我们根据农民的需求进行了拓展，开办了一些实用技术培训班，比如有草莓种植培训班、水稻肥床旱育稀植技术培训班等。以水稻肥床旱育稀植技术为例，过去都是在水田里育秧的，一般是早春，天还比较冷，农民得卷起裤腿，忍着寒冷下水田干活。等秧苗长成了，要一簇一簇地拔起来，一把一把地扎好，再弯着腰一簇一簇地插到大田里去，然后才能长出稻谷。如果水稻肥床旱育稀植技术得到推广，人就舒服多了，更重要的是水稻还可以增产。

因为看到过相关的技术以及报道，我们还是很有信心的。省时又省工，不必那么辛苦，这种技术多好。但是农民没看到，不相信怎么办？他们都在怀疑，旱地里面能育出秧苗来吗，万一秧苗育不出来，这一年田里是不是就种不出庄稼了。于是，村里面的农技员就在学校里开辟了一块新技术试验田。

这个时候，我们让学生天天去观察试验田。学生边观察，边记录，带个尺子量长高了多少，低头观察秧苗的颜色……然后，我们会让学生把观察所得讲给他们的爸爸妈妈听。其实，这个过程有多方面的价值，一是使新技术得到了推广，二是学生的观察记录能力和表达能力都得到了提升。学生在这个过程中扮演了小先生的角色。

一度我们还办过夜高中班，专门教那些读过初中，但没有机会上高中的青年农民。我们跟江浦县电视大学合作，请那边的老师来学校里面讲课。夜高中班需要收点费用，我们就说服了村办工厂，邀请工厂里的青年职工来学习，工厂可以承担一些费用。因为工厂的支持，几十个人的夜高中班就顺利办起来了。

一开始，夜高中班办得很红火，后来也遇到了很多困难。比如初中和高中知识间的衔接不是很顺畅，学生学得懂就有兴趣，学不懂就没有兴趣，久而久之就出现了旷课问题。老师为出勤率发愁，出勤率越来越低，最后这个班就没有办下去。

部分学员找我们协商，能不能让电视大学给他们发一张夜高中的毕业文凭。我们考虑再三，没有做这件事情。反正也学不下去，实际上也没有达到那个水平。做这种虚假的文凭，害人害己，我们不愿意做这件事情。

在这个过程中，我发现，成人也是需要教育的。他们需要的也许不是识几个字，懂实用技术，更重要的是他们需要有精神生活。

在农民教育中，我觉得最值得提倡的、效果最好的就是家长学习班，因为这关乎自己孩子的成长。

但凡有孩子的成年人，迟早都会成为我们家长学习班的学员，而且一旦成为家长学习班的学员，就将会有 8 至 9 年的时间参与学习。哪怕是一学期只有两次集中学习，只要我们用心去办班，就一定能有收获。所以，家长学习班的普及率很高。

后来，我们也将一些家庭教育的要求印出来，让孩子带回家去。即便是不能来的家长，他们也会关注孩子的教育问题。另外，每学期的家访也是家长学习班的重要部分。

所有这些做法，其实都是办家长学习班的有效形式。不同的是，过去我们只把家长学习班当成家庭教育的一个补充。后来，我们认识到，家长学习班本身就是成人教育的一个极为重要的载体，它的功能应该是多方面的，包括促进农民的精神成长，倡导社会良好风尚，还有小先生在这过程中的串联作用、教师家访的榜样带动作用等。

我极为看重家长学习班，把它当成乡村成人学习的重要载体。而且我有一种感觉，孩子成长的过程，其实也是成年人继续成长的一个宝贵机会，没有什么力量能够大过这样的带动力量。如果错过了这个重要的成长期，对成年人来说，是一种无法弥补的损失。因为孩子都长大了，就很少有机会抓住家长来学点什么，再来听家长讲点什么了。

这个机制就这样在我们学校扎下了根。虽然感觉做得并不够扎实，但我们的这个意识一直是很强的。因此，从 80 年代初到现在长达 40 多年的时间里，家长学习班不只作为家庭教育的推动力，也被当作乡村学校服务乡村振兴、推动学习型社会的建立、推动成年人素养的提升、丰富农民精神文化生活的一个重要载体。

虽然学校不是社会，不可能把成人教育全部都包下来，但是办家长学习班这件事情，学校要当仁不让。学校不仅要用心去办，而且要有意识地把家长学习班跟我们提倡的家校社协同联通起来，让学校在这件事上面占主导地位，创造出更多有效的形式，决不能在这件事情上面打折扣，做表面文章。

如果说我们学校有什么特别之处的话，那就是很早自觉地意识到了成人教育的重要性。当然，随着新型农民的出现，我们发现，家长学习班会极大地反哺学校。家长里面有很多能人，他们本身就是非常宝贵的教育资源。我们学校的老师很善于抓住机会，邀请家长做志愿者来学校开设家长讲堂。

从本质上讲，教育这件事情，就是那三句话：

人人都是学习者，人人都是教育者，人人都是创造者。

人人都是学习者，是现代人的共识，但人人都是教育者，并非人人都能意识到这一点。人人都是受教育者，人人也都是办教育者。教师是办教育者；孩子是小先生，也是办教育者；家长教育自己的孩子，也是办教育者。

　　人人受教育，人人办教育，这其实就是大教育的思想，也是陶行知教育思想的一个重要理念。很多时候，我们只盯着学生的成绩，但实际上真正的好教育，一定是大教育的样子。很多人会说，你们这样做分散了这么多精力，会耽误小学教育的实施。但我们的认识恰恰相反，如果集中精力只办小学教育，反而不容易办好小学教育。小学教育只有放在一个大教育的背景下，才可以得到更好的滋养，得到更好的发展，才是一个良性循环的体系。

11

晓庄师范第二附属小学

1989 年 1 月 10 日，是行知小学命名 4 周年的纪念日。这一天，全体师生欢天喜地地迎接晓庄师范的校长、老师、学生代表来到行知小学。我们在行知小学校牌的另一侧挂上了"南京晓庄师范第二附属小学"的牌子。

晓庄师范第二附属小学的建立，体现了我的母校对行知小学的关怀。其实，从 1981 年离开母校，母校一直是我们学校的重要资源，我一直觉得自己还在母校的怀抱里享受着温暖。

晓庄师范在 20 世纪八九十年代锐意改革，在全国的影响力越来越大。晓庄师范为了拓宽办学渠道，提升办学品质，很早就有了建立附属小学的举措。晓庄师范旁边就是晓庄师范附属小学，后来联合南京市琅琊路小学挂牌成立了第一附属小学，我们行知小学挂牌成为第二附属小学，南京市富贵山小学是第三附属小学。

虽然挂上了附属小学的牌子，但实际上我们和晓庄师范之间是合作的关系，这个合作对我们有非常大的启示意义。后来我们慢慢意识到，一个学校的发展必须通过整合各种资源、各种力量，而这种资源是要用合作的机制来引入的。晓庄师范第二附属小学的挂牌，标志着这种合作机制的正式建立，以至于在学校后来的发展过程中，"学会联合"成为极其重要的策略。

什么叫联合？联合就是你情我愿，就是互利互惠，要不然的话就会合作不下去。那怎么能够互利互惠呢？我们能为晓庄师范做什么贡献呢？我们每年接待晓庄师范的实习生来学校实习，甚至接待过晓庄师范的一个"大改班"来学校实习一年。比如晓庄师范让我和我的同事去跟师范生分享如何学习陶行知教育思想、如何办乡村教育，这些都是我们能为母校尽的一点心。我们探索乡村教育的一些收获，也是师范教育的重要资源。双方在这样的合作中共同发展，我越来越体会到，联合是发展非常重要的动力。

反过来，晓庄师范为我们做得更多。晓庄师范帮助我们培训教师，给我们推荐优秀师范生。挂牌成为晓庄师范第二附属小学的第二年，考入晓庄师范的行知小学毕业生刘明祥就顺利被分回到学校教书，一直工作到今天，他现在是行知基地的主任。晓庄师范第二附属小学的建立使我们能够更有效地开展行知教育实验，推进课堂教学改革。在文化资源的共享上，因为陶行知，晓庄文化有了无与伦比的魅力和价值底蕴，这对于我们来说是极其宝贵的资源。

我觉得最重要的价值在于，与师范学校的合作让我们更加自觉地走上了自主成长的道路。坦率地讲，一开始我可能认为我是来工作的，是来教学生的，没有认为我也是在学习，学习的主观意识比较淡薄，没那么清晰。晓庄师范第二附属小学的挂牌，让我真正意识到我也是来成长的，也是来学习的。这所学校是学生的学校，是家长的学校，也是每位教师的学校。有了这样的清晰意识，教师成长的步伐就大大加快了。

那么教师如何成长呢？当时受陶行知先生的启发，我就找到了这样一个思路：躬于实践、勤于读书、善于交友、乐于动笔。只要做到这几点，成长就是必然的，无论我们自身是否能意识到。如果对此有清晰的认知，成长效率就会更高，效果就会更好。

第一，躬于实践。我意识到，自己已经工作了，固然要学习，要成长，但这和大学生在校园里的学习是不一样的。读书固然重要，但实践是更重要的学习。其实在实践中反思，在实践中提炼经验，发现规律，吸取教训，这些都是教师重要的学习内容。

第二，勤于读书。对我来说，比较迫切的是学历的提升。因为作为中师生，我自己感觉书读得太少。后来我就开始学习大专课程、本科课程，1988年拿到了南京师范大学教育系本科函授毕业证书。到1989年晓庄师范第二附属小学挂牌，我其实已经尝到了读书的甜头，自然会鼓励教师一起读起来，特别是鼓励教师抓紧学历进修。所以在我们学校工作的教师，特别是年轻的教师，绝大部分后来取得了本科学历。

当然，勤于读书还不只是能解决学历问题。对我来说，获得学历只是打下基础，有了学历，对后来评职称等都有一点作用。我更看重的是学以致用地读书，就是需要什么知识，就读什么书，包括必要的杂志和专业书籍。所以，我很长一段时间都在订阅《教育研究》。我发现那些看似深奥的东西，基于实践的角度去读，其实还是很有感触的。

我觉得最重要的一点就是把陶行知当成一本大书来读，要反复读，而且要精读。我这样说其实也蛮惭愧的，关于陶行知的书越出越多，包括《陶行知全集》，我都没有系统地、扎扎实实地研读过。所以退休以后，我要做的第一件事就是找一段时间来读陶行知的书。书是要读的，而且要学以致用。我不仅要读陶行知的书，也要读苏霍姆林斯基的书，还要读马克斯·范梅南的书，读内尔·诺丁斯的书。

第三，善于交友。交友是我们在成长过程中很特殊的经历。我觉得这里的朋友不只是专家学者、领导和能人，还有身边的同事、学生、家长。教育者必须具备的非常重要的专业素养，就是善于观察人、研究人、琢磨人。向生命学习，是教师非常重要的基本功。要善于跟生命打交道，从言行等方面去观察、去思考、去借鉴，这里面有很多教育的考量。

我把以上这三种学习都看成读书。躬于实践，是读"实践"这本活书；勤于读书，特别强调要读好"行知"这本大书；善于交友，是读"生命"这本天书。

第四，乐于动笔。教师在读好三本书的同时，还要多动笔。其实在工作以后，我认为比较有意思的是写教育日记，并在写教育日记当中确确实实尝到了甜头。写下来一点东西，不只是把想法记录下来，可备查，更重要的是，记录这个过程本身会促使你去反思，会让你形成对教育的一种敏感性。这个反思的过程对于专业成长的价值是非常大的。我甚至可以断言，吃教师这碗饭一定要动笔。做别的也许可以不动笔，比如种田，不动笔好像也能种。但是做教师，如果长期不动笔的话，就有可能做不下去。

后来，我进一步体会到，这四种学习本质上体现的就是知行合一的内在规律，就是里面有知有行，而且知行合一。只要进行这四种学习，就会一直走在知行合一的路上。我们宣称自己走在行知路上，说得充分一点应该这样表述：只有走在知行合一的道路上，教师才能获得真正的成长，才能行稳致远。

在乐于动笔上，我也有过一些纠结。在意识层面，我特别重视写东西。但是人都有一种惰性，白天上课，晚上坐下来，有时候又呼呼睡去，就把这一天的日记落下了。然后第二天就批判自己，企图弥补。后来发现欠账越来越多，就越来越没有办法弥补，很多写作计划都泡汤了。这也是我很长一段时间纠结的地方，后来慢慢地我也想开了。动笔应该是一个快乐的过程，如果天天批判自己，天天这么跟自己过不去，好像也不行。我想，反正也没有人看，我自己爱写就写，不写就不写，我干吗那么纠结，这样就把自己解放出来了。来劲儿的时候一天可能写 1 万字，偷懒的时候一天可能一个字也不写，对于动笔这件事，我就没有那么太在意了。

正是因为回归了动笔本身，在动笔当中体味出了那个"乐"字，就真的乐于动笔了，笔记就记得顺畅了。所以，我基本上这 40 多年在写东西上没有大的间断，学校发展的历程，自己的心路历程、成长历程都记录在案。现在想想看，这些东西很有意思、很宝贵。倒不是说要把这些东西拿出来，从中发现点什么，动笔的过程给我带来的快乐和充实感，已经能足够补偿我的所有付出了。

12

90 年代的钟声

20 世纪 90 年代的钟声敲响了。

当时，我兼任中心小学团支部书记。我记得我们组织全乡团员教师搞了一次支部活动，主题是《中国青年报》1990 年元旦社论上的一句话：我们是 80 年代的青年，90 年代我们依然年轻，而且更加成熟。大家比赛唱歌，比赛写字，比赛演讲，彼此都受到了很大的激励。

进入 90 年代，我面临着第二个 10 年行知之路怎么走、农村教育怎么办、农村孩子怎么教、农村教师怎么当等一系列问题，这些问题都需要深入思考。这个时候，我读到一篇很重要的文章，就是刘季平先生的遗作《我国需要众多的现代陶行知》。

——为了搞好教育改革，使教育更好地为社会主义建设服务，更有效地促进普及义务教育与加速培养人才，提高我国民族的文化素质，以适应我国社会主义建设的发展需要，我深深觉得我国需要众多的现代陶行知。

——陶行知先生是为教育改革坚决献身的革命教育家。现在中央号召我们要努力搞好教育改革，要把它看成提高民族素质，多出、出好人才，为社会主义建设服务的头等大事，看成搞好经济、科技以至政治等改革与建设的重大战略环节，来切实抓紧。如果陶先生在世，他将如何对待呢？毫无疑问，他必将非常高兴，必将适应社会主义建设在各方面的需要，踊跃投身到这一历史洪流中来。而且从他过去早就下定决心、赤脚下乡、深入基层、与人民大众同甘共苦、为教育改革而奋斗的一贯表现看，一定会不计个人得失，竭尽所能，为此而"抬头乐干"到底。就我国现在的实际情况看，像陶先生这样重视并全心全意献身于教育改革的人也不是太多，而是太少了。

——陶行知先生是抓住了要害的教育改革家。生活教育理论的实质就是：只有社会实践生活，才是认识的源泉，即教育的源泉；才是最基本、最广泛、最持久、最主要的教育。因而在实践生活与教育、与书本传授的关系方面，也就一定要承认社会实践的主导地位；要看到书本传授只是整个教育的一种方式，不能把教育仅仅看成书本传授，更不能脱离实践生活死读书。陶先生自己也重视读书，并未反对读书，但强调一要注重用书，二要用活。并借用墨子的话，把来自自己实践的知识称为"亲知"，把中外古今他人的知识称为"闻知""说知"。认为"亲知"是根本，接知如接枝，"闻知""说知"要接活在"亲知"上,才能成为自己的真知。

——陶行知先生是认清全局的教育改革家。教育要克服片面观点,树立全局观点,也就是变狭义教育思想为广义教育思想。把这作为教育理论上的基本原则之一正式提出的不多见,其中最为鲜明、突出的,是应首推陶行知先生:陶先生一面强调"生活即教育",一面强调"社会即学校",显然就是为了公开阐明这个道理。陶先生这样讲,并非要取消学校,他自己就千辛万苦地办了好些学校。他主要是要如实搞清社会与学校的关系,是要让大家正确认识社会是最大、最基本,而且无所不在与无休止的学校;认清现在学校只是社会所办的,有一定使命、内容与时限的一种教育方式与单位;认清教育的广泛性,除各级各类的学校教育外,还有社会这个大学校的多种多样的教育活动。

——陶先生的一切主张,在旧中国是不容易实现的,但陶先生站在人民大众的立场上,从中国实际出发,为振兴中华、改造社会、改造世界而全心全意献身于教育改革的奋斗精神以及他所创办的事业,给我们留下了极为难得的经验。像他这样自觉自愿,全心全意献身于教育改革,而且不管碰到多少困难与折磨,都能奋斗不息的伟大战士,不正是我们教育战线上可以奉为楷模的典范吗?他的理论与实践经验,又是我国现代教育史上极为宝贵的财富,我们应该认真加以研究发展。通过实践—认识—实践,探讨出一套真正富有新中国特色的社会主义教育学,又同时产生出千百万个比 20 世纪前半叶更了不得的现代陶行知——21 世纪的陶行知,成为在教育战线上为社会主义建设服务的骨干积极分子，我们伟大的中华也就肯定可以更快更有力地走向真正了不得的 21 世纪。①

我一遍又一遍地读，受到的启发和激励是非常大的。90 年代，学陶事业得到了进一步的发展，得到了国家更大的重视。我想，这个时代需要有众多的现代陶行知，行知之路要更加坚定地走下去。我在 1990 年元旦那天的日记中系统地梳理了当时的想法。

60 年代，是我的孩提时代，我得到了父母的爱护。

70 年代，是我的求学时代，我得到了社会的爱护。

80 年代，是我参加工作的头十年，我全心全意为这个社会奉献着自己的青春，过得十分充实，收获很大。

——我对劳动做了恰当的选择，不进城，不当团县委副书记，甘当一名乡村教师，并全身心地投入进去，收获是大的。我主办了行知实验班，领头创办了行知小学，开展了不留级实验。学校先后几百次接待中外来宾考察参观，十多次受到国家及省级报刊的报道宣传，学校获市、县先进，本人获"青春献'七五'标兵"和"南京市劳动模范"称号。

——我始终坚持学政治、学理论、学业务，个人整体素质得到了较大提高。我获得了南京师范大学教育系学校教育专业本科函授毕业

---

① 刘季平：《我国需要众多的现代陶行知》，载《生活教育》，2008(5)：4-9。

证书；我在江浦县教师进修学校小教干训班结业，取得了第一名的成绩，成为优秀学员；我参加了全国辅导员学校的学习，取得了由共青团中央书记处书记签署的结业证；我经过实践锻炼，胜任了小学的教学工作、班队工作和管理工作，并成为县教师进修学校心理学和教育学的兼职老师；我已写了 60 多本 200 多万字的教育日记和几十篇论文，在报刊上发表过 13 篇，在县教育学会论文评比中两次获一等奖；我坚持学习和实践陶行知教育思想，积极从事教育改革，先后当选为省陶行知研究会和省教育学会理事，县陶行知研究会副会长；我 80 年代初即要求入党，经过不懈努力，终于在 90 年代到来之际成为一名预备党员。

——我克服了世俗偏见和经济困难，和农村姑娘潘学梅恋爱结婚，我们的婚礼文明节俭。现在又有了一个健康的、不到半岁的儿子。我将母亲和两个妹妹接到学校这里来住，户口亦迁来五里。全家人以我的工作为中心，勤劳俭朴，生活得很和睦、很有意义，可谓"乡村教育之家"。

80 年代，我的收获可以用四个字概括，就是"成家立业"。并且，我还为 90 年代的发展创造了较好的主观条件和客观条件。

90 年代的钟声已经敲响，比任何时候都更加响亮，更加激动人心。80 年代已经过去，我要干净利落地和它告别，过去的只能说明过去，我要全身心地拥抱 90 年代，面向 21 世纪。

90 年代的十年，我该怎么来把握？还是三件事：高效率地工作、无止境地学习、和谐地生活。在这个基础上写好工作、学习、生活日记。

——工作上走三大步：第一步，1990 年 1 月至 1991 年 8 月，完成不留级在小学阶段的实验，完成小学与幼儿园的一体化，并在生活教育理论指导下，搞村校共建。第二步，1991 年 9 月至 1995 年 8 月，完成不留级在初中阶段的第一轮实验，对不留级实验做系统总结。第三步，1995 年 9 月至 1999 年 12 月，在整个建设乡推行不留级实验，使不留级实验的课题走向全国。办出一个国内一流水平的教育示范乡。

——学习上抓三大块：第一块，在面上，广泛学习教育理论和实践经验，学习与教育科学相关的科学知识，特别是文学、美学、伦理学、哲学、数学和时政。第二块，要把握古今中外全部的教育科学知识，要通读《陶行知全集》，要深刻领会陶行知教育思想，能做到深入浅出，切实指导实践。第三块，学习英语，并且精通它，使它成为我的重要工具。

——生活上做三件事：第一件，孝敬母亲，敬爱妻子，爱护妹妹。要让母亲过上十分舒心的日子，要好好地爱妻子，最重要的是让她快乐，其次是帮她学文化，要帮助教育两个妹妹，直至她们结婚成家。第二件，抚养教育好儿子。让他健康，让他聪明，让他爱劳动，让他富有同情心，一定要教育他养成良好的生活习惯。第三件，保持自己的身心健康。

……十年以后的今天，我将以怎样的姿态跨入 21 世纪呢？

现在看来，90 年代我实际的工作、学习、生活情形和当时的构想有很大的不同。虽然英语学习等计划落空了，但是实际的收获远远超出想象。

第二章

突围：城乡联合，实践育人

1

行知基地

　　1994 年 7 月 18 日，南京市教育局在我们学校正式挂牌创立了行知基地。这是江苏省第一个中小学生社会实践基地。行知基地的创立，标志着我们学校办学活力和办学功能的提升，是学校联合办学思路质的飞跃。

　　在最初办学的十几年里，学校遇到了很多发展上的困难。那时，我们在办学上有一种依靠思想：我们是一个村办的学校，得依靠政府的支持办学，依靠上级的指令做事。后来，我们在总结学校发展进程时有一个重要的发现：要想让一所学校更主动、更有活力地发展，光懂得"依靠"是不够的，还要懂得"联合"。联合让我们有更强的主动性，用发现的眼光去寻找所需要的资源。当然，这些资源我们并不是白拿，而是用我们的长处和力量去交换，让对方也受益。联合是一种互利互惠的办学策略。

　　我们跟学校所在的五里村从一开始就是一种联合的状态，我们称之为

"村校联合"。村里面给我们提供办学用地、帮助我们改善办学条件，我们努力让农民的孩子受到良好的教育，这也算是一个互利共赢的过程。用这样一种联合的思路，我们学校办起了实验农场，我们跟农民联合，把实验农场租给农民，让他们来经营，有经验的农民会让这块土地创造出更大的价值。作为学校，我们看重的不是种地本身的收益，而是通过种植活动、劳动教育，实现对学生发展的促进，这是我们想要的互利互惠。

1992年，我们学校荣获江苏省教育厅颁发的"模范村小奖"。一所村办小学，成为江苏省第一批模范村小，这让许多人开始关注我们学校。接着，陆陆续续有城市学校接触到我们。有人提议，城市的学生也可以到我们学校里赏赏荷花，采采茶叶，掰掰玉米，开一个篝火晚会，过一过农村生活。这个提议让我们很是心动：我们可以接触到城市先进的教育理念，城市的学生可以见识一下乡土资源的魅力，这不也是一种互利互惠吗？

恰好那时，我们的实验农场探索被南京市关心下一代工作委员会（以下简称关工委）的老领导关注到了。1993年暑假，南京市关工委副主任曹琬专程到我们学校来考察实验农场，并首次提出设想："行知小学的实验农场可不可以开放给城市的学生体验乡村生活？"我们一下子就被这个想法吸引了，于是着手策划创办基地的方案。

1994年春天，南京市关工委的老领导、南京市教育局的领导和江浦县政府的领导再次来到学校进行考察调研。当时我们就坐在当年接待联合国教科文组织考察团的那间屋子里，在那幅《锦绣河山》壁画的见证下，大家做出了一个重要决定：在我们学校创办一个基地，就叫"行知基地"。

城市的学生来这里总得有个地方吃饭、睡觉、洗澡，大家合力在幼儿园南面盖了几间屋子做学生的食堂，再盖两间平房做学生的浴室。关工委的老同志们帮忙募捐到了一批闷晒式太阳能热水器、两台风力发电机。太阳能热水器也好，风力发电机也罢，都是想增加一点基地的科技含量。基地的硬件虽然很简陋，但好在有了基本的生活、活动保障。

城市的学生来干什么呢，总得有个方案吧。那个时候我们其实不懂如何做课程，但也在尽力用心谋划着。我们确定了三个课程板块：一是"学习农业科技"。农业是有科技含量的，比如杂交水稻的推广，怎样提高产量，太阳能和风力如何发电，让城市的学生知晓农村、农民、农业也是需要科学技术的，他们可以来农村认识农业科技。二是"了解农村建设"。城市的学生不了解农村：农民是怎么烧饭的，怎么生产的；农村有精神文化生活吗；除了农业生产，他们还会做些什么。这些也是城市的学生感兴趣的点。三是"体验农民生活"。他们来一定会接触到农民，跟农民打交道，一起聊聊天，过一过农家生活，一起到菜园播种、采摘，在农村烧大锅饭，吃农家餐。我们围绕这三个板块开发出基地的第一套社会实践体验课程。

基地建成之后，第一批来开展实践活动的是金陵中学高二的学生。当时正值暑假，我们把小学的教室全部腾空当作宿舍，课桌拼到一起当作床，学生自己带过来蚊帐、席子、被子和枕头。等到开学以后，还有其他学校的学生要来，教室里肯定不能住了，我们只能在图书室和其他活动室里铺上稻草，让学生自己带被子打地铺。虽然条件简陋，但基地也算是正式运行了。因为新奇，城市的学生在这里实践时也都是欢欢喜喜的。

到了 1994 年年底，行知基地一共接待了 628 个学生，既有高中生，也有初中生，还有小学生，实践活动就围绕"三农"展开——学习农业科技、了解农村建设、体验农民生活。

创立基地之后，我们跟乡土农舍进行了更加紧密的联合。寻找一些热心的农户配合我们一起接待，这些人大多是我们学生的家长。我们带着城市的学生去家里劳动、烧饭，得到了家长们积极的配合与热情的招待。为了表达一点心意，基地会给农民付一点费用。为了体现农业科技含量，我们找到了学校东面占地面积约几千亩的南京农业大学实验农场，这里真是一个大宝藏！农场里有大片大片的杂交水稻试验田，一块土地里竟然种植了几千种小麦，种子库里还有很多叫不上名字的小麦和大豆的品种资源……在这里开展实践活动时，如果恰好遇到带着研究生在田里劳作研究的教授们，学生一定不会放过采访的机会。一切都是非常自然的、非常鲜活的、非常舒展的。

基地运行了，学生陆陆续续地来了。组织活动需要人，可我们当时没有那么多人手，所以学校的老师们也兼职做基地的辅导员。好在当时的接待量不算大，老师们还能将课堂教学和课外实践兼顾起来。后来越来越多的学生来到基地，我们就调剂出专职老师进行接待、讲解，带着学生到田间地头劳动，开篝火晚会，看露天电影，开联欢会……那时我们还特别设计了一个活动——城乡学生"手拉手"交朋友。比如基地来了 100 个城市的学生，我们就把他们分成 20 个组，每个组 5 人，然后把 20 个组的学生分到 20 家农户进行体验。我们选择农户有一个非常重要的条件，就是这个家庭尽可能有一个孩子在我们学校上学，因为我们想让这个孩子当向导，做小导游，介绍自己的家乡、家庭，介绍哪个是小麦，哪个是菱角，哪个又是莲藕。反过来，城市的学生视野开阔，给我们农村的学生起到了带动和引导作用。所以这个过程也是一个相互学习、相互成长的过程。

行知基地的创立，给我们学校带来了改善办学条件的机会，比如学校建了一个食堂和浴室，有了太阳能热水器。另外，城市的学生到基地来活动会交一些水电食宿费用，尽管很低，起码学校交水电费和修理课桌凳的钱再也不愁了。而且最初选择到基地活动的是一批较优质的学校，如此一来我们也有了跟南京市优秀的中小学校长、老师打交道的机会，这让我们开阔了眼界，提升了办学理念。

2002年，农村社会变迁，农村小学进行大规模的布局调整，我们学校所在的这个乡由1981年时的17所小学撤并成两所小学，其中行知小学被保留了下来，周边的8所小学被并到了行知小学。如果行知小学没有办基地，可能也会被列入撤销的计划。当初因为行知小学在乡村扎根才创立了行知基地，行知基地的创立又保全了行知小学，甚至可以说是拯救了行知小学。

行知基地的创立，是联合办学的成果，使学校跨入了行知教育实验的一个新阶段。陶行知先生的生活教育理论在很大程度上是在行知基地的运行中得到验证的，比如"手脑并用""知行合一""爱满天下""生活即教育""社会即学校""教学做合一"。行知基地的创立，标志着学校在践行陶行知教育思想、创新学校育人方式等方面都打开了一个新格局。我们今天特别强调实践育人，行知基地的创立其实就是跨出的实践育人的关键一步。

2

村级大教育

20世纪80年代，我刚刚来到五里小学工作，那时我们比较关注的是小学教育，一心想办好小学。后来有了附属幼儿园，也陆续开展了家庭教育、农民扫盲、成人教育、教师教育。学校的这些教育、文化、产业等全部捆在一起，就是大教育。我们是村办学校，我们把这种大教育称作"村级大教育"。

村级大教育是受陶行知教育观启迪后的自然呈现。陶行知教育理论被概括为生活教育，强调"生活即教育""社会即学校""教学做合一"。陶行知追求教育主体的全员性，他对教育目标有这样的描述：要培养农夫的身手、科学的头脑、健康的体魄、艺术的兴味、改造社会的精神。这个目标体现了教育的全面性，涵盖了德智体美劳；教育空间的全域性，强调社会即教育；教育时间的全程性，即终身教育；教育手段的全息性，强调"教学做合一"，立足这个"做"字。我在陶行知教育思想中看到了这 5 个"全"：全员、全面、全域、全程、全息。

也有人说，你们小学教育、幼儿教育的事都没做完呢，还管什么大教育，是不是有点不务正业？村级大教育是客观存在的，不管我们承认不承认，它都在那儿，我们确实是需要做那么多事，而不是给自己找了那么多事做。我们还有一种意识，这样的大教育观念是非常重要的：只有孩子需要教育吗？难道成人不需要教育吗？难道教师不需要教育吗？如果我们用这样的大格局来看待大教育观，大教育便可更好、更有效地推动小学教育的发展。

20 世纪 90 年代，我特别喜欢说两句话，"人人都是受教育者，人人都是办教育者"。不是只有学生在受教育，成人也在受教育，包括教师自己也在受教育，人人都是受教育者。不只有教师是办教育者；孩子是小先生，也是办教育者；家长要教育自己的孩子，也是办教育者。

"小先生制"在村级大教育里面占有举足轻重的分量。向孩子学习，这是一件极其重要的事情。家长在陪伴孩子成长的过程中，不只是命令、掌控、居高临下，而是要跟孩子亦师亦友，人格平等，甚至还要自觉地向孩子学习。

有人说孩子能懂什么，能做什么小先生？只有等他识了字，有了文化，才可以做小先生。更小的孩子，到底能不能做小先生？我的回答是非常肯定的。孩子一出生就是小先生，孩子的出生给全家人带来了多么大的惊喜、多么大的期待，产生了多么大的影响。这个很小的孩子，他的一颦一笑都牵动着父母的心。孩子对于成年人教育的效果已经超越了知识，它的影响是更深远的。我觉得最能说明儿童教育力量的那个词叫"疗愈"。成年人在经历各种复杂的境遇后，或多或少会有一些伤痛，需要疗愈，谁来疗愈呢？最有力量的疗愈师就是我们的孩子。我们在孩子身上获得了那么大的喜悦，在看孩子学说话、学走路的过程中获得了无穷无尽的快乐，而且这个过程是自然发生的，不要你花任何力气，我们只需要看着，只需要领悟，这是多么不可思议。

　　陶行知先生有一个重要的教育原理，即"以教人者教己"。[①] 我们发现，当孩子学会教别人的时候，他自己会对知识的掌握更加深刻，效果更好。有数据统计，只读书会有效果，但是效果不如动手实践体验，动手实践体验的效果很棒，但效果不如小孩用学习收获去教别人。陶行知先生说过："你要教你的学生教你怎样去教他。"[②]你看这句话是不是很经典？你要想做个好老师，最好的办法就是问问学生我该怎么教你。所以，陶行知先生当年推行的"小先生制"，在培育时代新人、提升学生素养方面，具有不可估量的价值。

　　对于村级大教育，我们陆续有了一些认知之后，就申报了一个课题，名称为"陶行知教育思想与村级大教育研究"。没想到这个课题被评为江苏省教育科学"九五规划"重点课题，受到了专家学者的关注。但是我们并没有研究课题的经验，只好一边做一边学。在开题结题的过程中，当时的江苏省陶行知研究会会长罗明先生，专门召集了省内的一批知名专家，给了

---

① 《陶行知全集》第 1 卷，111 页，成都，四川教育出版社，2005。
② 《陶行知全集》第 3 卷，383 页，成都，四川教育出版社，2005。

我们很多理论上的支持。后来这个课题又受到中国陶行知研究会的关注。中国陶行知研究会会长方明先生听取了村级大教育项目的实践和研究汇报之后，高兴地说："山西有个前元庄，搞的是村校一体；江苏有个五里村，搞的是村级大教育。"在方明先生的推动下，这个课题被列入中国陶行知研究会的全国推广计划，这给了我们巨大的鼓舞。江浦县教育局对我们这个课题也给予了高度的关注，专门发文，在全区推广村级大教育的研究成果。

什么是村级大教育呢？村级大教育就是以村办小学和它所联系的社区为实施单位，以小学教育为中心环节，以社区全体成员为教育主体，以联合为运行机制，以农村教育的现代化为根本目标的一种办学形式，或者叫办学模式。

村级大教育是由哪些要素组成的？各要素之间是什么关系？村级大教育在哪些方面传承了陶行知教育思想的当代价值？村级大教育和小学教育是什么关系？诸如此类的思考让我们把思路打开了，我们找到了很多可以研究的东西。

在实践研究的基础上，我们逐步认识到：小学教育是村级大教育的中心环节，因为我们是办小学的，要立足小学；学前教育是村级大教育的基础环节；成人教育，如扫盲班、家长学习班，是村级大教育的延伸环节；教师教育是村级大教育的保障环节；基地建设是村级大教育的开放环节；学校文化是村级大教育的相关环节；产业建设是村级大教育的补充环节。

村级大教育和小学教育是什么关系？小村级大教育是办好小学教育的一个非常重要的手段，可以让我们办小学教育时更加有力量，事半功倍。

在村级大教育的环境中办小学教育，小学教育可以得到更好的滋养。村级大教育和陶行知教育思想是什么关系？陶行知的生活教育理论本身就体现了大教育观，我们在实践陶行知教育思想中逐渐认识到，我们可以从一个"大"字、一个"小"字两个角度去抓取。陶行知教育思想的一个突出特点是鲜明的大教育观，另一个突出特点是先进的儿童观：人人都说小孩小，谁知人小心不小；您若小看小孩子，便比小孩还要小！① 很多学校在办学中非常突出的问题就是先进儿童观的缺失和大教育观的弱化。所以说，村级大教育就是陶行知教育思想绽放时代光彩的一个非常重要的抓手。

---

① 《陶行知全集》第 7 卷，87 页，成都，四川教育出版社，2005。

3

学会赏识

2001 年，行知小学的新教学楼落成。教学楼二楼报告厅的正面有 4 个装饰性的窗口，我们考虑再三，决定把陶行知先生手书的"爱满天下"四个字按比例放大嵌上去。"爱满天下"，赫然醒目的四个字就成为学校 20 多年来一个非常突出的文化标识。在这样一种文化理念的指引下，学校的育人之路该如何走呢？我们有了很多新思考。

1995 年 5 月，我在南京市工人文化宫听了一场报告，报告人周弘老师讲述了自己如何教生下来就有听力障碍的女儿开口说话，从而实现卓越发展。周弘老师的讲述深深触动了我的心灵。

那是我教育生涯中挫败感比较强烈的一段时间，我感觉自己虽然在学生身上花了很多精力，但是总觉得效果不太好。听完报告后，我特别受触动：有听力障碍的孩子尚且能实现这么好的发展，我们能不能学习这种办法，让农村的孩子也能获得更好的发展？

我印象最深的是周弘老师不断竖起的大拇指。他说，你如果想挑毛病，那每个孩子身上都有挑不完的毛病；可是如果你想找优点，那每个孩子身上也都有找不完的优点。周弘老师认为，教育孩子要找到教孩子学说话、学走路时的感觉。孩子刚开始说话的时候，含混不清，但是当会喊第一声"爸爸"，会叫第一声"妈妈"时，作为父母的我们是那么高兴、那么骄傲；孩子刚开始走路的时候，跌跌撞撞，但是当他能够迈出第一步时，我们是多么欣喜若狂，毫不吝惜地找到全世界最美好的词来肯定他。

父母不在乎孩子什么时候会走路，也不在乎孩子什么时候会说话，早一天晚一天都无所谓，因为我们对他充满期待和爱，相信孩子一定会走路，一定会说话。这种心态和方法是多好的教育智慧的体现啊！教一个人学说话、学走路是多难的事情，但是没有一个家长会嫌弃孩子说得不好、走得不稳，每个孩子就这样在父母的一声声鼓励中自然而然地学会了。周弘老师就是用找优点的方式教育自己有听力障碍的孩子，最后孩子也能开口说话，并实现了良好的发展。

反观我们对孩子的教育：为了让孩子好，就老说他不好；为了让孩子更细心，就老埋怨他粗心；为了让孩子有礼貌，就唠叨他没有礼貌。全是反着来的，专门挑毛病。我们总以为把这个毛病挑出来了，毛病就减少了，孩子就更优秀了。但事实上，我们发现往往毛病越挑越多，因为这种方法不符合孩子生命成长的内在规律。

那个时候我是南京市青年联合会教育界别组组长，每隔一两周我会邀请南京教育界的一些同行聚一聚，在一起聊聊教育孩子的问题，我们把它称作"教育沙龙"。每次谈论都热火朝天，我就用我的笔记本记下大家的观点。沙龙活动一直持续下来，我也一路记下来。最终发现，沙龙的内容实际是将周弘老师教育女儿的经验与我自己十几年来在乡村学校办学的经验结合起来，然后又在陶行知教育思想里寻找答案。通过沙龙这个载体，我们把自己的教育实践和陶行知先生的"爱满天下""相信儿童"的教育理论有机地结合起来。

一次沙龙结束后已经到了晚上，我被邀请住到了周弘老师的家里，夜深了，灯也都关了，我俩还在兴致勃勃地聊，好像有说不完的话。一个瞬间，我的脑海里抓到四个字——学会赏识，它出自多年来我一直爱读的《学会生存：教育世界的今天和明天》。抓到这四个字的时候，我很兴奋，摸着黑迅速拿起笔，将"学会赏识"四个字写在笔记本上。

我们承认绝大多数老师和家长是爱孩子的，问题往往就出在不会去爱上。怎样做才叫会爱呢？首先要有一个根本性的转变，就是"学会赏识"。怎样能够学会赏识？我们一遍又一遍地去梳理这些问题，最后将这些问题的答案慢慢归结为 6 个词：尊重、相信、理解、激励、包容、提醒。

尊重、相信、理解是爱的态度、爱的底色。爱是尊重人格、相信潜能、理解个性。真正的爱一定是百分之百地尊重他的人格，因为人格是平等的；潜力是巨大的，不要稍微有一点闪失就觉得不得了，仿佛天要塌下来似的，要去相信孩子；我们允许孩子不一样，不是人家会弹钢琴，你的孩子就必须会弹钢琴，我们应该悦纳不同个性的孩子。

激励、包容、提醒则是爱的策略。对这三个词的理解是需要有分寸的。"激励"的比例过大是很容易出问题的，过度的激励也是一种功利和控制。经过与周弘老师无数次辩论，并与我们学校老师不断讨论，我们一致认为激励学生在教育行为中占9％就差不多了；我们要把90％的空间留给"包容"，让孩子在自主的状态下成长；留1％给"提醒"，来守住教育的底线。我们对待孩子要热情激励、深情包容、友情提醒。按照这样的分寸去表达爱，这样的爱就会很动人，就能让学生接收到老师和家长的本心和真心。

中央电视台和《人民日报》对我们这个教育沙龙、对周弘老师教育女儿的故事进行了广泛报道，加上各种舆论、各种媒体的持续关注，最后就自然而然地生出了一个词——赏识教育。"赏识教育"迅速被关注，一开始我们挺高兴，为了能够让更多的家长和老师了解这个理念，我还协助周弘老师把他教育女儿的经验整理成一本书，书名叫作《赏识你的孩子》，这本书主要讲述周弘老师教育女儿的故事，一经出版就受到了广泛的关注。大家感动于周弘老师将有听力障碍的孩子培养成大学生，还让她出国留学。周弘老师的女儿后来被评为"全国自强模范"，受到国家领导人的接见，成为一个公众人物。一时间，大家对"赏识教育"格外关注，但问题也随之而来：一些人误把赏识教育理解成一味地表扬，不会从专业的角度去把握分寸。而且"赏识教育"这个词本身就具有语境上的局限性，通常是上级赏识下级，长辈赏识晚辈，老师赏识学生。如果一个学生说"老师，我很赏识你"，一个孩子说"爸爸，我很赏识你"，你不会觉得很奇怪吗？这就说明"赏识教育"这个词本身在语境上就营造了一种不平等。而好的教育、好的师生关系、好的亲子关系的根本是什么？是民主，是平等。后来，我和同事们开始有意识地强调"学会赏识"理念，慎用"赏识教育"概念。

我发现解释"学会赏识"这四个字，只要用三个字就能说清楚，那就是"学会爱"。

爱还要学吗？那当然。因为不会爱，往往会导致伤害。

关于学会爱，我把它概括成三个短语：达成被爱、引导施爱、启发自爱。爱不是单向的，老师要学会爱学生，家长要学会爱孩子，同时还要引导学生学会爱父母、爱同学、爱他人，进而引导学生学会爱自己。这才是"爱满天下"精神的体现。

我们学校旁边有一个很大的荷花园，每当夏季来临，荷花园里美不胜收。有的荷花完全绽放，有的荷花才展开几片花瓣，有的还完全是花苞。我们既欣赏盛开的荷花，也赞美迟开的花苞。没人会嫌弃花开得迟，因为花苞也有自己别样的姿态。我们把这种感觉称为"花苞心态"。可是为什么我们面对教室里"祖国的花苞"总是表现得那么迫切呢？"别的花都开了，你为什么不开？我要你马上开、立即开，再不开就把你掰开！"这简直是在做蠢事。所以我们倡导老师、家长和孩子，人人都要修炼一种"花苞心态"，将学业落后的孩子、行为散漫的孩子看成一个个花苞。

用"花苞心态"看待学生，我们看到的不是美丽的鲜花，就是可爱的花苞，想想就很美。找到这种教育的美感，我们就真正领悟到了教育的乐趣。我发现教育学生主要不是方法问题，而是态度问题。态度一变，方法无限；态度彻底改变，奇迹可能就会出现！

是的，教育是可以创造奇迹的，只有遵循教育规律，才能创造奇迹！落实"爱满天下"精神，倡导"学会赏识"理念，不断修炼"花苞心态"，这是我们要走的路。这条路，任重而道远。

4

全国优秀教师师德报告团

2000 年，教育部组织了全国优秀教师师德报告团，在全国巡回演讲。我因在乡村办教育，践行陶行知先生的高尚师德，让农民的孩子享受优质教育受到关注，很荣幸地入选到这个报告团里来。

自 9 月 9 日，我和报告团的其他成员一起在北京人民大会堂做了首场报告之后，又先后到福建、浙江、湖北、陕西、黑龙江等地巡回演讲，直到月底。媒体一直跟踪，并做了广泛报道。中国教育电视台将我们的演讲录像制作成光盘，作为师德学习材料。

为了组织好这一次巡回演讲，教育部从 7 月就开始组织集训，我们在北京进行了十多天的封闭训练。教育部邀请了几位专家来帮我们润色稿件。他们不辞辛苦，陪着我们一次一次地听，一点一点地提意见，一遍一遍地修改稿件。

我的演讲时长半小时，当时三十七八岁的年纪，记忆力还行，全程脱稿，激情饱满。从入选到训练，再到走上台前，整个过程对我来说是一次极大的历练，我感到无上光荣。

参加师德报告团，是对我们走行知之路，探索乡村教育所付出的努力和取得的成绩给予的一次肯定；是对 20 世纪 20 年走行知之路的经验教训做的一次系统的总结、梳理；是对 21 世纪 20 年如何走行知之路做的一次清醒的规划、展望；也是向主管教育的领导层、向全国的同行、向社会集中宣传了一次行知精神、乡村教育；更为学校跨越式发展，迈出教育现代化步伐创造了机会，积蓄了动力。

参加师德报告团，是我人生中一次极为宝贵的成长经历。在此之前，我认为教师要想成长，需要做到"躬于实践、勤于读书、善于交友、乐于动笔"。这次报告团巡回之行让我对成长有了更深层的认知，那就是作为一位教师，专业上的成长是重要的，而师德方面的成长是一个更能体现本质的东西。这个感受让我在过去近 20 年的乡村教育实践的基础上，有了认知上的一个提升。报告团的老师们是来自全国各地的优秀教师代表，我看到了他们身上的许多闪光点，尤其是他们的师德风范，这对我来讲又是一个极大的收获。此外，教育部的领导、学术界的专家，还有媒体，让我又从另一方面对教师的成长有了体悟和思考。对经历的反思、榜样的引领、专家学者的指导、媒体的关注点……这些全部在我的脑海里、心灵上留下了深深的烙印。

我深深体会到，教师成长，师德为先。何为师德？过去觉得师德是一种规范，是一种要求，我们照着样子去做就能展现师德。这次经历让我有了一种真切的体会，那就是师德不是冷冰冰的规范，它是有温度的，是人生的一种指引力量，是教师追寻和实现更高生命价值的一盏明灯。教师按照国家政策做事，践行高尚师德，遵循师德规范，就会做得很开心、很踏实。崇高的师德，永远是我前进的力量源泉。师德是理想，是激情，我要坚守着一颗乡村教育的理想之心，充满激情地去工作，去创造；师德是实干，是实情，是实才，是实绩，我要脚踏实地去工作，去创造；师德是立足点，是制高点，是平衡点，我要用高尚师德指引自己，掌舵好自己的生命之舟；师德是充实，是快乐，是幸福，我要让自己的生命之舟驶向幸福的彼岸。

我也进一步体会到，陶行知先生身上所体现出来的师德风范是一座丰碑。我在工作中，时时刻刻都能感受到它的力量。这一次加入师德报告团，又进一步地强化了我对陶行知师表师德形象的认知。他的那种献身教育的精神、那种"爱满天下"的情怀，是全面的、表里如一的、知行合一的，他是师德师表形象的榜样。

还有一个体会，就是师德和师能并重。我们更加重视师德修养，同时也要不断地提升专业水准。提升专业水准本身就是师德的内在要求，师德与师能二者是一致的、一体的，互不矛盾。在这个过程中，"言为士则，行为世范"也是师德的重要表现。教师不只是嘴上说要教会学生什么，更重要的在于自身怎么去做。师德本身就是一种教育的力量，是实现师表育人的内在要求。当一位教师提升了自身师德修养的时候，身上散发出的教育力量就会倍增。

师德报告团的经历给我最大的领悟是，终于抓到了一个"根"。我常会问自己：做一位普通的乡村教师会有出息吗？有盼头吗？什么是盼头和出息呢？我还有没盼头？还有没有出息？引发出来的就是每个人对自己生命意义、生命价值的思考。每个人都渴望创造生命的价值和意义，但是在寻常的认知中，似乎大家觉得非得要满足一些"指标"才能显示出一个人的价值和意义。我一次又一次地追问自己，一次又一次地对报告团成员进行观察，渐渐明白：对一个人价值高低的判断，其实只要看一个指标，那就是看他如何做人，做人是根本。

我们天天跟单纯的、活泼可爱的孩子们打交道，跟淳朴的、善良的百姓打交道，要为人师表。这有利于我们更好地做人，有利于创造出更高的生命价值。想明白这个道理后，我有了一种豁然开朗的感觉。做一位平凡的乡村教师，完全可以挺直腰杆做人，做有价值、有尊严、有幸福感的人。推己及人，我终于明白，教育最本质的任务就是要让人学会挺直腰杆做人，做有价值、有尊严、有幸福感的人！

过去，我总是习惯把成长与成功联系在一起，为了成功，所以成长。现在，我意识到应该是，为了做人，所以成长。成功是做人的副产品，做人是成功的根本，做人是最大的成功。超越成功，关注成长；关注成长，走向成功。

过去很多年，我一直有一个心结。这次参加师德报告团，我也将这个心结解开了。我把这个收获写在了日记本上：

> 回想 20 年来我得到的无数关心和帮助，感受此时社会对我的巨大信任和鼓励，我无比感激！我无以回报啊！我想，历史给了我一个

机会，让我在新千年的教师节，在人民大会堂这样庄严的场所，面对教育部领导和4000位教师做半小时的激情演讲，也许，这正是真正关心我的人最希望看到的回报吧！

是的，教师成长，师德是根本；师德修养，做人是根本。做人，懂得感激是关键，而最好的感激是成长。每个人都渴望幸福，教育的使命就是增进人的幸福。我确信，成长乃是幸福的源泉。

对于此次巡回演讲，我的最大收获可以用四个字来概括——学会成长。学会成长，让我看清楚走过的路，照亮未来的路；学会成长，让我充满喜悦，充满力量。正如我在日记中所写的那样：

20年前，我立一个志向，发一个宏愿，融进了农民群众和乡村儿童之中，投入了乡村教育事业之中，走上了行知之路，人生从此不寂寞。

今天，我经历了一段历史，得到了一次升华，又一次被点燃，又一次被激活。我坚信，坚持走行知之路，坚持与高尚师德相伴同行，人生再也不寂寞！

5

徽州民居新校舍

我们学校原来占地只有 9 亩，是一个四合院的格局。我们很期待学校能够早日走向现代化，能够有一个好的办学条件，但这太难了，在当时是不敢想的事。

2000 年 9 月 9 日，全国优秀教师师德报告团首场报告在人民大会堂举行。报告结束后，教育部领导在人民大会堂里接见报告团成员。当时，教育部领导就坐在我的左侧，高兴地说："今天在大会堂的报告很成功，很有感染力，我听了以后也很受启发。行知小学办得不错，有机会到江苏南京，我去学校看看。"

师德报告团巡回演讲结束后，市教育局和县政府决定为行知小学盖教学楼。我们学校受到媒体的关注比较多，其中新华社有个记者了解到我们有盖教学楼的需求，主动给我出主意："我带你去见东南大学的齐康院士，他是建筑设计大师，我们请齐院士出出主意。"这对于我来讲是求之不得的机会，于是我就跟着记者一起去拜访了齐院士。

齐院士听了记者对我的介绍，又听了我对学校情况的汇报之后，高兴地表示可以去学校看看。没多久，我和记者一道把齐院士接到了学校，齐院士还带来了他的研究生姜辉。他们在学校四合院、小树林里走了走、看了看。齐院士说："我帮你画图，我不收你的钱！"只见齐院士当场就在桌子上用草稿纸画规划图，边画边补充道："农民给你们盖的这个房子已经快20年了，树都长这么大了，这个老校舍要保留。把新校舍盖在学校的东面，新老校舍之间还有一种传承的意蕴在里头。"

虽然我不懂建筑设计，但是齐院士说的话句句都能打动我。后来我才知道，陶行知先生当年就是东南大学的创办人之一，齐院士也崇拜陶行知先生，而且他对农村、农民也有一份情怀，我们的老校舍当时没人去设计，农民就自发集资把老校舍的小平房盖起来了，他越看越觉得小平房很有味道，嘱咐要把这个小平房保留住。他听说我们在乡村扎根都20年了，很欣赏我们的行为。他很喜欢我们栽的那些树，说建新校舍，一棵树也不要移动。

根据学校地形，齐院士指导姜辉具体地画方案图，并一遍一遍地修改。齐院士特别考虑要体现徽州民居的建筑风格，因为陶行知先生是徽州人。我们也时不时到东南大学参与方案讨论，最终方案成形了。后来齐院士没有精力帮我们把方案图细化成施工图了，我们就带着方案图另寻了一家设计院，施工蓝图很快完成了。

招标结束后，工程队进场了。当时我们这个项目的影响很大，施工队来做这个项目，也干得很认真。

2001 年年底，工程竣工了。

2002 年春天，我们启用新教室的同时，又开始在齐院士的指导下设计综合楼，推进二期工程建设，又奋战了将近两年时间，就形成了现在看到的小学建筑群。

在新校建设的过程中，我们碰到过不少困难。有人认为，把房檐做那么大，屋顶的雨水从三楼直接落地，这个设计不好，要改。对于其他的批评声音，我不太在意，可是对于这种要改变方案的做法，我是坚决抵制的，我认为一定要尊重齐院士的设计理念。完全保留老校舍的做法，也遭到了比较激烈的批评，各种声音不绝于耳：这个破平房留着它干什么呢？占了这么大地方，把它推平了，重新规划多好！可我还是坚持齐院士的意见，不能改！再说，这里的每一棵树都是我们带着学生栽下去的，这里面倾注了五里村农民深厚的尊师重教的情谊。最后完全按照齐院士的设计意图，建成了让人眼睛一亮的校舍。

齐院士的研究生姜辉写道："建筑于 2002 年初竣工，半年后我去拍照片，从高速公路上下来，远远地我就看到了那个白色塔楼挺拔地矗立在绿色的田野里，醒目而又和谐。步入校园，一切还都那么熟悉：那个温暖的庭院，那排杉树林，还有那一池的荷花……走进新教学楼的庭院，到处都是欢快的孩子，院子里跳皮筋的、多功能厅下掰手腕比赛的、连廊上屋顶上乱跑的、塔楼上眺望的……一片片欢声笑语让人不由自主地快乐和年轻起来，真希望这些纯真的孩子们永远这样无忧无虑，希望他们多年成家立业后还记得这个小学校，想起那个高高的塔楼，想起在那个宽连廊上看荷塘，想起恶作剧时在多功能厅屋顶上侦察老师的动静，想起在行知小学快乐的童年……"①

我自豪地认为，行知小学的教学楼是一个杰作，是一部经典，放在世界上的任何一个地方都是美的，都是令人赞叹的。

---

① 姜辉：《一座农村小学交往环境的整体营造——谈江浦县行知小学规划及教学楼设计》，载《华中建筑》，2003(4)：15-18。

6

九所村小合并

建新校舍之前，政府已经计划校舍建好以后把周边的村办小学（以下简称村小）合并过来。这件事情在 2002 年春天正式启动了。

之前受空间限制，老校舍一个年级只能有一个教学班，更多的学校合并过来是不现实的。后来，学校建了新的教学楼，条件改善了，容量扩大了，学校合并的速度也就加快了。每年的 8 月底是新学年的开始，可是大家都不想等到那个时候了。2002 年 2 月，华山小学和响铃小学就撤并到我们学校来了。三合小学、建设小学、双合小学、新民小学、杨柳小学、新建小学，连同我们行知小学和上面提到的两所学校，一共是九所学校合并。另外还有光明小学、西江小学、林场小学等撤并到高旺小学。高旺小学位于建设乡的西南面，因为坐落在一个老集镇上，那个地方是不能没有学校的。整个建设乡原先有 17 所小学，最终只有行知小学和高旺小学被保留了下来。

2002 年的村小合并对我们来讲，是一个很大的挑战。挑战，表现在育人方式上，也表现在学校管理上，还表现在队伍建设上。许多人提出了担忧：那些撤掉的村小并过来后会不会影响行知小学的整体发展？担忧肯定是有的，但我还是怀着喜悦的心情去面对这些挑战：我们的学校盖了这么漂亮的房子，得到了这么多的支持，办学条件这么好，我们还有什么好惧怕的？

那一天，华山小学和响铃小学一两百名师生第一次进入行知小学，我们全校师生沿着小树林两边排了上百米长的队伍，对搬来的师生夹道欢迎。我们怀着喜悦的心情，怀着一颗真心，热烈隆重地欢迎他们。我看到他们也都是喜悦的，走进漂亮的校舍里面，流露出新奇的目光。那个景象令人难忘。

这些学生来了怎么分班？我们召开教师会议讨论着。有两种意见，一种是单独分班，另一种是混合分班。如果单独分班，就缺少了学生与学生之间的相互融合，而且很可能会显示出差距，我们应该用一种平等的态度来安置这一批学生。最终的方案是学生抽签，随机分班。

混合分班以后，老师也尽可能地融合。相比较而言，村小老师在教学技巧、教学效果上可能会显得弱一些。但是他们有他们的优点，能在偏远的乡村小学扎下根来的老师，一定是淳朴的、善良的、可敬的、能吃苦的。他们在教学专业发展上可能会受到一些影响，但是我们应该尊重他们，承认他们为发展偏远乡村教育做出了很大的贡献。他们来到我们的学校，内心也一定是喜悦的、充满期待的，我们一定要善待每位教师，相信他们的专业水平会很快提高的。

如何安置撤并村小的校长们呢？根据需要，我们在学校里设了一个后勤主任、一个安全主任，增添了一名管理校车安全运营的主任。因为综合楼还在建设，还有一位校长就参与基建管理。他们个个有事干，能感受到在我们这个学校管理体系里面被尊重、被善待，也为自己能给这个新学校出点力感到高兴。

就这样，我们把撤并村小的校长、老师和学生都做了安顿。合并是一件不容易的事情，就看你用什么样的心，用什么样的理念去做这件事。

安置好撤并的师生只是一个开始，撤并后的管理与发展也是一个挑战。在一段时间里，我们开始担心这所学校的德育怎么进行，教学怎么进行。我们学校很多年一直是一所乡村小学，虽然有点名气，但学业成绩一度上不来。经过多年的努力，现在终于到了良性循环的阶段，既有和谐的校风，又有扎实的学业质量。结果村小一合并过来，我们受到了一定的影响。但我们要振作精神，重新出发。

学校的办学理念、文化风气真的很有力量。经过·两年的努力，我们的教学质量显著提升，精神面貌焕然一新。

当时全县只有两所实验小学。我觉得我们学校已经有了这么好的环境，学校的风气越来越好，我们也应该争创实验小学。我们知道我们的起点低，但是我们愿意提升自己，决定迎接新的挑战。经过一番努力，2004 年，我们顺利创建为南京市实验小学。成为南京市实验小学，就有资格申报江苏省实验小学。2005 年，我们成功创建为江苏省实验小学。同

一年我们还获得了"江苏省文明单位"称号。这一年刚好是行知小学命名
20 周年。经过我们 20 年的努力,学校形象改善了,生源扩展了,办学品
质提升了,呈现出了一个全新的形象。对此,我们特别自豪。

7

三小课堂

　　九所村小合并后，提升办学品质的需求显得更加迫切了。提升办学品质，课堂教学是关键抓手。通过学习陶行知教育思想，我们找到了提升课堂教学质量的一个抓手，那就是"三小课堂"模式的探索与建立。

　　"三小"，指的是陶行知先生提出的"小朋友、小先生、小主人"。"三小"理念对于我们改进课堂教学、提高课堂教学质量具有指导意义。为了让学生对陶行知先生的思想和文化有所了解，我们还编写了一本"三小"读本。

　　所谓"小朋友"，就是老师与学生、家长与孩子、学生与学生之间构建一种平等的关系。"小朋友"这个词在过去使用得是比较少的，这个词能延续下来在很大程度上是因为陶行知先生，他是最早使用"小朋友"提法的中国教育家。在陶行知先生的心目中，小孩子就是小朋友。他曾经还写过一首《小孩不小歌》：

> 人人都说小孩小，
>
> 谁知人小心不小；
>
> 您若小看小孩子，
>
> 便比小孩还要小！①

自古以来，在中国的文化里，长者为大，长者为尊。陶行知先生的"小朋友"理念强调大人与小孩、老师与学生是平等的关系，这种观念是比金子还要宝贵的。我常常会反思：我们的课堂为什么缺乏活力？我觉得其中一个很大的症结就在于有些老师可能给人一种居高临下的感觉。我们很多时候没有让学生感受到在一种平等、尊重、和谐的文化氛围里来上课，这对学生学习的积极性和主动性是有损害的。

陶行知先生的伟大之处不仅在于将小孩子当成平等的小朋友，还把他们当成可以教人的小先生。小朋友也好，小先生也罢，归根结底就是要引导小孩子成为自己学习的小主人。充分调动和尊重学生的积极性，激发其内驱力，让他们成为学习的主人。他们可以帮助别人，也可以被别人帮助，也要学会自己帮自己，自己对自己的学习要负责任，愿意付出努力，愿意勤奋学习。

陶行知先生认为小孩子可以影响同学，影响家长，甚至可以影响老

---

① 《陶行知全集》第 7 卷，87 页，成都，四川教育出版社，2005。

师。如果学生之间能够互帮互学，老师也能够放下身段，向小孩子学习，那么课堂教学效率的提升就能够达到更好的效果。

我们需要强化每一个学生的"三小"意识，让他们明白老师与学生是平等的，师生、生生之间是可以互帮互学的，自己是学习的小主人，自己要对自己负完全的责任。这样的意识如果能够落实在我们的课堂学习过程中，它所带来的效应一定能营造良好的课堂氛围和课堂生态。这样的学习才是有效的、有意义的。

我们很早就在课堂教学过程中强化了"三小"意识，大家在实践过程中也发现这个理念是对的，是重要的，但是落实"三小"教学理念还需要一些抓手，具体如何进行呢？有很长一段时间，我们一直处在一种模糊的感觉中。老师们经过反复实践和研讨，又提出了"新三小"教学环节，那就是"小问题、小探究、小展示"。我们提出了以"小朋友、小先生、小主人"为理念，以"小问题、小探究、小展示"为主要实施环节的"三小课堂"模式；引导学生自主提出问题，再发动学生以小组的形式进行合作、探究，进而在探究的基础上展示、共享。在这个过程中，大家提出问题，学生之间互帮互学，最后共享学习成效，这样就把"三小课堂"模式落到了实处。

"三小课堂"模式后来在实施过程中又有一个延伸，那就是启动了学校的小班化实验。学校的教室多了，条件改善了，加上当时有一段时间生源减少，于是南京市教育局大力推进小班化实验，并为小班化实验提供了一些优惠政策。学校如果开展小班化实验，市教育局每年都会配套拨付一些资金作为办学经费，并且给这个小班化的班级配备教育现代化设施。这样的条件让我们心动，这对于改善班级教学条件，提高教学效率，是一个非常重要的契机。

于是，我们开始在学校开展小班化实验。小班化实验是一个综合提升教学质量的手段，但是在我们的心目中，它的聚焦点仍然是课堂。一个班上的学生不超过 28 人，甚至更少。怎样去组织实施有效的课堂？我们觉得"小朋友、小先生、小主人"的教学理念，加上"小问题、小探究、小展示"的教学环节，更有利于它的落实。在小班化的实验探索中，我们更加注重小组合作学习，因为学生相对比较少，组成小组实施教学是比较方便的，在小组里面提出小问题，开展小探究，然后组与组之间进行小展示，这个"三小课堂"模式就自然而然地与小班化实验融合起来，小班化让每一个孩子在学习过程中都有更高的参与度，能够获得更深层次的学习体验，提高课堂教学质量的步伐也加快了。

基于小班化的"三小课堂"模式，学校教学呈现了新气象，有了新收获。2011 年，建设中学整体搬迁到行知校园，更名为行知中学。那一年招收的初一学生，正是行知小学第一届小班化实验班的学生。这些孩子升入初中以后，他们身上表现出来的学习力优势非常明显。行知中学的教学质量也因此迈上了一个大台阶。

8

三个好市民

　　我们学校隔壁有一片荷花园，名叫艺莲苑。艺莲苑的荷花品种有1400余种，其中艺莲苑自主研发的品种近400种，是国家三大荷花种质资源库之一。艺莲苑的主人叫丁跃生，他曾经是一个高考落榜生，如今靠种植荷化实现发家致富，后来成为南京农业大学的兼职教授、中国花卉协会荷花分会副会长。我们与丁跃生的结缘要从20多年前说起。

　　丁跃生高考落榜后，为了谋求生路，他打过工，做过小贩。别人在田里种水稻，他却迷上了种荷花。不仅如此，他把家里房前屋后的空间都用起来，用花盆种，挖花池种，而且还种得特别好。因此去他家欣赏荷花的人、想购买荷花的人络绎不绝。靠种植荷花，几年之后他就过上了好日子，成了中国最早的一批"万元户"。他还是一个有心人，爱钻研，好琢磨，他把种植、研发荷花的过程记录下来，出版了专著。

　　我慕名前去拜访他，他家距离我们学校大概 10 公里，初次见面，相谈甚欢。我发现原来种花人跟教书人有内在的一致性，我们都叫"园丁"，我们都在培育花朵，所以很快成了好朋友。学校在发展农场、开辟行知基地的时候，我们就想到了丁跃生。我们要跟丁跃生联合，把学校的池塘、水沟给丁跃生种荷花。

　　有人就问我们：联合应该是各取所需、互利互惠的事，你把地白给他用，这叫什么联合？荷花一种起来，答案就不说自明了：他来我们学校种荷花，为学生提供了活教材，学校变美了，有了荷文化；而我们给他场地，他可以发展他的荷花产业。这不就是联合吗？

　　那个时候我们体验到了联合的奥妙，尝到了联合的甜头，我发现联合办学这个路子非常宽，把丁跃生请到学校只是起步，还远远满足不了我们联合办学的需求。没过多久，机会就来了。我们听到一个消息，丁跃生所在的村子要整体搬迁，如此一来他就没有地方种荷花了，没有荷花就没有收入了。

　　我赶紧去动员他："你不如到我们学校旁边来种荷花。我们学校旁边有大片稻田，还有一条小河，取水非常方便，稻田改造一下很快就可以变成荷花园。"他真的就来到学校旁边考察了，结果心动了。就这样，丁跃生继续种荷花，那是 2001 年。2002 年夏天，荷花满园。有了足够的施展空间，他的种植技术大幅度提高，每一年都要培育一批新品种，到目前为止他亲手培育出来的已经有近 400 个新品种，并获得了国际认证。

　　等稳定了生产后，他把地用围墙圈起来，留了一个西门，和我们学校的东门面对面，方便学生进出；还留了一个南门，在门口挂上一块牌子：

欢迎进来看荷花，但是得交 20 块钱。他通过门票收入来贴补他的成本。他注册了网站，把荷花卖到世界各地；把培育新品种的技术写成新书，学术上又有了新的提高。那个时候我们行知基地创立已近 10 年了，学校的地方有限，城市的学生来实践时，我们带着学生到荷花园里面种荷花、赏荷花，拔草、施肥，下水摸鱼、钓龙虾，孩子们玩得很开心，这个荷花园成了我们的乐园。我们也会付一些费用给他，他也很乐意和我们一起做这些事。

荷花的课程资源比比皆是，我们与丁跃生一起做的不也是一种课程资源的联合吗？"小荷才露尖尖角，早有蜻蜓立上头"，这是语文课；算一算丁老师今年挣了多少钱，比去年增收了百分之多少，这是数学课；画荷花、跳荷花舞，这是艺术课；种荷花、美化环境，这是劳动课；鼓励学生好好上学将来考大学，即使考不上大学，靠自己的努力照样也可以过上好日子，这是思政课。丁跃生只是一个高考落榜生，靠着自己的兴趣，肯吃苦、爱学习、善钻研，成了名副其实的"荷花大王"。终身学习，学以致用，是他带给我们的教育启示。

2002 年是丁跃生来这里种荷花的第二年，我们两个人同时被评为"南京市好市民"。那一年，南京市评出了 100 个好市民，我们两个人上榜，在中山陵的露天音乐台接受表彰。参加表彰会的时候遇到了另外一个"南京市好市民"，叫马飞。他和丁跃生是老熟人，而我是第一次见他。马飞在离我们学校有 10 多公里的地方种枣树，他种出了好多品种的枣树，而且自己培育出了一个新的枣树品种，枣子结得比鸡蛋还要大，很好吃，经济效益也很好，所以他通过种枣树变成了"枣树大王"。

那天开完会，我又冒出一个主意来，我们学校南面不是还有一些地方吗？如果能把马飞请来种枣树不是挺好的吗？我这么一提议，他也心动了，因为他与丁跃生本就是好朋友，丁跃生的发展历程他是目睹的。于是当天他就跟我来到了学校。我们跑去找村长，又去租了地。第二年，马飞高高兴兴地把地开辟成了一个枣园，移植了一些很大的枣树栽下去，也栽了一些小的枣树苗，枣树长起来很快，到 2005 年的时候，枣园已经硕果累累了。

三个好市民，一片热土地。三个好市民把荷花资源、枣树资源全部变成了教育资源，全部变成了校本课程，这两个农民也成了我们学生心目中的好老师，荷花园和枣园极大地吸引了城市的学生。

2005 年教师节，江苏省省长来行知小学调研慰问，看到的是这样一番动人的景象：大院里有幼儿园，有小学，乡村儿童享受着优质教育；大批城市的学生来这里体验乡村生活；这里有校园、枣园、荷花园，有三个好市民……

9

中央教科所访问学者

　　2002 年，农村学校布局进行大调整，若干所村小撤并到我们学校，学校规模变大了，校舍不够用，不得不继续建造综合楼。教学秩序整顿、队伍重建组合、综合楼施工建设等问题，使得学校的每一步发展都充满了挑战和困难，有时候让人喘不上气，甚至举步维艰。在迷茫与困惑中，我得到一个消息，中央教科所①启动了一个重要项目，要招收一批访问学者。

　　那时，我在南京师范大学学习时的老师朱小蔓教授被调到中央教科所任所长，她把访问学者计划申请下来后，就打电话问我有没有可能争取教育主管部门的支持去学习。能去中央教科所，能跟知名的教育理论家朱小蔓老师学习，这对我来讲是极其宝贵的机会。很幸运，教育主管部门的领

---

　　①　中央教科所，全称为中央教育科学研究所，现更名为中国教育科学研究院。

导批准了我的访学申请，我踏上了去中央教科所的访学之路。欣喜之余，我也非常明确自己此行的目的：为学校的下一步发展寻找方向，积蓄力量。

我也得到了同事们的大力支持，为确保学校的正常运转，学校副校长主持学校日常工作，我在背后密切地做一些配合。同时，我也拓宽思路，力求为学校寻找更多的发展空间。可以说到中央教科所脱产学习的这一年，无论是对我的自身成长还是学校的发展，都是一件非常重要的事情。

在访学期间，几乎所有的学术资源都向我开放，众多优秀的学者授课，我也时常跟着朱小蔓老师参加学术活动。记得参加中央教科所建所50周年的学术会议时，朱老师给我安排了一个特殊任务，参与接待马克斯·范梅南先生的工作。马克斯·范梅南先生是加拿大的教育学者，是"现象学教育学"的开创者之一。此前我就已经开始关注范梅南先生，还拜读过他的专著《生活体验研究——人文科学视野中的教育学》。而在这次会议上，我能与之进行直接对话，这对我来说特别宝贵。

接待范梅南先生的时候，我特意带了一本《生活体验研究——人文科学视野中的教育学》，在一个合适的时机，我询问他心目中什么样的学校才算是好学校，并希望他把想法写在书的扉页上。他高兴地用英文写下了他的想法。正好当时这本书的译校者李树英先生也在会场，我就请李老师把范梅南先生写的英文翻译成中文也写在书上。范梅南先生心中的好学校有这样几个特征：

孩子们都爱学习；

老师们都像父母一样充满善意；

孩子们富有好奇心；

学习像严肃的游戏；

没有那么多家庭作业；

教学不只是一种技术。

范梅南先生提出的这些好学校的标准，在我心中引起了强烈的共鸣。在过去的很多年里，行知小学一直在朝着这个方向努力。

此后一段时间，我和范梅南先生通过电子邮件保持联系，他还将即将出版的新书《教育的情调》中文版电子稿发给我。

我跟着朱小蔓老师到江苏无锡参加过一次苏霍姆林斯基教育思想的研讨会，在无锡见到了苏霍姆林斯基的女儿苏霍姆林斯卡娅。那次学术会议，是一个难得的学习机会，李镇西老师在会议上发言，朱小蔓老师为我创造机会向大家汇报办学的探索经验。那次交流会让我有很深的感触：虽然语言不通、时代不同，但好的教育思想是相通的，陶行知和苏霍姆林斯基的教育思想是相通的，与范梅南的教育思想在很多理念方面也是相通的……

在访学期间，我还完成了两本书的撰写，其中一本是《赏识你的孩子》，是帮助周弘老师整理的他教育女儿的经验。当时中央教科所还专门召开过一次关于赏识教育的研讨会，这个话题是我们在访学期间重点探讨的。朱小蔓老师是情感教育的开创者，所以她强调赏识也是基于情感的。朱小蔓老师的《情感教育论纲》的再版书中还将我们做的赏识教育案例作为情感教育的案例收集在里面。

另一本是《走在行知路上》。这是我出版的第一本书，这本书的出版对于我来说意义非凡，它是我在中央教科所访学这一年完成的一份最重要的作业。在这本书里，我系统地总结了过去，也展望了未来，将中央教科所这一年的访问学习成效很好地呈现了出来。

2004 年 8 月，我在中央教科所的学习告一段落，刚好《走在行知路上》这本书也有了雏形，《中国教育报》的记者就对我进行了专访。9 月 26 日，《中国教育报》刊登了关于我和我们学校的整版报道——《农村需要什么样的小学教育》。

在报道中我们谈到了几个话题。第一点是"学会联合"，为农村构建村级大教育模式，农村教育就会有活力。第二点是"学会赏识"，为孩子的终身幸福打下基础。我认为"学会赏识"的具体内涵就是"走进生命、发现潜能、唤起自信、善待差异、引导自选"。第三点是"学会成长"，这里谈到了师德的问题，教师要不断提升自己，为更加美好的明天而努力……基本上把学校主要的办学经验做了一个全景式的介绍。报道中还介绍了"优点卡"和"8 棵柿子树"这些案例，还特别邀请朱小蔓老师做了点评：

　　杨瑞清和行知小学乡村大教育的实践很好地回答了今天的农村教育之路怎么走的问题。今天的农村教育不能仅仅是学校教育，还要关心学校教育和家庭教育是什么关系，学校教育和毕业以后的教育是什么关系，学校教育和周边的农村文化是什么关系，农村学校和城市学校是什么关系。要思考学校能够为提高农民文化水平、丰富社区文化做什么；要思考农村学校和城市学校怎么互动、互补，既引进城市教育资源，又用农村的教育资源来推动城市教育。

　　从某种意义上说，走出了农村教育的道路，就是走出了现代化进程中中国教育的道路，中国教育的现代化最终应该体现为农村教育的现代化。农村教育不解决现代化的问题，中国教育也就没有现代化可言。杨瑞清为中国的教育现代化在农村如何突破，做了有意义的、实验性的探索。

　　那个时候，我们还没有提出"行知教育实验"这样一个概念，现在回头想想，其实朱老师当年的这段话早已做了铺垫，早已抓到了我们学校发展的核心方向。

　　这一年访学的收获是"看得见、摸得着"的，它让我对过去20多年的学校实践做了一次系统的反思，也让我对未来继续走好行知路做了一个仔细的规划，给我的理论与思想赋能。这一年的学习为学校发展找到了更清晰的方向、更强劲的动力。同时也让我明白学习没有结束，成长没有终点，永远在路上。

10

"中国当代教育家丛书"

为迎接 2004 年第 20 个教师节的到来，高等教育出版社组织出版"中国当代教育家丛书"，计划邀请 20 位作者写 20 本书，时任教育部师范教育司副司长袁振国教授出任主编。我也荣幸地接到通知，让我写一写乡村办学的故事。

有这么好的出书机会，我很受鼓舞，但也很迷茫、惶恐。那个时候，我们在乡村办学，大部分的时间都是在埋头做事，遇到什么困难就去解决什么困难，对我们学校 20 多年的实践从来没有做过系统的反思。我要怎么写呢？我写的思路对不对呢？

那时，我恰好在中央教科所做访问学者。我庆幸自己总是遇到好老师，我的导师朱小蔓教授高深的学术理论、循循善诱的指导，让我在撰写这本书时有了明确的方向和更多的底气。2004 年 2 月的一天，我向朱老师汇报了整本书的写作思路，朱老师给予了我热情鼓励和细致指导。她让我对指导过程做了录音，事后我整理出来。这段对话我读了很多遍，每次阅读都让我感到温暖而有力量。

朱小蔓：我赞成你写这本书。你刚才谈的写作打算也给了我很多启发。你写这本书，不能离开你的生活道路，如果主客体是分离的，把你当成一个主体，把写作当成一个客体，肯定是写不出好东西来的。你的写作、你的研究，其实采用的是现象学的写作方式、研究方式，就是回到那件事情本身，去找那件事情本身的来龙去脉，然后去重新体验那件事情的过程，重新发现这个过程的意义、价值，选择最值得写的东西、最值得揭示的东西。另外，这个写作过程、研究过程还包含着你对今后要走什么路的思考、探索。如果说你今后不想再沿着这条路走下去了，如果说故事发展到这儿就打住了，你去改做别的了，那你现在的写作一定会碰到感情和信念上的危机。就是说你如果在感情和信念上不再回到事件本身，不再打算把故事继续下去，或者感情和信念不再是融合的，而是出现了分离状态，那现在的写作纯粹是完成任务，像是做年终盘点，也可以写，但这恐怕不是你的风格。你写这本书，不仅是总结过去，而且是一个新的开始。

杨瑞清：最近学校里有重要的事情要处理，我就暂停写作回去处理。我有一种强烈的感受，如果不把这个问题处理好，我就没有办法写作。我在处理这个问题和写作之间，我宁可选择处理这个问题，就像看着我的孩子误入歧途，还能心安理得地写作，我做不到。这就是我内心的体验。

朱小蔓： 这就是你，这就是杨瑞清，把你的生命、你的工作、你的追求和你对经验的写作、提炼当成一件事情，而不是两件事情，这就是你的独特之处。我相信这次写作对你来说是一个转折，是一次自我梳理、自我激励，是对今后方向的一次整体规划。这条道路将会延续，这条轨迹不会断裂，这样我们才能真正看到一个像坚守在巴甫雷什中学的苏霍姆林斯基那样的杨瑞清，一个可以有更多担当，应该留在中国当代教育历史上的杨瑞清。我为此感到高兴。

杨瑞清： 我要回到五里村，不是重新回到无奈、疲惫、焦虑中去。我的工作方式要更新，凡是其他同事能做的工作就放心让他们去做，我可能做一些大家无法替代的工作，比如陶行知精神文化的弘扬、学术文化资源的整合、和谐团队的营造。我越来越相信，我的学校会出一批教育专家，他们真的很能干。有大家的共同努力，我反而觉得轻松了。我喜欢这样的自由自在。我想我是用了 20 多年的努力换取了这个自由自在。

朱小蔓： 很为你感到高兴。多年的努力让你赢得了尊重，赢得了大家都以平等的、商量的口吻来和你对话。一个人最大的不幸在于他做了一件力所不能及的事情。我想，可能有很多人没有我们勤奋，虽然他们好像混得比我们好，但是我发现我们比较自由，因为我们在这样一个位置上人家会觉得你是称职的，所以你就得到了很多自由。这个让你感到自由的地方，就是你创造的天地。

杨瑞清： 学校不仅仅是一所学校，学校和家庭、社会联系密切，是一个很好的实验平台、研究平台。我真正想做的事情是办一所中国新型的农村小学，这所新型的农村小学跟原来意义上的农村小学不一样，它应该是——上千农家子弟健康成长的现代校园、上万社区农民终身学习的精神家园、众多城市学生尽情体验的乡村田园、无数有识之士热情共建的文化乐园。它要发挥出科学育人功能、科研开发功能、社区服务功能、交流培训功能、形象示范功能、文化传承功能，还要有自我"造血"功能。这些功能的发挥并不一定要付出更多的劳动，它实际上是一种新的办学机制在里面自然而然的发挥，是一件快乐的事情。

朱小蔓：很好。你和老师们经过一系列探索，终于发现，过去分开来做的一件件事情，其实是一件事情，多重功能都透过这一件事情呈现出来，这就把教育办出了新的境界。

杨瑞清：我觉得在乡村学校的各种功能追求中，要特别突出的一点是让学校成为这一方人的精神家园。这个精神家园是无形的。虽然一学期只开两三次家长会，但是孩子天天往返于学校和家庭，作为新时代的小先生，起到了文化传承的作用，引领着大家一起去感受先进文化，感受现代文明。

朱小蔓：我来北京之前，跟你说过，要讨论中国农村教育究竟走什么样的道路，行知小学应该是一个很有说服力的地方。

杨瑞清：我记得朱老师跟我讲过这样一句话，就是从某种意义上讲，办好了中国的农村教育实际上就是办好了中国的教育，甚至是办好了世界教育。

朱小蔓：是啊，中国教育的现代化就是要从改变乡村教育做起。从陶行知时代到现在，实际上，几代人、几辈人就是想走出一个中国式的教育模式，中国式的农村教育之路也就是中国的教育之路。一所小小的学校，它是一部历史，它是一个缩影，它是一个见证，它是一个奋斗历程的展示。从这个经验里面，你是可以发现很多东西的。我觉得你作为一个自己走过来、干过来的人，又受过比较扎实的专业训练，经历过更多的思想的拓展、科研的拓展、心胸的拓展，交往的圈子、阅读的面都很广，所以你能够看清楚这个经验，你能够把这个经验上升为理论。你把你扎根的经验提炼成了你的理论，你就是一个带有个人生活印记的、带有个人创造历史的、带有个人的信念和热情的理论家。你也不要总说自己没有理论，因为理论和实践经验是不能分开的，无非就是不同的理论类型而已。只要你对你的经验有能力反思了，有能力提炼了，你就可以是理论家，也应该是理论家。你不是通过文献，通过论证来展开你的理论，而是在你的经验中去创造理论。

杨瑞清：感谢老师的鼓励和开导！我感觉真的很微妙、很美妙。我越来越发现很多理论确实需要用实践去检验，反过来，理论也要通过实践去表达。也就是说，真正好的理论是有实践的理论，真正好的实践是有理论的实践。实践和理论统一于经验之中。理论和实践是分不开的，知和行是统一的。

朱小蔓：很多书，就是因为我们没有经验，所以没有办法印证和解释经验，只能从实践到实践，或者从理论到理论。你的书要从这样的局限中跳出来，你要充分尊重你的经验。

杨瑞清：今天上午参加写作的专家在一起交流，我感到大家都在煎熬着。大家担心我们这本书会写成个人事迹，会写成工作总结，没有思想，没有理论，没有厚度。我想，说一个故事，然后通过这个故事提炼出一些想法，这些想法实际上是零散的、零碎的、不成体系的，没有核心理念，都是一大堆经验的堆积，面面俱到，教书啊、管理啊什么都经历过，什么事情都非常顺利，没有遇到什么困难，一生很辉煌，取得了很多成绩……我觉得这不是我要写的书。我想要写出来非常重要的东西，要有核心的教育思想理念，就是弘扬行知精神。我原来打算把这本书的书名定为《行知之路四十年》，我想告诉大家，我这一辈子就走行知之路。后来我发现这四十年容易引起读者的误解，换句话说四十年代表不了一生，所以我想把四十年去掉，叫《行知之路》。但是回去以后在写的过程中我发现这个书名还缺少一种动态感，我就在前面又加了一个字叫《走行知之路》。后来，丛书编委《中国教育报》记者刘华蓉老师认为，把"知"和"之"两个字放在一起读起来比较拗口，建议改成《走在行知路上》。我觉得这个书名很有趣。我会在书中讲述创办行知实验班，创建行知小学，打造行知学校，实施行知工程，其核心理念就是弘扬行知精神。行知精神不仅是一种教育理念，也是一种文化理念。正是这种行知精神在我心目中像一面旗帜，才引发了我的一系列实践，引发了我的一系列选择。我相信这面旗帜还会引领我走向未来。所以我在书的最后安排了一个反思性的章节，对前面所走的路做一个提炼，对未来做一个憧憬。

朱小蔓：这个框架很好。你还是要把自己的努力奋斗和这个学校的成长写在里面，你不用担心没有思想，没有理论，因为你的思想线索已经理得很清楚了，全书的魂已经找到了，所以不要担心写你和写学校会冲淡了什么思想，因为你毕竟不是写一部思想理论著作，你是写你自己的奋斗，写这所学校的奋斗历程。要夹叙夹议，有人物，有故事，有思想。我相信你的书应该可以成为这套书里面最好的之一，你已经能够融会贯通了。奋斗几个月，写一部教育故事，写一部教育理论，贡献给这个时代，也给自己继续走好行知路立一块里程碑。

朱小蔓老师的这番话给我最大的收获是受到鼓舞。我是个多么平凡的人，朱老师却总是给予我鼓励，给予我信心。这番话又有着很重要的理论指导和很多核心的重要观点。比如让我意识到当时那本书对我和学校的价值和意义，比如理论与实践怎样结合，再比如一个人的写作和一个人的过去以及未来如何贯通。因为我那个时候刚好在学习教育现象学，朱小蔓老师就明确指出要采用现象学的写作方式，特别是朱小蔓老师明确地指出，"过去分开来做的一件件事情，其实是一件事情"。这件事情是什么呢？其实就是后来我们提炼出来的"行知教育实验"。

2004年9月8日，"中国当代教育家丛书"首发仪式在京师大厦举行，我撰写的《走在行知路上》正式出版了。我捧着书，邀请丛书作者、编委会顾问、编委会专家、责任编辑签名，给自己留下了"珍藏本"。我也在第一时间将我的"作业"恭恭敬敬呈送到朱小蔓老师手上。

2005年8月，这本书在马来西亚出版发行。

11

走进马来西亚华校

　　2003 年 9 月，我有幸跟着一个交流团到新加坡、马来西亚去宣讲赏识教育。当时在国内，赏识教育研究受到了比较大的关注，没想到马来西亚方面也很关注，我们受邀去跟他们分享赏识教育的理念和故事。当然，我只是赏识教育的一个参与者，真正的代表人物是周弘老师，我很高兴能够跟着他出去长见识。我们在新加坡及马来西亚新山、马六甲巡回做了多场演讲，平均每一场有 1000 多位听众，演讲的对象主要是家长。周弘老师动情的演讲打动了很多人。我有时候是主持人，有时候作为补充串场人员。

　　在马来西亚的演讲活动，主办单位是马来西亚华校董事联合会总会(以下简称董总)。在马六甲，董总首席执行主任莫泰熙先生来跟我们见面时，三言两语就把我打动了，他说："身为华人，如果不会讲华语，或者不让你讲华语，那就会活得没有尊严。"这句话使我很受触动。当地的华人非常热爱自己的母语，尤其这位董总首席执行主任，他无论遇到什么困难，都要坚持办华校。

董总在我们演讲之余，还在吉隆坡举办了为期两天的赏识教育研修班。我在班上对赏识教育理念做了系统讲解，受到了大家的关注。董总又邀请我与机构工作人员进行了一次对话交流。他们听我讲述行知小学的办学故事，反响热烈。第一次出国，长了见识，很有收获，而且还能被他们高度认可，特别高兴。

回国后不久，我就接到一封来自董总首席执行主任的信函，他和他的同事们想 10 月到我们学校访问。看完信以后我非常高兴，觉得这对学校的发展来说也许是一个很好的机会。

我从机场接到莫泰熙先生一行三人后，并没有直接把他们带到我们学校来，而是带到陶行知纪念馆、陶行知墓园去，那是我们办学的源头，了解行知，了解行知小学，要从那里开始。一路上，我跟他们讲陶行知先生的故事，讲陶行知先生的办学理念，讲关于南京的城墙、长江的故事，讲南京的历史文化，他们听得很投入，对南京、对行知、对我们学校产生了很大的兴趣。

来到学校，我们站在柿子树下，进行了很多对话。莫泰熙先生当时有这样一番感慨："我们做华校事业步履维艰，缺乏理念指导，缺乏精神力量。我突然发现我们要找的东西不就在这里吗？陶行知先生知行合一的教育理念不就是我们苦苦追寻的理念吗？陶行知先生艰苦办学的精神、行知小学坚守乡村的办学精神，不正是我们要找的东西吗？往后，我们一定要加深交流，互相来往。"听了他的话，我挺高兴，原来他们也很认同我们学习陶行知先生的教育思想。

莫泰熙先生一行结束来访行程后，我们送他们去机场。不巧，赶上飞机延误了几小时。航空公司安排他们到机场附近的酒店休息等候，这段时间他就拉着我继续谈，一谈又是几小时。我们开玩笑说这就是给我们创造的机会，让我们能够深入交流。

很快，我们接到董总方面的邀请函，邀请我和刘明祥老师 2004 年8 月到吉隆坡去。董总要把分布在全国的 60 所华文独立中学的校长召集在吉隆坡，办一个培训班，请我们去分享行知小学的办学故事。

能再次在海外分享伟大的人民教育家陶行知先生的教育思想和我们的办学故事，是一件很荣幸的事，我们便答应了下来，然后就开始做具体规划。

对于这次出访演讲，其实我们的压力是很大的。首先，是时间问题，三天共 18 小时的培训，只有两个人去讲，以我为主，刘明祥做一些补充，我们从来没尝试过也没有信心能把学校的工作讲三天；其次，听众是来自马来西业各地的 60 所独立中学的校长，其中最大的学校有 1 万多个学生——作为乡村小学的老师，给这么多校长做汇报，我们还是有点担心的。

当时还不太会利用电脑办公技术制作 PPT，只好边学边做。为了演讲效果更好，我们也克服了许多困难，做了更细的规划与准备。就这样，2003 年初步与董总方面接触，我们在 2004 年就走进了马来西亚华校。

那一次的交往，让我们感知到原来双方是如此的心灵相通，并且受到了对方极大的鼓舞。之前，我们并不觉得自己做的工作有多么了不起，但是现在来了一面镜子，让我们可以照见自己的光和亮。我们是付出了一些，但是收到如此真诚的鼓励和肯定，反哺回来加强了我们对行知理念的正确认知。2004 年 8 月，我们到马来西亚时，刚好赶上董总成立 50 周年，我们作为贵宾受邀参加了成立 50 周年大庆的相关活动，还被邀请作为评委参与一些活动，荣幸至极。马来西亚的《南洋商报》专门对行知小学的办学情况做了一个整版的采访报道。回来以后，我以插图日记的形式做了一个总结，记录我们到了哪里，做了多少场分享，讲了多少小时的课，接受了多长时间的记者访谈等。

那一年教师节前，出版社要出版《走在行知路上》这本书，可是已经到 8 月了，我的前言还没有写好。我就在参加马来西亚活动之余加班，把前言写好发到北京。这样既没有耽误出书的时间，也没有影响在马来西亚的交流分享。回想起来为什么那三天我们能坚持下来，就是因为有这本完整的书稿，我有很多介绍行知教育具体实施的故事跟他们分享。三天分享下来，我觉得自己的底气特别足，感觉再讲三天，还有话题。有些事你不去做你会害怕，你去做了以后，在大家的鼓励下，潜力就会被激发出来，自信心就会被激发出来。

董总知道我这本书要出版后，就提出能不能也在马来西亚出版。我想，这本书如果能够在国外出版，就会在国际层面扩大中国教育家陶行知先生的影响力，这难道不是一件很有意义的事吗？于是我就跟高等教育出版社沟通这本书在国外授权的问题，没想到出版社一口答应了，而且不收任何费用就把版权转让给了董总。董总是一个很大的机构，有自己的出版社，在国内出版的第二年，也就是 2005 年，马来西亚版的《走在行知路上》也出版了。

2005 年 8 月，我们又去马来西亚参加了相关活动，一是董总为这本书特意举办了一个首发仪式，二是董总举办了一个针对学校主任和骨干教师的研修班。这个时候，我们分享的主题视角已经有了变化，也有了更多的信心。董总首席执行主任带着我们到马来西亚很多地方的学校去交流。那一次马来西亚之行的收获也是极大的，虽然大家的国籍不同，但是会因同样的办学理念而和谐地相处，喜悦之情无以言表。

董总感到光靠我们去交流还远远不够，接下来就陆陆续续派教师来中国，到我们学校实地做研修。我们会精心为他们设计一周到十天的研修课程，涉及教育教学、师德师风、历史文化、风土人情等，逐渐把相互交流的关系衔接起来了。我们跟马来西亚华校的缘分就这样建立起来了，之后我们之间的交往不但没有断过，还越来越频繁。

12

中华文化浸濡活动

2005 年 5 月 25 日，这一天对我来说很难忘，我们学校来了 50 位新加坡师生。新加坡南洋小学五年级的学生和老师来到我们学校，要住 17 天。他们把这个活动称作中华文化浸濡活动。"浸濡"这个词让我感到亲切，它与手脑并用、知行合一的理念有内在的一致性。

我们接待南京的学生一般都是三五天，现在要接待这么大一个外国团队，而且要在这里活动 17 天，挑战和压力相当大。

有压力就有动力。很快我们就打开了思路，对于小学生来说，这是一个交朋友的好机会，学校可以组织很多体验活动；新加坡是一个城市国家，我们这里的乡土资源对他们而言很新鲜，很有吸引力；我们还可以带他们在南京到处走走，南京是历史文化名城、博爱之都，这方面可以精选与整合的资源很多；我们学校靠近长江，长江被称作中国的"母亲河"，它蕴含的中华文化元素是非常丰富的，本次的中华文化浸濡活动如果只涉及南京文化就显得太单薄了，把长江文化元素这一条线拉开，中华文化浸濡活动就丰富起来了。

按照这个思路我们制定了一个方案，我们将方案的总体内容概括为四句话：融进行知文化，亲近乡土文化，触摸南京文化，领略长江文化。"融进""亲近""触摸""领略"这四个词对应的都是浸濡。这四个板块其实就是课程的一个框架，四个板块间并不完全割裂，而是相互穿插、动静搭配。

我们是第一次尝试，心里还是没有底：活动设计能不能达到预期的目标？新加坡的学生会不会喜欢我们的课程安排？他们能不能适应行知小学的生活？

好在一位新加坡《联合早报》的记者很热心地陪着这些学生参与活动，她比较熟悉新加坡的学生，我们从她那得到了许多指导；南洋小学的王梅凤校长也在这里待了两三天，我们与王校长做了很多沟通。有了她们的肯定与指导，我们的底气也足了起来。2005 年 5 月 25 日，我们的活动正式开始，我亲自带这个团队。

当时，我们学校规模还很小，就是老校区的四合院加上新建的教学楼，一个不大的运动场，一座宿舍楼。宿舍楼是新建成的，南洋小学的学生是入住的第一批小客人。这个宿舍楼可是帮了我们大忙，有了它，我们不用分散精力去安排住宿问题。吃饭的食堂就在老校区，我们用大锅灶烧饭。我们也根据他们的爱好，中西餐搭配。其实文化浸濡在生活中就开始发生了，比如体验中国餐饮文化：怎样使用筷子，食物的来源、加工，荤素搭配，各种食物在中医里的食疗作用等。也不用刻意地设计，一切都是自然发生的。

我们还把新加坡的学生送到班上体验课堂，与我们的学生交朋友。那时行知小学五年级有三个班，我们把新加坡的学生分成三个组分别放到三个班。其实一开始我们还有点担心，新加坡的学生跟我们的学生相隔千里、素不相识，能相处得好吗？后来发现，只要把学生放在一起，交流就会发生，他们很快就熟络了，我们完全不必担心。他们一起上课，一起踢毽子、跳绳，一起在教室前面的池子里面种菜。他们在一起的过程就是交朋友的过程，生命与生命相遇，在一起相处得自在愉快，故事就在发生，那种感觉很好。

我们让新加坡的学生跟着我们的学生回家，了解农村的家庭生活。那个时候我们这个地方农村的味道很浓，很多人家有菜园，有猪圈，很少有车。5月的农村遍地都盛开着端午锦，小麦快要成熟了，小鸡、小鸭房前屋后地跑着，小狗、小猫自由自在地在村里晃荡……这些都是新加坡的学生从来没有见过的景象，一切都那么生动和新鲜。他们挽起裤腿下田摘菜，追着小鸡到处跑，这个过程对他们来说是很特别的体验。这就是亲近乡土文化。

南京文化里面大有学问。我们带他们去中山陵，认识孙中山；带他们去宝船厂遗址公园，了解郑和，跟他们讲郑和的故事，告诉他们郑和几百年前也途经了新加坡，可见中国跟新加坡在历史上是有渊源的；带他们去爬几百年前朱元璋下令造的城墙，他们在城墙边拍照，触摸城墙的砖头，倾听当年的故事。我们还带他们去乌江的霸王祠，到那儿去学习"一举两得""破釜沉舟"这些成语，朗诵李清照的"生当作人杰，死亦为鬼雄。至今思项羽，不肯过江东"；到浦口火车站给他们讲朱自清的《背影》；一定会去夫子庙，孔子世界闻名，他们都知道；一定会去陶行知纪念馆，让他们知道陶行知去过新加坡，跟新加坡的先辈们打过交道，拜会过陈嘉庚，他们之间有很深的友谊。我们再给他们讲讲"小朋友、小先生、小主人"，朗诵陶行知的诗歌。南京文化，我们不用知识学习的方式去填充，而是通过讲故事去渗透，通过触摸去体验，他们乐在其中。

我们不可能带着他们跑遍长江沿岸的城市，但是可以用电脑展示长江沿途的大城市，他们也许听说过上海，可能没有听说过武汉，没有听说过重庆。我们带着他们站在这条世界排名第三的大河边上，去吹一吹和煦的江风，去闻一闻江岸芦草的气息，去感受江岸线的延伸，去讲述长江两岸的生活。"故人西辞黄鹤楼"他们也许都会背，但在现场吟诵，那种感觉是不一样的。

我们曾经担心这 17 天怎样才能过得充实，后来发现 17 天一晃就过去了，而且他们还不想走。分别的前一天晚上我们开篝火晚会，大家一起跳，一起唱，想到他们马上要回去了，大家又相拥而泣。

《联合早报》把他们在这里活动的照片登出来了，还发表了一篇文章，大概意思是这一次到行知小学的收获特别大。他们也把我们设计的一些活动做了宣传，这篇文章在新加坡引起了不小的轰动。新加坡学生的到来给了我们非常大的信心，让我们知道原来外国学生也喜欢我们的这种教学方式，我们的这一套课程是可以打动外国学生的，这让我们对行知教育有了更清晰的认知。

当年的秋天我们又接待了一大批新加坡的学生。这么多新加坡的学生到这里来，加上新加坡的媒体不断报道，这件事情就引起了时任新加坡教育部部长尚达曼先生的关注。他计划在2006年1月访问中国，并明确提出希望参访一下行知小学，然后这件事情就被促成了，时间定在1月9日。

那天天气很好，学生们听说新加坡教育部部长来了，很兴奋。我们接待了新加坡教育部部长，带他看学生上课，看学校的功能教室，参观学校的农场，然后座谈交流。我记得学生们还表演了一个中英文的小话剧，整个过程大家都很开心。后来知道这位部长来我们学校之前做了很重要的功课，他让他的朋友，也就是来过我们学校的那位《联合早报》记者，把我的《走在行知路上》中的一些故事和观点摘录了一两万字提前给他了解。我们特别投缘，并且有一个共同的感受，就是教育学生要像农民种庄稼一样，顺其自然，要耐心等待。

部长走了之后就掀起了新加坡的学生来行知小学开展中华文化浸濡活动的高潮，有中小学活动，也有亲子活动。在这个过程中，我们很好地宣传了中国文化，扩大了学校的影响力，也验证了陶行知教育思想的价值魅力，还交了很多朋友。我们觉得做这件事情特别有价值，都特别开心。

2010年新加坡举办首届青年奥林匹克运动会（以下简称青奥会）的时候，第二届青奥会南京刚好申办成功了，我是青奥会的申办大使。所以我们在此后的学生交流过程中就把青奥会的元素放进来了，他们也把新加坡的青奥会吉祥物带了过来。2014年南京举办青奥会的时候，我们又把南京的青奥会吉祥物送给他们。这样的文化浸濡活动一直持续到2019年，我们发现来这里活动的新加坡学生已累计超过5000人了，并给手持第5000号活动证书的女生拍下纪念照片。

第三章

超越：国际交流，文化育人

1

母校 80 周年庆

2007 年 3 月 15 日，是南京晓庄学院建校 80 周年纪念日。很荣幸，我作为校友代表在校庆大会上进行了发言。我在这里分享我的发言稿，这份发言稿真实反映了那个时候学校的办学景象和我内心的真实状态。

我与晓庄结缘快 30 年了，这是我莫大的幸运！

——是母校教我懂得坚持。坚持就有力量。1978 年，我考入晓庄师范。自 1981 年中师毕业参加工作以来，我在进城和回乡之间选择回乡，在从政和从教之间选择从教，在解脱和坚守之间选择坚守，昔日落后的五里小学于 1985 年发展成为农民集资 12 万元易地新建的"行知小学"，20 年后成为获得政府 1200 万元投入的现代化"行知学校"，现在正在成为国家用 1 亿 2000 万元打造的"行知基地"。今天，陪同我回母校参加校庆活动的有来自新加坡的 37 位教师朋友。行知之路越走越宽，走出南京，走向全国，走向东南亚。

——是母校让我不忘感激。感激就能坚持。晓庄的爱、晓庄的栽培，赋予我一生受用无穷的做人、做事、做学问的底气。我永远感激关心我、鼓励我的季振、黄贵祥、叶树明、谢方泽老校长！永远感激当过我班主任的王先、陈夕康、张华老师，教我数学的杜业芳老师，教我体育的何祖熙老师，教我美术的罗仲基老师！永远感谢我的学陶引路人汤翠英老师，永远感激与我同走行知路的李亮同学！永远怀念教我语文，长期关怀我、扶持我的辛国俊老师！

——是母校令我关注成长。成长才是真正的感激。除了进修大学和研究生课程之外，我还一直重视读好三本书：读好"实践"这本活书，读好"行知"这本大书，读好"生命"这本天书。在成长中，我品尝到了无尽的快乐，还意外地获得了"全国十杰教师""全国师德标兵""全国劳动模范"等称号。我撰写的《走在行知路上》被收录于"中国当代教育家丛书"，在我国和马来西亚先后出版。快乐留给自己，荣誉属于母校。

1927 年 2 月 1 日，陶行知先生在写给他的学生王琳的信中表示，要创办实验乡村师范，为中国教育寻觅曙光。此后，王琳追随陶行知先生，成为晓庄师范第一届校友之一。

1929 年 10 月 15 日，美国教育家克伯屈先生来南京考察时激动地说：在晓庄，看到了世界新教育的一道曙光。

晓庄师范在陶行知先生手中只办了 3 年零 24 天，人数最多时也不过 100 来人，为什么会产生世界性的影响？我想，那是因为陶行知先生在晓庄创立了伟大的生活教育学说。陶行知先生博大的中国文化造诣、精深的西方文化修养、丰厚的教育实验底蕴，使生活教育学说作为中国本土的教育哲学、教育文化、教育智慧，具有强大的生命力，穿越历史，福泽天下，光芒万丈！

因为生活教育，1951 年，周恩来总理亲自指示，使被关闭了的晓庄师范得以复校。

因为生活教育，党的十一届三中全会以后，中央领导同志要求优先办好晓庄师范。

因为生活教育，当年 13 人的晓庄师范已发展成为如今上万人的晓庄学院，陶行知先生的遗愿得以实现。与时俱进、跨越发展的母校，让我们每一个晓庄人都倍感自豪！

1981 年 11 月 14 日，王琳先生和陶城先生来到五里小学参加我和李亮任教的"行知实验班"命名活动时，勉励我们要为农村教育寻觅曙光。

2001 年 1 月 10 日，在新世纪到来之际，中国陶行知研究会会长、陶行知先生的学生方明先生为行知小学题词：弘扬陶行知伟大精神，拥抱新世纪教育曙光。

这是前辈的嘱托，这是历史的召唤。立大志，做大事；立大志，做小事；立大志，做实事；立大志，做新事。这是我们新一代晓庄人的精神追求。不图作威、作福、作秀，但求做人、做事、做学。我们永远以晓庄为荣，我们永远为晓庄添彩！

陶行知先生曾经深情地说，晓庄是一部永不完稿的诗集。

让我们并肩走在行知路上，携手续写壮丽诗篇，永远做自豪的晓庄人！

祝贺母校 80 寿辰，祝愿生活教育学说万古长青！

在过去近 30 年的时间里，我个人的成长和学校的发展与母校息息相关。我也强烈地意识到，并在大会上再次宣誓，过去和将来，我和学校所做的事情就是"走在行知路上""续写壮丽诗篇"。

我在发言中提到的 37 位新加坡的教师朋友，他们在 2007 年 3 月 11 日到 18 日期间，专程来南京出席由行知小学和新加坡行知文教中心联合主办的第三届行知思想与汉语教育国际交流会。这个以行知教育为主题的跨国交流会自 2005 年到 2023 年已经连续举办了 19 届，有超过 20 个国家数百所学校成为年会发起单位。这个一年一度的交流盛会，对于深化行知教育实验，促进中外教育学术交流发挥了独特的作用，也是行知教育诗篇中浓墨重彩的一笔。

在校庆活动现场，我远远地便看到了方明先生和陶城教授。我快步走过去，向方明先生问好，向陶城教授问好，也热切地邀请他们再到行知小学看一看。他们都爽快地答应了。

3 月 16 日，方明先生来了。这是方明先生第三次来行知小学。前两次来，一次为推动村级大教育实验，一次为指导赏识教育研究。这一次，方明先生代表中国陶行知研究会，再次送来了春天般温暖的关怀，为行知小学大力弘扬行知精神，探索乡村教育现代化问题，给予了重要指导。

3月17日，陶城教授及其夫人陈树新女士来了。这是陶城夫妇第二次莅临指导。汤翠英老师也再次陪同。

那一天，我们全校师生在新盖的教学楼的庭院里集合等候。陶城教授笑盈盈地走过来，我激动地将他介绍给老师和同学们。校园里沸腾起来了！接着陶城教授便跟大家讲话、唱歌。

陶城教授的声音浑厚洪亮，在我看来，他的歌唱水准不亚于一位专业的男中音歌唱家。一首接着一首，都是陶行知先生的诗歌，在场的每个人都深受感染。

他走到学生中间，跟他们拥抱、握手、击掌……走到哪儿，掌声、欢呼声就传到哪儿。那种对学生的爱，那种像家人一样的温情，弥漫在整个校园中。

和陶城教授第一次来时相比，我们的学校发生了翻天覆地的变化。此时，学校的发展恰好经历了两个13年。第一个13年以创办行知实验班为起点，第二个13年以创立行知基地为起点。从2007年开始，我们要走好第三个13年的行知路，即将开工的行知基地扩建工程就是我们的新起点，我们将大踏步迈向现代化。

陶教授热情赞扬了我们在行知路上坚持探索，取得的可喜进步。他深情回忆："当年老夫子经常教导我们，人生的大道理要彻底想明白。"他那天反反复复说这句话，给了我很大的触动。我想，这个"人生的大道理"就是学会做人，"教人民进步者，拜人民为老师"[1]，做平凡之人，做非凡之

---

[1]　《陶行知全集》第4卷，526页，成都，四川教育出版社，2005。

事，续写壮丽诗篇，创造精彩人生。

我和刘明祥老师一左一右搀扶着陶城教授走在小树林边上，老人家精神矍铄、大步流星。这一幕被摄影师抓拍了下来。后来，我们回看这张照片，只见三个人神情一致，步伐一致。我们为这张珍贵的照片配上了两句话——并肩走在行知路上，携手创造精彩人生。这两句话后来被确定为学校的文化主题。

2

行知苑对外交流中心

　　2006 年 1 月，新加坡教育部部长尚达曼先生来访，他对我们的办学理念很认同，赞赏我们给新加坡学生提供的浸濡课程。他的到来对我们的对外交流工作产生了很大的影响。2007 年，国家汉语国际推广领导小组办公室(以下简称国家汉办，现为中外语言交流合作中心)，决定在全国建设一批汉语国际推广中小学基地，各省纷纷报名。幸运的是，我们最终拿到了这个名额。当年的七八月份，我们就领到了"汉语国际推广中小学基地"的牌匾。国家汉办此次一共授牌了 104 个汉语国际推广中小学基地，江苏有 6 家，其中南京有 3 家——南京市第一中学、南京市游府西街小学和我们学校。在 104 所学校里面，103 所学校都是城市老牌的名校，只有我们一所学校是地地道道的乡村学校。

　　成为汉语国际推广中小学基地之后，我们陆续接待了不少外国学生和老师。为了能够让这项工作做得更加扎实，我们决定专门设立一个机构——行知苑对外交流中心，并且明确专门的校领导管理这一方面的事务。

说到"行知苑"，因为我们的校园里有小学、幼儿园和基地，名称不一，我们就想用一个简洁又有内涵的词来统一称呼，同时能把这些办学内容都涵盖其中。后来就有了这个地域化的名词——行知苑。

20 世纪 80 年代，我们学校只有一个占地 9 亩的四合院校园。后来在学校东面开辟了一个菜园，我们跨过一道水沟，走过小竹桥，来到一片空地，在上面种菜，办"小气象站"，学生们都很喜欢这个地方，我们把写有"行知苑"三个大字的牌子挂在门口。这是行知苑的最早来源。

行知苑对外交流中心的设立，是我们对学校发展定位的一个重要转折点。其实之前我们已经陆陆续续做了一些国际交流，但是现在我们成立专门的机构，把它当成学校里面重要的工作来筹划，这标志着我们学校的教育实验走向了一个新阶段。

行知苑对外交流中心的工作到底怎么展开呢？

陶城教授第二次来访行知小学，给了我很大的启发。我才突然认识到，原来陶行知先生的教育思想是世界级的，他就是一位伟大的、世界级的教育家。陶行知教育思想成为指引我们开展对外交流工作的重要法宝，每一个前来的师生都成了与我们一起并肩走在行知路上的行知人。

我们的对外交流有一个非常鲜明的特征，就是注重交朋友。交流归根结底还是人与人成为朋友。成为朋友了，相互走动，彼此惦记，那么每一次交流就能落到实处，更有意义。

我们认识到，对外交流不能眉毛胡子一把抓，要建立项目化的运行机制。新加坡学生来校活动，叫中华文化浸濡活动。马来西亚的校长来我们这里学习，一开始叫陶行知教育思想研修班，自从有了"行知教育"这一核心概念，就叫行知教育研修班。我们也被邀请到新加坡、马来西亚做交流。2005 年，我的《走在行知路上》这本书在马来西亚出版，它是非常重要的交流载体。我们在马来西亚、新加坡也举办了发布活动、导读活动等，都起到了很好的交流作用。

2006 年 7 月 25 日，我们学校有 13 位教师在马来西亚、新加坡做文化交流。当天是陶行知先生逝世 60 周年的纪念日，我们当即就跟新加坡的教师伙伴们商量，一起开了一场座谈会，向大家介绍陶行知先生的教育思想、生平事迹。

当天晚间的活动来了 100 多人，记者也来了。座谈会后，《联合早报》发表了一篇文章，题目为《小学虽小，影响可大》。我当时引用了陶行知先生说过的一句话："庙小乾坤大，天高日月长。"①意思是说行知小学虽然只是一所普通的农村小学校，但是也可以有大文化，办大教育，做大事业。新加坡的教师同行包括媒体记者都非常认同。《联合早报》发刊后又扩大了我们的影响。

2008 年 1 月，我邀请我的导师、中央教科所朱小蔓所长和全国特级教师窦桂梅一起到新加坡交流。我们请到当地的校长、老师等，共同举办了一个研讨，主题叫"迈向世界级学校"。在研讨会上，大家都发表了对办

---

① 《陶行知全集》第 8 卷，160 页，成都，四川教育出版社，2005。

世界级学校的看法，朱小蔓老师也针对这个主题做了一个演讲，结果《联合早报》刊登了一个整版的报道，标题是《中国教育专家：世界级学校须同时重视育人和育才》，反响热烈。

2005年，我到新加坡南洋小学参访，王梅凤校长在介绍她的学校时，说她的办学愿景就是"办一所世界级学校"。当时我就想：行知小学什么时候能够成为世界级学校呢？后来，我在跟一些专家、同事讨论后，终于把这个问题想明白了。在这个信息化时代，能不能成为世界级学校，我们暂且不论，但是这所学校一定要有世界眼光、全球视野。行知小学虽然不是世界级学校，但有那么多世界各地的人来我们学校交流学习，我们也积极地到他们的学校学习。世界级学校应该就是在这样的走动交流中，慢慢地去推进实现的。

后来，学者成尚荣先生对这个话题也很感兴趣，他提出，行知小学可以把"世界级学校"中的这个"级"字去掉，叫"世界学校"。我觉得这个提议太好了。在当今时代，我们不必再纠结于学校到底是乡村学校还是城市学校，是中国学校还是外国学校，所有的学校都在地球村上，都是世界学校。

这个时候，我们实际上已经把学校带入了一个宏大的世界。我们有意识地从对外交流的过程中审视我们的学校，抓住各种资源。我们把师生带向新加坡，走向世界，开阔了视野，境外的师生也来和我们交朋友，互通有无，这是一个全新的、影响深远的办学格局，我们的行知教育实验从此走向了国际交流、文化育人新阶段。

3

行知基地扩建

2004 年，我国颁布了《中共中央　国务院关于进一步加强和改进未成年人思想道德建设的若干意见》。2004 年是我们行知基地创立 10 周年，我们突然发现办了 10 年的行知基地就是未成年人思想道德建设的好阵地，基地应该乘势而上，发展壮大。于是我们找到领导反映，学生到这里来，住宿是个大问题，来的学生越来越多，学校也没地方打地铺了，我们只好把学生送到农民家去住。但是，管理跟不上，风险很大，我们一直很担心。在全国上下加强未成年人思想道德建设的大背景下，我们争取到了一笔资金，在学校西面建了一个宿舍楼，可以容纳 500 人。条件得到了极大改善。

2005 年教师节，江苏省省长来行知小学调研慰问，南京市委书记陪同。我们带他们看学校的基地，看新的宿舍楼，还介绍了城市学生来这里体验乡村生活的情况，也讲到我们第一次接待新加坡的学生时，学生的反馈很好，《联合早报》也做了报道。

领导们了解到学校、基地一路走来的不平凡历程，很感动，当即表示要加快学校的发展。

当时的小学，校舍是新建的，很漂亮。相比较而言，基地的条件还不够，大量的校外学生来这里活动，施展不开。幼儿园搬进了小学留下的四合院老校舍，宽敞了不少，但房子太旧，环境太勉强。领导们初步构想，要鼓励更多的城市学生到乡村来体验生活，接受劳动锻炼，为此，要扩建行知基地，同时新建幼儿园。

我们的内心很振奋，不过要真正实现扩建，要走的路很长。要有规划，要有土地，要有资金投入。钱从哪里来，包括扩建以后，怎样更好地做好基地的内涵建设，确保发挥育人功能等，这些都是摆在面前的挑战。

省委宣传部未成年人思想道德建设处专门来跟进扩建工作，他们时不时就会过来调研、座谈。

刚开始，大家一心想建一个大基地，而且觉得文化旅游跟地方经济建设要捆绑，要发挥多重效应。总之，要把扩建的事做大，做出影响。

后来，大家认识到，国家给予的财力支持是有限的，扩建基地也要量力而行，投资的规模要适度，并不是越大越好，要在这个当中找平衡。最后经过反复论证，2007年，行知基地扩建方案终于通过了。

方案定下来后，就开始征地，画图纸，落实投资。根据方案，学校要在现有的占地面积基础上扩大到300亩。运动场、体育馆是必不可少的，也想着把条件简陋的建设中学也搬过来，新建初中的校舍，新建幼儿园，提高办学品质。

扩建工程的设计很关键。因为小学的新校舍是东南大学的齐康院士设计的，我们就很自然地找到了东南大学。这么大体量的设计，齐康院士是没有精力来做的，他只能出出主意。由齐康院士的同事设计，真正的主笔是齐康院士的学生姜辉博士。在我们的共同参与下，食堂、宿舍、体验中心、体育馆都设计得非常美观。就这样，历时约一年半，我们完成了设计，也完成了预算的制定。

地征了，农户也完成了拆迁，施工队开始进场，那段时间我们面临着非常大的挑战，但是总算迎来了大喜的日子。2007 年 4 月 2 日，扩建工程举行盛大的开工奠基典礼，省市的领导为奠基石培土。我们把设计方案在大屏上面呈现出来，大家都期望把这个项目做好。

工程推进的速度还是比较快的。到 2008 年，基本上所有的建筑都封顶了。尤其是中学和幼儿园，因为造型简单，所以建得更快。不过，那一年，因为受一些影响，工程停工了，一停就是整整一年。好在熬过了一年，工程总算在跌跌撞撞中重新恢复建设。

2011 年，校舍建成投入使用。建设中学整体搬迁过来，并更名为行知中学。幼儿园的孩子们也欢天喜地地搬进了新家。

不过，还是有一大堆遗留问题。比如基地的体验中心大楼是空的，宿舍楼是空的，设计容纳 800 人的球形报告厅是空的。房子是有了，但没有配套设施，也发挥不了作用。后来，除置办了配套设施，我们也完成了校园的绿化。还有一些空地，我们也逐步建成了茶园、菜园、果园。就这样，几年下来，基地的扩建工程终于全部完成了。

我们发自内心地感激。感激领导在这件事情上的投入，感激工程队用心施工，感激他们对下一代的付出。这项大工程的背后有教育情怀，有精神力量的支撑，还有克服困难，为了下一代的信念。我们也发自内心地感到自豪。要真正建好工程，作为当事人的我们需要做极大的投入，也需要经受心理的历练。我们勇敢并圆满地应对了这个挑战，并交上了满意的答卷，为行知教育事业的进一步发展筑就了广阔的空间。

4

行知幼儿园新家

　　1981 年，我来这里工作的时候，当时五里小学附带一个学前班。到了 1982 年，学校易地新建。房子多起来了，就陆陆续续把原来的学前班混合班拆分成了小班、中班、大班。到了 1984 年，幼儿园就成形了。1985 年 1 月 10 日，随着行知小学举行命名大会，幼儿园也同步命名为"行知幼儿园"。后来幼儿园被确定为建设乡中心幼儿园。它跟小学不再是附属关系，但在我们心中，它始终还是行知幼儿园，我们还是一家人。

　　实际上，幼儿园办得好，对小学的发展有重要意义。所以只要幼儿园有需要，我就尽己所能地提供支持和服务。比如为了提高幼儿园的入园率，我们就发动小学生上学、放学带着弟弟妹妹。这就解决了部分幼儿家长没时间接送孩子的难题，从而更愿意让孩子上幼儿园。那个时候，小学生都是自己走路上学、放学，甚至中午还要回家吃饭。

这样的互动，我们现在回过头来看，就是小幼衔接的问题，也有一种提法叫"幼小衔接"。因为是小学主动地要跟幼儿园沟通，要衔接，所以我们将其称作"小幼衔接"。就这样，双方相互帮助、相互促进、相互学习，提高了质量，改进了管理。

直到有一年，建设乡与县城所在的珠江镇合并了，乡政府撤销了，中心园自然就失去了职能，我们不得不考虑它重新定位的问题。有人提出，要把幼儿园变成民办幼儿园。我们认为不妥，据理力争。最后，幼儿园又变成了行知小学的附属幼儿园。

但是因为空间受限，幼儿园很长时间一直是小、中、大三个班。直到行知小学搬进了新的教学楼，小学的老校区空出来了，就完全交给了幼儿园。幼儿园才慢慢扩大，变成了 6 个班。到了 2011 年，新的幼儿园建好后，空间进一步扩大，变成了 9 个班。

新的幼儿园在发展过程中，能够贯彻"生活即教育""社会即学校""教学做合一"的理论，落实"爱每一个孩子"的理念，更加充分地利用学校的乡土课程资源。比如老师每年都带着孩子们挖红薯，烤红薯。那一周，就专门围绕红薯做文章。老师把艺莲苑当成孩子们的大课堂，经常带着他们到那里开展活动。每年秋天，老校区的柿子红了，他们也会让孩子们骑着小三轮车，扛着竹竿，到柿子树下摘柿子。

幼儿园也主动向外学习。有一次，我在新加坡，那里的老师带我参观了当地的一所幼儿园。在参观时，我发现它很质朴。学生的玩具都是树枝、树叶，很生活化。我就觉得，这所幼儿园对我们幼儿园的发展很有借鉴意义。后来，经过沟通，他们的幼儿园就派老师来给我们的幼儿园老师做培训，而且一年一次，不需要我们支付任何费用。我们很感动。

后来新加坡幼儿园的园长告诉我，他们的做法是跟中国台北教育大学的张世宗教授学的。经她介绍，我们就把张世宗教授和他同为幼儿教育专家的夫人请到学校来，给我们的老师做培训。那时是 2008 年，幼儿园还在老校区，条件还很艰苦，但是我们已经开始学习先进的办园理念。

我们让幼儿园与鼓楼幼儿园牵手。鼓楼幼儿园是南京市首屈一指的幼儿园。我把鼓楼幼儿园的园长，也是我晓庄师范的校友请过来，给我们指导和支持。他们的老师也过来，面对面给我们培训，传授经验。我们的老师也到鼓楼幼儿园跟岗学习。不仅如此，鼓楼幼儿园每年还把大班的孩子带到行知幼儿园来，有一天的共同生活学习的交往活动，这也是非常好的交流促进的机会。

行知幼儿园越来越受到家长的欢迎，创建成了南京市优质园，很快又成了江苏省优质园。每一年的幼儿园年终考核，大家对行知幼儿园的评价都很好。

前几年，一位研究杜威的美国教授来到我们学校考察调研。我陪她到中小学、幼儿园看看，我们得出了一个共同的结论——我们的行知中学办得挺好，但是不如小学；小学办得很好，但是不如幼儿园。她对幼儿园特别赞赏，称赞我们的幼儿园是一所世界级的幼儿园。

以前我们可能缺乏体验，后来慢慢就感受到，受过系统的、专业的学前教育的孩子，和没有受过很好的学前教育的孩子，是有很大差别的。学前教育的三年积累的教育能量价值，很可能会超过小学六年的，这恰恰是幼儿园的一个极大优势。有些幼儿园在教拼音、教计算，有小学化倾向。我们幼儿园坚决不这样干。这和通过跟新加坡幼儿园、鼓楼幼儿园交流，我们的认识得到提升，有很大关系。

5

行知中学

　　我们这个地方最初叫江浦县建设乡，每个乡都有一所初中，乡里的初中就叫建设中学，也是行知小学的初中对口校。建设中学与其他乡的中学不一样。当时，建设中学建在乡政府旁边。后来，建设乡被合并到了珠江镇，乡政府被撤掉了，这里的人就越来越少。加上靠县城比较近，稍微有条件的家庭，都把孩子送到城里的初中去读书，所以生源流失严重，建设中学自然就走向了衰落。行知小学的孩子除了少数可以择校之外，大部分也只能上这所中学。所以中学办不好，对小学的影响也很大，形成恶性循环。

　　2005年，在规划扩建行知基地工程的时候，在各方的推动下，我们计划把建设中学搬迁到行知校园里来，共享行知基地的资源。这样既能节约资源，又能提升品牌，所以我们是非常渴望的。

2011 年 8 月，建设中学就要搬过来了。记得那一年，我跟着教育局的一个团在澳大利亚参访，学习过程中手机传来信息，教育局确定，建设中学搬过来之后，就更名为行知中学，同时任命了一个很能干的新校长。当时我就回信息，向我的同事，也是老朋友表示欢迎。虽然中学不是我们管理，但是觉得来了很能干的校长，以后要在一起工作，我是非常高兴的。

其实在这之前，我们已经在筹备搬迁的事了。除了档案资料要带过来，教师过来，学生过来，办公桌椅等要全部丢掉，都太破了。老校园里的 12 棵法桐树，我们却舍不得丢下。这些树都是建设中学建校初期栽的，很粗、很高大，是学校历史的最好记忆。所以我们就商量把它移到新校园里，移植在行知中学的边上，让这两个校园之间能够有一个连接。

中学搬过来之后，一下子就呈现出了新气象。这个新气象可以用几个"化"来表达。第一个是现代化。整个学校的配置是现代化的。第二个是信息化。电脑配置更新换代了，更多的信息资源可以共享了。第三个是小班化。新校园的校舍比较充足，当时也想着提高中学的教学质量，就把班额设置得小一点。正好之前行知小学已经开展了好几年的小班化实验，有学生开始升中学了，所以就把小班化实验延续到中学来。第四个是国际化。对于小学已有的国际交流项目，中学搬过来之后，自然也加入其中，与国外的中学开展友好交流，中学也具有了国际化的气象。

校长、教师、学生以及家长都非常振奋，精神面貌焕然一新。之前行知小学的学生毕业后不想上建设中学，所以会有一些流失。现在中学建起来了，基本上没有学生走了。加上我们小班化实验，底子打得好，新校长又很会调动大家的积极性，精神面貌改变了，学生大踏步地往前走，包括考试成绩也有了显著进步。

这个时候我认识到，一所学校的文化氛围、师生的精神面貌真是太重要了。这是中学给我们带来的惊喜。

中学搬过来之后，作为一个小学校长，怎么处理好跟中学之间的合作关系，对我来讲是一个新的考题。首先要回答一个问题，到底是中学归小学管还是小学归中学管？

中学初来乍到，它管小学好像不太合适，但我是个小学校长、小学老师，我也不懂中学该怎么管。但我的态度很明确，中学是独立法人单位，就让它自主发展、自主管理。我们非常乐意为中学服务，诚心诚意地为它服务。我们期望它有更好的发展，有更高的质量。这样我们的小学生就有一所更好的中学上。让中学学习并实践陶行知教育思想，这是我多年的一个梦想。

中学生来了，吃饭的餐厅不够用，幼儿园正好搬到了新校舍，四合院里有很多教室，在老教室里摆上桌子、凳子，中学生来了就分在各个教室里，我们给他们烧饭。操场也是合用的。

在接下来的日子里，我们开始主动去做一件事。那就是让中学生和小学生之间、中学教师和小学教师之间有互动。虽然我们是两家，但还是要寻求彼此促进的互动机制，作为小学校长的我和中学校长就筹划大家主动融入行知大家庭。2011年9月10日，是我们同处一个大院子的第一个教师节，我们在一起开了联欢会，聚了餐，其乐融融。为了让中学生更多地了解陶行知、了解新学校，以及更早地融入陶行知文化，我们就主动为他们提供有关读本等，也带他们到荷花园去参观。

中学搬过来之后，我们有意识地从校舍建设、文化建设、师资队伍建设、学生的教育衔接性上面着手来推动中学质量的提升和优化，也通过中学的力量带动小学的发展，形成了一个良性互动的局面。

6

发现行知教育

从 18 岁到 60 岁的 40 多年间，我作为教育者看似拉拉杂杂做了好多事，但回头看，其实只做了一件事，就是进行了行知教育实验。

当我明白我是在做这件事的时候，还有个前提——发现了"行知教育"。这是我们办学的核心概念。没有抓取核心概念，就讲不清楚在做什么。

我到各地走访学习，发现教育教学成效显著的学校都会有一个核心概念，成为它的教育主张。作为学陶行知那么多年的学校，我们一直备受关注。有很多人追着问我：你们到底做的是什么教育？你们为什么这样做教育？有很长一段时间，我都讲不清楚。

20 世纪 90 年代初，我跟随我的老师到上海去拜访刘京海校长，去学习全国闻名的"成功教育"。我也曾拜访过创造"愉快教育"模式的上海市第一师范附属小学的倪谷音校长。在晓庄师范学习期间，我遇到了李吉林老师。李吉林老师的教育主张被概括为"情境教育"。情境教育、成功教育、愉快教育曾经被称作素质教育的三大模式。有了核心概念，教育者的很多主张就表述得非常清晰了。在向他们学习的过程中，我叩问自己：我做的教育叫什么教育呢？对于这个问题，我一直在寻找答案。

《学会生存：教育世界的今天和明天》特别强调弘扬主体性的重要意义。我就试图用"主体教育"这个词为我们的教育做解释。把学生当成主体，发挥主体的自觉意识。我甚至还提出了一个命题，即我们的主体教育就是从主体到主体，就是把学生当成学习的主体，然后把他培养成一个主体，那么后面的主体就要高于前面的主体，成为生活的主人，成为学习的主人。但是当我组织老师和家长们一起来讨论这个话题的时候，我发现自己越说越糊涂。"主体教育"这个词有点抽象，大家抓不住概念的要害。后来，我发现北京师范大学的裴娣娜教授领衔研究的教育就叫"主体教育"，而且她著书立说，体系建构非常完善，我实在达不到那个程度，"主体教育"这个词就被我放弃了。

周弘老师，一个把有听力障碍的女儿培养成才的家长，我从他身上能学到的太多了。周弘老师和他女儿的感人故事，经由《人民日报》、中央电视台的追踪报道，特别是《人民日报》第一次推出"赏识教育"的说法，"赏识教育"就此传播开来。

"赏识教育"这个课题一度受到中国陶行知研究会的大力支持。方明先生曾为我们题词：学习陶行知伟大教育思想，让赏识教育走进千家万户。

在中国陶行知研究会的支持下，加上周弘老师理念的引领，我们理所当然地认为我们是第一所赏识教育的学校。但是实践和研究越深入，我发现的问题也越来越多，最大的问题在于容易误导教师和家长把教育简单操作为表扬鼓励、竖大拇指。一旦他们误解了赏识教育，我再怎么解释都是徒劳的。这个时代的信息传播得那么快，当大家都以为竖大拇指就能把有听力障碍的孩子培养成才，就能让她出国留学时，这种导向会助长很多人把教育转化成用一个理念为他的功利目标服务的行为。这是我作为一个教育者不愿意看到的现象。教育核心概念的提出并不是随便去找一个词，然后头头是道地把它讲出来。即便是理论上讲得清楚，客观上能否起到好的作用，也很难说。

"赏识教育"这个词有先天的局限性。陶行知教育思想的主张是什么呢？即小朋友、小学生、小主人，人与人之间是平等的。可是在赏识教育这个语境下，平等是受到破坏的。谁赏识谁？老师赏识学生，家长赏识孩子。假如孩子说"爸爸，我赏识你"，大家一听就会觉得这个话说得不得体。在中国的语境里面，"赏识"这个词天生就有一种居高临下的态度，本质上就不是一个"平等"的词。

赏识教育，作为改进教师对学生、家长对孩子的教育方式的理念，是有积极意义的，但是作为学校的核心概念是有风险的。后来，我们较少提及赏识教育的概念，而是强化"学会赏识"理念。在"赏识"前面加上"学会"两个字，就稳妥了很多。

关于学校的核心概念，直到 2011 年，我被邀请参加由民盟中央和中国陶行知研究会联合召开的陶行知先生 120 周年诞辰纪念大会，我们才有了新发现。大会在全国政协礼堂举办，大会上还给我颁发了首届"陶行知教育奖"。我作为"学陶师陶"30 年的获奖代表发言。我在写发言稿的时候，突然有一个想法，以后要是有人问我做的是什么教育，我可以告诉他是"行知教育"。我突然有一种"众里寻他千百度，蓦然回首，那人却在，灯火阑珊处"的感觉。

"行知教育"对我们来说多么贴切，又多么熟悉。其实 30 年来，它一直陪伴在我们身边，我们也一直在做这件事，可是我们还四处寻找无果。当时一下就找到了，让我有一种一览众山小、一马平川的快感。"行"到一定的时候就"知"了，知行合一在那个点上汇合了，前进的路被照得透亮。一定的理论认知，有一个最聚焦的方式就是概念，于是我们所追寻的核心概念应运而生。

行知教育并不是今天才有的，陶行知先生当年就在做行知教育，只不过他没有说出这个词而已。百年传承，走到今天，行知教育的精髓在里头，这个理论的视野一下子就开阔了。就因为有了核心概念，我们对整个工作的认识变得体系化了。这就叫纲举目张，一下子就把核心抓起来了。

我们也在试图解释什么是行知教育。如果非要用一句话概括，行知教育就是遵循知行合一的哲学办教育。这个说法还是有点笼统的。

那么，再往深处想，我们发现了行知教育的三大特征。首先，一看到这个词，就会想到陶行知先生。我们今天要想搞好教育改革，推动教育进步，不能另起炉灶、从头开始，必须认真地传承。毫无疑问，行知教育在传承陶行知教育思想方面是做得好的。其次，行知教育不是单指陶行知的教育，也不是把陶行知当年的做法搬过来。知行合一本身就内含着创造的密码，所以行知教育又是创新的。最后，第三个特征更加鲜明，行知教育是一个共享概念，是一个大家想用就可以用的概念。不用请示谁可不可以用，或者说用得对不对。比如要做情境教育实验，我就立刻想到要问问李吉林老师，我可不可以做，她当然会全力支持。但我肯定还要再问一句：我这样做是不是情境教育呢？好像总觉得要找到那个原创者，去讨个说法。但是行知教育用不着这么问，陶行知先生有那么多书、那么多事迹，只要认认真真地学陶行知先生，就会做行知教育。

还有一个更高的境界是什么呢？就是不要太纠结于这个词的本义，甚至都不用宣称自己做的是行知教育。因此，我们既要有一个核心概念，又不要太在乎那个核心概念，只有将这个平衡度掌握了，才能真正走上一条教育学术的康庄大道。很多人并不用行知教育这个概念，但是他们的教育依然做得很好，难道它不是好教育吗？

有人问：行知教育能不能呈现在一张图上，让我们直观地感受行知教育的理念？其实，身边用来解释行知教育的事例，可以信手拈来。比如放在阳台上的一盆花，我们看着它就会想到生命这个词。有生命的东西，就一定会带出第二个词——生长。至于长得怎么样，长得好与不好并不在于它的花开得迟与早，真正要抓取的那个感觉是生机，这也是第三个词，有生机就是美。开花的是一种美，不开花的也是一种美，这不就是我们教育应该关注的价值点吗？如何让这盆花长得有生机呢？第四个词就出来了，生态。我们再到艺莲苑去证实一番。朵朵荷花有生命，且在生长，它们长得很好叫有生机。那么，荷花的生态是什么？荷花的生态条件，最核心的有两点：一是大量的水；二是较高的温度。没有水是长不成荷花的。温度低也长不成荷花。生命、生长、生机、生态不就描绘出了生命画像的四个重要维度吗？我越发觉得要给行知教育下一个比较确切的定义：行知教育是关怀生命、关注生长、关切生机、关心生态的教育。这四个要义把行知教育阐述成了一个完整自洽的逻辑链条，把教育要关注的方方面面没有遗漏地抓取到关怀生命的问题上，这也就解决了我们过去讲的主体性问题。

在每个人的心目中，对孩子的关怀就是爱，关怀生命就要落实好三种爱。第一种叫达成被爱。让每个孩子都感觉到自己是被爱的。现在我们并没有做到让每个孩子都觉得自己被爱，有时候我们觉得是在表达爱，其实孩子并没有感受到，这说明爱是讲究方式方法的。第二种叫引导施爱。施爱就是表达你的爱。每一个孩子都要真正学会爱，必须有爱的实践，哪怕是叫一声爷爷奶奶，也是对长辈的一种尊敬、一种爱。小朋友跌倒了，我们把他扶起来，这时要不失时机地引导小朋友去表达他的爱。如果一个人只知道接受爱，而不会表达爱，"只进不出"也是会出问题的。第三种爱是什么呢？叫启发自爱。一个人真正长大极其重要的情感因素就是要学会自己爱自己，不能总是指望社会和别人爱自己。因此，我们自己要学会爱自己，一个自爱的人才可能自立自强。达成被爱、引导施爱、启发自爱，这就是关怀生命。

生命有了主体性，就有了做人真正的尊严。此外要关注生长，这个生长的过程最怕的是什么？是揠苗助长。我们总是觉得别的花都开了，你为什么不开？我们在学校里面提倡要有"花苞心态"，那朵迟开的花也许更美，这个过程不能违背规律。

关切生机就是解决教育评价的问题，即到底什么是美。花开得早是美，花开得迟呢？在我们现有的一些评价里面往往觉得不美，因而着急上火。如果总是持这样一种心态，就会破坏花朵的生机，其实美或者不美不能只以盛开与否去断定。无论是鲜花，还是花苞，我们都应该定义的是它是否有生机，只要有生机就是美，以此来引领教育评价的改变。

教育手段、教育环境的改变就是生态的改变。关心生态，这里的生态指的是什么样的教师，什么样的学校文化，什么样的管理，什么样的校园，也就是"大生态"概念。

通过四个要义，我们就把想要描述的行知教育的理想图景在理论上说清楚了。这样就为学校后面的发展奠定了坚实的基础，而且也让我们对前面的教育探索实验有了反思性、提升性的认知。

7

生长课程

　　早期，我们办学的时候，用心比较多的就是有课本的那几门课，还没有很明确的课程意识，尤其是没有所谓"校本课程"的意识。随着国家教育的发展，课程观方面在国家层面有了提升，也让我们发现原来对于学校来说，课程是一个核心，要尤其关注课程建设，我们也喜欢用"课程开发"这个词。

　　一所学校的课程品质，决定了学校育人的效果和办学的品位。于是，我们就越来越重视课程。但是，我们曾经有这样一个顾虑：乡村学校有自己的优势课程吗？总觉得好像没有机器人和小提琴就做不好课程。后来，我们慢慢发现，我们学校里虽然没有机器人和小提琴，但是我们有柿子树。我们校园里有 8 棵柿子树，围绕柿子树我们就可以把教育变得更加鲜活。

我们总想着要让学生德智体美劳全面发展，我们就把这个观念与柿子树对应起来。给柿子树浇水施肥，这是"劳育"。我们在 8 棵柿子树的下面砌起了 8 个形状的树池，有正方形的、圆形的、长方形的、三角形的，让学生根据长、宽、高计算面积、周长，这是"智育"。教育学生不要乱摘柿子，这是"德育"。美术老师教学生把柿子树画下来，这是"美育"。组织学生在柿子树下做游戏，跑啊跳啊，这是"体育"。后来我慢慢明白，8 棵柿子树本身就是课程资源。这大概就是我们学校校本课程的启蒙。

后来就有了比如栽树——把小树林作为课程资源；种茶叶——把茶园作为课程资源；种荷花——把荷花园作为课程资源；逐渐，我们又意识到城乡学生"手拉手"交朋友——交往本身也是课程资源；外国学生也是课程资源……这样我们就发现课程资源无穷无尽。当然，课程资源是需要精选的，虽然说什么都可以做成课程，但是课程多了，学生有那么多精力吗？学校要围绕着人的成长形成一个体系，让人感觉我们的课程在生长，在拓展。所以后来我们就找到一个描述我们课程特征的自己喜欢的词，叫"生长课程"。

学校的课程建设要有一个思路，我觉得应该强调三点。

一是国家（地方）课程生活化。在学校的课程思维里，首先要把国家（地方）规定的那些课程落实好，而落实好的一个重要原则就是生活化。把课本上的东西，如语文、数学那些知识尽可能地跟生活的场景、生活的实践有机结合，这叫国家（地方）课程生活化。

二是生活资源课程化。生活资源是无穷无尽的，我们可能会选择诸如柿子树、小树林这些最有代表性的事物让它课程化。如果光是柿子树，也可能会令学生视而不见，充耳不闻。但是一旦经过精心设计，被赋予非常丰富的意蕴，它就可能会变成促进学生发展的重要力量，这叫生活资源课程化。

三是学校课程系统化。学校课程、地方课程、校本课程应该有恰当的比例、最佳的结构。要以国家课程为主体，也要落实好地方课程，再搭配好校本课程。校本课程没有必要搞得五花八门，抓几个最有地域特色的、育人成效最高的几个点就够了。一定要做一个取舍，不是说做得越多越好，比如有的学校宣称做几百种课程，其实对小学来说好像没有这个必要，它也没这个能力。

经过多年的开发、沉淀，除了国家课程之外，我们学校的校本课程主要是几个系列的，比如茶文化课程、荷文化课程、陶文化课程。拿陶文化课程来说，我觉得陶行知先生的故事、诗歌、名言，应该成为行知小学孩子们从中受益的一个重要的课程资源。再比如我后来非常关注的是奥林匹克课程，因为我们学校接待了那么多青奥会、亚青会（亚洲青年运动会）运动员，接触了橄榄球、足球等运动项目，我们应该把这个优质教育资源作为特色立起来。还有一个就是交往课程，如国际交往、城乡交往。在我的脑海里面，这几个东西是特别要强化的。在课程建设过程中，回过头来思考，我觉得这是我们要关注的第一个维度。

第二个维度是什么？我们这里建了一个基地，用来接待城市的学生，基地有了大量投入，专门建了一座大楼，在里面开各种场馆，后来我发现做校本课程，不只可以就地取材，有时候是可以"植入"的。比如退休职工严长峰做了上千件军事模型。他看中了行知基地有理想的展示场地，可以让众多学生受益，能够实现他的育人心愿，就决定把这些军事模型捐赠给行知基地。就这样，我们有了军事模型的课程馆。

后来又有机关单位到我们这儿来义务植树。他们自己花钱买果树，到我们学校里来栽，我们的 10 多亩地就变成了一个果园，这又是一个课程资源。老科学家们为了对学生进行科普教育，把收藏的好多天文、地质和古生物标本，打包成很多箱，到全省各地去做巡回展出。展示了一圈之后，他们希望这些东西能放在一个固定的地方展览，继续发挥科普影响力。结果，行知基地获得了捐赠，又建成了一个"天地生"展览馆。

后来，我们还陆陆续续建了王荷波纪念馆、党史国史馆，运动场周边又配置了好多素质拓展器材。一个个空间、一个个场地，这些都成了课程建设很重要的载体。如果没有基地，我们就不可能建成这么多东西，可能不会有政府的这么多投入。

反过来讲，因为有基地了，虽然当初建的时候，是想着让城市的学生体验生活，我们要传授给他们很多教育内容，但是我们一定要意识到，首先受益的还是自己的学生。基地的场馆建好了，我们自己的学生如果在这个学校里读了几年书都没看过，都没摸过，都没从中受益，这不是很奇怪吗？所以，在课程建设当中，我们一定要把校内、校外教育整合起来，实现资源共享。因为课程内容太丰富了，所以不可能面面俱到，但是一定要让行知中小学、幼儿园的学生首先受益，这个意识一定要有。包括对外交流的课程资源，中医、中餐、书法这些比较专业的课程资源，我们自己的学生首先要用起来。比如小学生参加中医社团活动，他们在受益的同时，也在跟着老师一起继续丰富中医的课程资源。这也是课程建设的一个重要视角，或者说是认识我们的课程价值的一个重要维度。

我认识到，立足乡村的课程建设，要充满信心。我们要相信，整合乡土资源，完全可以开发出满足乡村儿童快乐成长需要的课程。我们还要有信心，就是整合这些乡土资源，还可以用来反哺城市。我们不仅自己够用了，还可以开放给城市的学生，给他们补上乡土文化这一课。我们学校的实践已经充分展现了这一点，这是我们生长课程的一个重要的价值表现。

不仅反哺城市，还可以输出到海外。乡土文化可以将中国文化生动地展现出来。在学校的课程建设中，我们很有必要好好挖掘乡土文化。外国师生到这里来，这些乡土文化恰恰能引发他们更大的共鸣。

城乡学生携手，中外学生相遇，又成为多文化交融、拓展学生全球视野的契机。

8

生机课堂

关于课堂，我们思来想去，找到了一个描述我们想要的课堂样子的词——生机，叫"生机课堂"。

课堂是不是有效的，决定了一所学校的育人质量。围绕有效课堂怎么去打造，40多年来我们一直在琢磨这件事情。课堂是千变万化的，现在有各种各样的课堂模式，我们心目中的这个课堂到底是什么样子的？坦率地讲，我们好像还没有把这个问题真正琢磨透，也没有一个特别能够拿得出手的好经验分享给大家。

当年，我们小学的教学楼建好以后，就在南边新建了一个校门。校门进来，用砖头砌了一溜柱子。为了使柱子显得有一些文化底蕴，我就选择10根柱子中的8根，在上面布置了8个字——含苞待放、生机盎然，让人一进校门就能看到。

　　这就是我们想追求的课堂文化。我们的课堂要给人的感觉就是"含苞待放、生机盎然"。在我的心目中，教室就是一座小花园，教室里坐的小朋友，就是花朵，是祖国的花朵。祖国的花朵最美的样子是什么？小花园给人最美的感觉是什么？不苛求一定是鲜花盛开，鲜花盛开也不一定是最美的，含苞待放也不是不好。花，早开迟开都是好的。描述课堂美不美，这个小花园美不美，最确切的那个词是生机。它只要充满生机，盛开的花就很美，含苞待放的花骨朵也很美。

　　具体怎么能够让课堂有生机呢？首先作为教育者，作为教师，你要改变你的观念，要有"花苞心态"。把成绩不好的孩子、课堂上会捣蛋的孩子，当成一个个花苞，我们不要去天天骂花苞、日日掰花苞。当你站在课堂里时，你要享受这个课堂。虽然学生的成绩有好有不好，行为表现也有差别，但是在我们的眼里，学生没有三六九等。如果要对学生进行分类的话，只有两类学生，一类叫美丽的鲜花，另一类叫可爱的花苞。当你觉得天天置身于一个花园里，这个花园又是充满生机的，你会觉得教育是美的，有美的感受，觉得很享受。在生机课堂中，教师应该是这样一种心态。

　　在生机课堂中，学生应该是什么样子的？我们一直强调"三小"，明确学生在课堂里的角色意识。"三小"指的是小朋友、小先生、小主人。这个"三小"都是从陶行知先生那里得来的，我们在他的教育语录中发现了这个"三小"。

　　"小朋友"这个词现在看起来很平常，没什么大不了，但是在陶行知先生说之前，中国没有小朋友一说，只有小孩子、小鬼、小萝卜头、小娃子，没有把孩子当成平等的朋友。因为陶行知先生倡导教学民主，所以他非常尊重孩子，称呼孩子为"小朋友"。

师生之间、生生之间首先是平等的朋友关系。相互帮助的、相互鼓励的关系要建立起来。"朋友"背后的文化是什么？是民主。课堂民主，教学民主。你在课堂里没有教学民主的意识，高高在上，趾高气扬，哪里会有生机，只会有压抑。朋友之间是相互尊重、相互理解、相互激励的。

如果树立了这样的意识，你就会看到：当有学生发表意见的时候，我们会倾听；当有学生表现精彩的时候，我们会点赞；当有学生遇到困难的时候，我们会帮忙。这样的课堂氛围才对。

不仅要把学生当成小朋友，还要把学生当成小先生。小先生也有多重意义。比如孩子在学校里学会了知识回家可以传递，学生之间互帮互学。教师到底怎么样能够更好地驾驭课堂，让这个课堂更有效率，一个很重要的诀窍就是问小孩子——他们更希望我们怎么教他们。向小孩子请教怎样教小孩子，教师的高明就表现在这个地方。

还有一点，就是要让小孩子做小先生，即知即传。如果只是从老师这儿讲给小孩子听，或者只是演示给小孩子看，毕竟只有一个力量源。如果每一个学生都成为力量源，都能相互帮助，会的就教别人，相互叠加的力量就会很强。

此外，要有非常重要的认识——现代教学理论里有一个非常重要的发现：你教了别人，那么你自己对这个知识的掌握程度会更深，也就是学习的效果会大大增强。这是经过实验印证的。在陶行知先生那里，就叫"以教人者教己"，古人叫"教学相长"，所以，小先生的作用是绝对不能忽视的，课堂里一定要赋予学生这样的角色。

我们再次发现需要加以强调的东西是什么呢？就是我们的课堂要让学生有更好的素养，从小培养学生具有教育的力量，就是教育力。也就是说，课堂里走出来的孩子，他不只是个学习者，也是个教育者。在课堂里，他是小先生，可以帮助别人。在他做的过程中、体验的过程中，会形成一种教育力，这种教育力让他长大以后为人父母、教育自己的孩子时得心应手，让他意识到这个教育力会反哺到自身，让他做好自我教育。

我自己有一个深切体会，即一个人能够更好地发展，更好地为社会做贡献，一个极其重要的功课就是教育好自己——自我教育才是全民终身大教育、建设教育强国最重要的保障。一个人即便是小孩子，你以为都是靠老师教的吗？都是靠父母教的吗？其实教育讲到最后，都要走向自我教育。我认为一个人有一种自我教育的素养，学会自我教育，这是培养有担当的时代新人极其重要的一个生长点。所以我们的课堂里一定要把"小先生"这个点当成一个很重要的理念去落实。

小主人也是一个很重要的方面。小朋友之间相互学习，小先生帮助别人学习，但最终还要形成一定的主体意识。要成为生命的主人、学习的主人、创造的主人。小主人的这个意识，也是要在课堂里去落实的。小主人还有一个非常重要的特质，也是一个非常重要的关键素养，它是什么呢？就是有责任心，有担当。人只有做主人时才会有担当，不是吗？我们在培养担当民族复兴大任的时代新人，如果老师都不让他成为主人，他怎么会有担当呢？他只有成为主人，内在的责任心被激发出来了，担当意识被激发出来了，才能调动全部的潜能。所以，课堂里要让学生最终成为生命的主人。但是"主人"不只是一个目标，让学生成为主人，最终成为主人的最重要的条件是当下就是小主人。现在不让他成为小主人，总是被动学习，总是让你看着才能把作业完成，总是写完了作业要被动地接受检查，还要家长签字确认，这怎么行呢？让孩子自己负责，错了没关系，错了正好是一个学习的机会、一个改正的机会。学生出了错，老师过度干预，小主人的意识、小主人的成长的机会就被破坏掉了。这不是我们要的课堂。

后来我们在推进研究落实"三小课堂"的时候，发现"三小"过于原则化了，实操的感觉还找不到。所以行知小学又做了新的探索，提出了"新三小"，叫小问题、小探究、小展示。

第一个叫小问题。小主人也好，小先生也好，学生都要有问题意识。课堂一定要有问题牵引，所以在课堂里面要有小问题设计。在小问题环节中，课堂一开始你要引出一些问题来。当然，这个问题也不要总是老师规设好的，很多时候，老师要引导学生自己提出问题。自己提出问题，他就是小主人了。会提问题、帮助同学解答问题的学生不就成了小先生吗？会提问题和不会提问题的学生，也没有什么高低之分，我们要把"三小"原则聚焦在小问题的设计、提出、研究和解决上。

第二个叫小探究。问题提出来了，我们一起来探讨这个问题，解决这个问题，就有了小探究环节。这个环节可能是小先生发挥作用了，使小朋友在相互探索的过程中，增进了感情，大家谈得很开心。每个小主人都要有探究问题的信心，要成为解决问题的小主人。

第三个叫小展示。课堂要想提高效率，就要把彼此的探究结果放在一起展示一下，相互学习。我们在这个点上探究，你们在那个点上探究，这个时候一交流，一展示，就可以获得更有效的学习。

此外，如何让课堂充满生机？我们把一系列的东西全部顺下来之后，发现在课堂里要抓一些关键词，比如"三小"是什么？小朋友、小先生、小主人是什么？是角色。小问题、小探究、小展示是什么？是课堂流程。课堂里除了这些东西还有什么？这个课堂是怎么发生的？教学聚焦在什么上？课堂里面应该有事可做。这个事，我们用一个词来表示，叫事件。课堂里要有个场景，教师应该创设场景，找一件事出来，让大家去探究，让大家发挥小主人的精神。我们读一篇课文，如果感觉很枯燥，就把它变成一件事来做，大家一起来做这件事。

那我们再追问做这件事，拿什么做？要有工具。要想课堂充满生机，更有效，你要有工具。我们需要设计什么样的工具呢？比如课堂的量表，还有信息化手段。从改进这个角度，我们发现小奖品也是可以调动学生积极性的工具。比如幼儿园可以奖励学生一颗糖果，或者印一朵小花在额头上。你可以做很多工具，但是工具需要为课堂效率的提高服务，使课堂有效。

我们再往下追。你说你的课堂效果好，证据在哪里？要有数据、记录。你总得要找点图文、视频或者作业，你要善于收集这些证据。这些证据不只是用来证明课堂的效果，当你把这些证据呈现出来的时候，学生还能从中受到鼓舞。把某一个学生学习收获大的证据找出来之后，其他学生就有了一个榜样参照，这样的课堂不就是叠加的吗？一个好课堂、一个高效课堂一定是多种元素的叠加，施教者要融会贯通。哪里有那么一个单独的模式，抓几条线，就能成为一个好课堂呢？

9

生活德育

我认为，生活德育，本质上是在德育的实施中，遵循陶行知的生活教育理论。当然，这个词本身并不是最重要的，但对我们来说，可能定位在这里是合适的。南京师范大学的鲁洁教授是一位德育大家，她的德育主张就是生活德育论或者直接被称作生活德育，所以我们就借助生活德育的概念来表达我们实施德育的一些主张和经验。

关于生活德育，我认为要从两个视角来认知，一个叫"大"，一个叫"小"。

要有一个大教育观，人人受教育，人人办教育，德育也是这样的，谁来施加德育的影响？除了老师之外，还有家长、社会人士、现在的媒体、小朋友等。德育一定要把这些资源整合起来，从而充满正能量。现在，我还喜欢一个词叫大思政课，或者叫协同教育，德育肯定是需要有这个概念

169

的。陶行知的"生活即教育""社会即学校"的观念，它本身就是一个大教育的观念。

还有一个"小"，就是儿童观。聚焦来讲，怎么样让生命得到最重要的营养，生命最重要的营养是什么？就是爱。爱如同氧气，一个人如果缺氧、缺爱是什么感觉？缺氧久了，身体会受到损害；缺爱久了，心理会扭曲。所以德育，要扎扎实实地落实好爱这件事情。爱满天下，本身就是德育的一个指导思想。

要爱，但是还要会爱。有时候，我们恰恰抱着爱的美好愿望，但爱的方式不对，结果造成了伤害。所以不会爱就等于不爱，没有爱就没有教育。

什么叫会爱呢？会爱要有落实。一是让每一个生命都成为爱的聚焦点。班上所有的孩子都要得到爱，包括调皮的孩子、成绩不好的孩子，让他们觉得老师很爱我，校长很爱我，爸爸妈妈很爱我。得到了爱，他们在这个班就会觉得很舒服，这才叫爱的落实。二是让每一个生命都成为爱的源泉。一个人不能光想着得到爱，接受爱，他还要学会去爱别人，相互传递正能量。如果我们的孩子不尊重身边的小伙伴、爸爸妈妈和老师，就不好了。我们一定要下决心，在生活中多创设一些环境，引导学生去爱人，爱动植物、大自然，把爱发送出去。三是让每一个生命都成为爱的堡垒。一个人的强大，最终的落脚点是学会爱自己，因为我们不能保证这个世界上的每个人都会爱你，所以每个人都要对自己的生命负起责任，学会爱自己，我们的德育要在这个上面下足功夫。

实施生活德育要重视协同。如果生活德育仅仅是思政课，仅仅是在学校里面，那肯定是不够的，它一定是家校社协同的。所以要充分利用家长群体这个资源，充分利用班级这个平台、同学这个群体，也要有选择地利用网络资源等。

实施生活德育要强调体验。比如每年我都会带着学生过柿子节，向学生讲柿子是劳动之果、智慧之果、道德之果、艺术之果，把它的意义揭示出来。光讲道理没有用，关键是跟学生讨论。柿子有大的有小的，我们怎么分呢？大家一致同意将大柿子分给小同学。男生女生我先分给谁？大家一致同意先给女同学。柿子怎么吃？大家一致同意把柿子带回家去跟爸爸妈妈一起分享。它有一个生命体验的过程，而且有一个活动贯穿在里面。只有这样，生活德育才能真正落到实处，并且打动心灵。

实施生活德育要抓住契机。曾经我做过一次国旗下讲话，印象特别深。那天早晨，有两个平时还蛮顽皮的小男生到办公室告诉我说，他们抓到了一只鸽子，要给我炖汤喝。我发现鸽子还能飞，就心生一计。国旗下讲话时，我拿着装鸽子的黑塑料袋站在台上，学生也不知道是什么，当我把鸽子拿出来捧着它，鸽子的翅膀扑棱棱地扇时，学生的目光都聚焦在鸽子身上。

我说："我们学校出了两个很棒的学生，他们懂得鸟是人类的朋友，尤其知道鸽子是和平的使者，他们没有伤害它，把它带到学校来了。"表扬了他们一番后，大家鼓掌。我说："鸽子还可以飞，现在该怎么办呢？"同学们都说："把它放掉，让它回到自己想去的地方。"我说："那太好了，我们就把鸽子放了。放之前，我们可以许个愿望，希望鸽子飞到香港去。（因为那时香港即将回归）我们希望这只鸽子飞到香港去，告诉香港的小朋友，我们行知小学的学生特别期待香港回归，期待这一天早日到来。"

大家听得很入迷，然后把鸽子放飞了。这就是我心目中的生活德育，可以让学生留下很深的印象。

实施生活德育要依托场景，利用生活场景让学生体验，引导他们过更好的生活。我经常跟同学们讲丁跃生种荷花的故事。我说，大家要好好读书，将来考大学，考不上大学种荷花照样可以过上好日子。但是，关键不是种荷花，也不是上大学，而是像丁跃生那样终身学习，学以致用。这就是生活德育。

实施生活德育要建设场馆。我们有条件的话需要做一些投入，并不是什么都不做，拿来主义，这是不行的，要提高，要聚焦，要有更高的效率。所以我们在学校里，精心构建了茶园、荷塘、青奥纪念林，还有小树林、果园，还有中学、小学、幼儿园各自的菜园。我们行知基地的大楼里有军事模型馆，有党史国史馆，有生命安全实训馆，有"天地生"展览馆，还有茶艺馆、陶艺馆，把孩子带到场馆里面去，通过场馆、工具、实物，包括"天地生"展览馆化石来讲述，再来引申，它的效果就不一样了。我们还把农民拆迁以后丢弃的农具、生活用品收集到学校里，做了一个"五里村记忆"展览，又把陶行知的故事照片收集起来，做了一个行知故事展览……让整个学校像一个大的博物馆一样。这些都会让生活德育更有实效性。

10

生态校园

我理解的生态校园是一个宽泛的概念，是从学校教育生态这个角度，并且把它放在生长课程、生机课堂、生活德育的体系里来说的。生长课程、生机课堂、生活德育三者是从教育教学的本体出发的，而生态校园更多是为教育提供环境。

环境既包括物型环境，也包括文化环境、精神环境。从这个意义上来说，生态校园建设里面有一些内容还要和生活德育联系起来，或者说看怎么有所侧重。说到生态校园，就会想到场馆建设、场地搭建，我们校园里的小树林、茶园、果园、红薯地、荷花园、菜园，就是生态校园建设的一部分。再比如我们的各种场馆，也是生态校园建设的一部分。另外，放眼行知校园，它里面还有很多可以挖掘、利用的好东西。

有一年，我找来一个鸟类专家朋友，请他特意来拍校园里的鸟。他很兴奋地拍了两天，并告诉我说，他发现了至少 20 种鸟。有很多鸟我们连名字都没听过。其间，有一件事情让我很难忘。我陪着专家拍鸟，听到了一种婉转清脆的熟悉的叫声，我就问他："你听，这叫什么鸟?"结果鸟类专家居然被问住了。"我也不知道，"他说，"这样，我们把这个鸟的叫声录下来，发给我的一个朋友，问问他。"我们很快就得到了答案，原来这个鸟就是白头翁。它不是大鸟，头顶上有一撮白毛，它的叫声我非常熟悉，熟悉到都能模仿出来。小时候，我一边骑在牛背上放牛，一边学这个鸟叫，太熟悉了。但是，直到这时，才通过这个机会真正了解它。我一直想着，要围绕校园里的这 20 多种鸟做一个课程，让学生去学习，这就是生态校园给我们的资源。

行知基地招聘了一个农业大学的毕业生做辅导员。她在校园里观察、捕捉，居然自己做了一个小的昆虫馆。进去参观后才发现，原来这个校园里面还有那么多昆虫，这又是一个很重要的资源。后来，我们又邀请了一位中医志愿者来校园，做中医文化的课程。在她的眼里，校园就是一个中草药宝库。我们曾经把校园里有代表性的树种做了一个梳理，编了一个小册子，叫《行知校园里的 51 种树》。51 种树就是一个很重要的课程资源。

如果你站在生态校园的视角上来看，学校到处都是宝藏。多年前，我们发现草地上长出了很多野生的树苗，我们就选了几棵，细心培育，浇水、施肥。结果，校园里就有了几棵长得特别漂亮的、树形特别好的天然大树。这也是校园的一笔财富。

在校园建设中，我们秉持着修旧如旧、不拆房子、不移大树的原则。这些年，我们建了很多房子，由小到大，但是没有拆过房子，所以从校园的建筑上就能看到学校发展的脉络，折射出整个时代的发展轨迹。这本身就是一种生态文化。

在盖学校食堂的时候，有几棵高大的水杉有些碍事。要想让房子和之前盖的房子在一条线上，就得把这几棵树砍掉。最终，我们选择不砍树，而是把房子往里缩两米，这样就把树保住了。

夏天刮台风，老校园里有两棵雪松被刮倒了，也没有办法成活了，我们就把树干连同树根拔起，去掉树梢后让它躺在草地上。这倒成了学生喜欢的走独木桥、攀爬的道具。

这都是我们在生态校园建设中的一些独特的做法。

除了充分利用校内资源，从整体上去挖掘它，使用它，我们还把校园延伸到了校外。远到长江边、老山国家森林公园，近到稻田、棉花地、荷花园，还有现代化无土栽培的蔬菜基地等，都是我们的生态资源。打开思路，我们的教育就能在更加丰富的环境中获得更好的发展。

生态校园建设，最核心的是乡土文化。我们学校是一所乡村学校，尽管现在走向了城乡一体化，但是我们不能因此丢弃宝贵的乡土文化资源，要保留乡土文化的元素，这也是我们绝不轻易移一棵树，砍一棵树，还要在学校里面建很多种植园地的一个重要原因。

我们把拆迁农户家的生产生活用品捡回校园，农村常用的工具、传统农具，在学校都能找到。乡土文化的保存、开发在我们学校随处可见。而且乡土文化不只是这些看得见、摸得着的物质文化，它还是一种很重要的精神文化的存在，比如淳朴善良的农民身上体现出的就是乡土文化的精髓。

生态校园更本质的还是学校的文化建设，在我们学校就是行知文化建设。从教育理论的视角上讲，我们叫行知教育；从文化的视角上讲，我们叫行知精神，或者叫行知文化。

在行知文化下，有"三风一训"，有吉祥物，它们也是生态校园建设重要的有机组成部分。我们学校还有一些特征，可以用四句话描述——中小幼衔接，家校社协同，校内外联动，国内外交流。

很多学校也有其中的某些特征，比如家校社协同。但是在一个校园里，中小幼学生都有的并不多。我们学校不仅是中小幼学生的"校内"，还是城市学生的"校外"。因为我们有基地，基地是校外教育，学校完美地实现了校内外联动，这也是很特别的。

校内外联动对于学生发展的意义是非常大的。我们的学生可以"近水楼台"，享用更多的资源，城市学生走进来，外国学生走进来，对我们学生的成长是最为鲜活的资源，交往课程来到了我们身边。还有国内外交流。我们学校国内外交流的规模很大，频次很高，在全国范围内也是凤毛麟角的。

以前我们不太在乎什么生态，有吃有喝就行了。现在我们发现，生态太重要了，而且这个生态具有整体性。有物质层面的生态、精神层面的生态，这个生态包罗万象。所以作为一个学校建设者，你要有这样一种视角，有这样一种格局，来推进学校生态文明的提升。它会为学校的课堂、课程、教师队伍建设提供非常好的氛围，提供非常优质的环境。

11

还能更精彩

当学校发展到一定程度时，当看到许多学校都有"三风一训"时，我时常也会思考：我们学校的"三风一训"到底是什么？

其实在很早以前，我们学校就有一些关于"三风一训"的描述，但是好多描述缺乏一定的个性。比如在 2004 年的时候，我在《走在行知路上》这本书里描述的校训为"学会赏识，爱满天下"。

后来我们发现，这种表述还是有点复杂，或者说还是显得有点大、有点空泛。因为它就是把陶行知先生的这句话拿过来直接作为校训，还缺乏学校自己的一些特色，所以在寻找最适合我们学校的"三风一训"时，可谓煞费苦心。

2005 年，《人民教育》杂志约我写一篇文章，让谈谈从教的体会，我就写了一篇标题为《坚持·感激·成长》的文章。第一个词之所以是"坚持"，是因为学校有所发展，个人有所进步，其实想来想去也没有什么特别的窍门，最大的力量来源于坚持。我发现做任何一件事，只要我们坚持做，最后就一定会有所收获。所以我的第一个体会是：一心坚持，选择好人生的立足点。

当我们坚持了，收获了，有进步了，学校自然就发展了，我们当然会很自豪。但是千万不要忘记学校的发展，不只是因为你一个人的坚持，而是因为有很多人帮了你，你不能忘记他们，特别要懂得感激。我们要感激陶行知先生，他给了我们巨人的肩膀，还要感激有一方肥沃的土壤，更要感激有一个伟大的时代。所以我的第二个体会是：诚心感激，把握人生的平衡点。人一旦不懂得感激，就很容易觉得自己多么了不起，人生之路的天平就会倾斜。

那么怎么表达感激呢？最好的感激便是成长。所以我的第三个体会是：全心成长，创造出人生的制高点，因为真正关心你的人、真心向你伸出援助之手的人、最值得感激的人，他对你最大的期待就是希望你能够更好地成长。

当我发现这三者之间的逻辑关系后，便在日记中将这三者之间的关系做了表述，写了体会。也突然意识到，坚持、感激、成长不就是我们教师的精神面貌吗？这三个词不正是我们学校的教风吗？

有了教风，也得有学风。苦思冥想之际，校园里的那片小树林给了我启示。

学生在学校就像一棵树一样要成长、要发展，如果用三个词来表达的话，那就是"扎根、舒展、绽放"。

一棵小树的生长，首先要把根基扎牢，扎牢以后，它要活得舒展，不被压抑。就像微风吹拂禾苗一样，绿油油的禾苗在那里轻轻地摇摆，此时的状态是最美的，也是最舒展的。我喜欢"舒展"这个词，不自卑也不自负，那种感觉真好。每个孩子都是祖国的花朵，我们希望每朵花都能"绽放"。所以"扎根、舒展、绽放"这三个词便成了我们的学风。

有了教风、学风之后，很自然地会思考：我们学校的校风是什么？这个校风是不是应该涵盖得更广一点？站位更高一点？因为这代表着整个学校的面貌。后来我们就继续寻找、思考，最后还是陶行知先生给了我们启发。

陶行知先生的"爱满天下"代表着要有大爱，我们就一口气总结出了三个"大"——大气、大志、大爱。乡村教师怎么了？乡村孩子怎么了？似乎在传统认知里，"乡村"的标签就是"土气""小气"，那我们就偏要大气！"大气"是当下的状态，我们就要做一个大气的人，办一所大气的学校！那么"大志"是什么呢？是未来的指向、未来的样子。我们要有志向，老师将来要成为什么样的老师？学生要成为什么样的学生？学校要成为什么样的学校？每个人都要有志向，或者长远的目标。"大爱"是什么？"大爱"是从现在走向未来的道路，如果一个人没有学会爱，没有走上一条洒满爱的道路，那是实现不了志向的。

所以"大气、大志、大爱"三者之间存在内在的逻辑关系，就构成了我们学校的校风。

"二风"一经提炼出来，我们挺高兴的，因为这是属于我们自己的原创。

学校不光要有"三风"，还要有"校训"。清华大学的校训是"自强不息、厚德载物"。北京师范大学的校训是"学为人师、行为世范"。那么我们学校的校训是什么呢？

2008年7月，已经90岁的原南京军区司令员向守志将军来到了我们学校。那一天，我们非常激动地接待了老先生，还带着他去看了荷花。我记得他在荷花园看到那些漂亮的荷花时非常高兴。听说他是一位军旅书法家，我们就萌生了一个想法：让老将军为我们学校写几个字。

写什么呢？经过反复琢磨，终于想到了这几个字——还能更精彩。

这五个字是怎么来的呢？首先来说一说"精彩"这两个字是如何被锁定的。《人民日报》在2001年7月1日建党80周年时，有一段对我们学校的专访，标题就是《乡村教师的精彩人生》。从此，"精彩"这个词就在我们心目中占据了很大的分量。我们要让人生精彩，就是要让教师精彩，学生精彩，人人精彩，天天精彩……正好当时我在写《走在行知路上》这本书，这本书和这个关键词"精彩"一连接，就自然而然有了一句话：走在行知路上，创造精彩人生。于是，我们就把这两句话定为学校的文化主题。

我终于意识到一所学校的品质在于它要建构一套完整的文化体系。就像一个人写一篇文章，需要一个主题，或者说有一个标题，我们的文化主题就是"走在行知路上，创造精彩人生"。

2008年，北京即将举办奥运会，它的核心理念就是"更快、更高、更强"，这个"更"字就出来了。

当时我们一直在做赏识教育，那么赏识什么呢？一个表现很差的人，值得被赏识吗？我觉得评价一个人的时候，千万不要全盘否定，尤其对于正在发展中的人。你想要培养出一个好学生，首先得把他当成一个好学生。只有包容、接纳、带着期望，学生才可能按照老师期许的方向发展，也就是"罗森塔尔效应"。

把这几个词语和思想融合在一起后，"还能更精彩"五个字就浮现在了我们眼前。于是就邀请老先生帮我们写这几个字。他也很高兴，泼墨挥毫间，这几个大字就写出来了。我们如获至宝，这几个字也就成了我们的校训。

这个校训定下来之后，"三风一训"终于完整了。这个时候我们已经开始接待新加坡的学生了，跟王梅凤校长以及新加坡的一些教育人士已经很熟悉了。有一次，我去新加坡分享交流，当我说到学校的校训时，他们惊讶地说："你知道吗？新加坡有一个英华小学，它的校训英文是'the best is yet to be'，翻译成中文就是'还能更精彩'的意思，你们两所学校的校训可以相互翻译呀!"我一听，好高兴，我们学校就直接有了英文校训。

后来，我们在王校长的引荐下认识了英华小学的校长。再后来我们就开始在基地接待英华小学的学生了。我们的学生到新加坡去访学的时候，也会特意去这所学校，因为我们两所学校的校训是一样的，理念是相近的。而且他们的校训已经有上百年的历史，和我们现在的这个校训居然一样。由此我想到：虽然文化有差异，语言也不同，但是在面对教育时所追求的内在境界是相通的。

这个"还能更精彩"有很多潜台词。首先表示已经很精彩了。因为如果没有已经很精彩，就谈不上还能更精彩，它给人一种肯定，让人吃了一颗定心丸，让人不自卑。其次表示还可以更精彩。你现在是很好，但是还能更好，我们不能骄傲自满。所以说，"还""更"这两个看似没有多大意义的副词，在这里发挥了非常重要的作用，既不让人自卑，又不让人自负，充满着向上的力量。

同时，这几个字一般也不会引起负面的解释，不会出现歧义。因为大家赋予它的基本上是正面的理解，比如考试成绩好可以叫精彩，跳绳好也可以叫精彩，品德好、待人好、勤劳善良、勇敢聪明都可以叫精彩……

这就是我们学校"三风一训"产生的过程以及我们的心路历程。

12

陶花和陶娃

朱仁洲是我们学校 1990 年的毕业生。关于他的情况已在前文阐述。后来听说在大学找到工作了，也当老师了，我们非常高兴。有一天，朱仁洲主动来学校找我们。他跟我讲，他学的是艺术设计专业，小时候在这所学校里过得很开心，还讲我们学校应该要有能够表达自己教育主张的一些形象的东西，比如能代表学校形象的标志和吉祥物。后来，他邀请我哪天有空去他家看看，谈谈这个事，我当然很高兴地就去了他家。

去了以后，我发现他家跟我当年去家访时形成了一个鲜明的反差。小院子里栽了一些花草，家里不像以前那样墙面上贴着一些随意的画，而是贴着非常有艺术水平的画。接着，就发生了让我特别感动、特别难忘的一件事情：他打开电脑，电脑里跳出一个鸽子形状的画面，他说这个就是我们这所学校应该要有的标志。这个标志他琢磨了半年，希望它可以表达这所学校的文化理念。

他开始解释为什么是鸽子的形状——这只鸽子的头部看起来像个大拇指,这不就是老师对学生的一种赏识吗?一番解释下来,我觉得这个学生对学校文化领悟得很透,真是很高兴。当然我对学校有自己的理解,所以我们就有了很多讨论。

从那个时候开始,我就开始思考,我们学校也要有个标志,有个吉祥物,这是一种文化标识。我觉得用一只鸽子的形象作为学校的标志,还没有真正表达出我们想要的意蕴——"行知"的味道没有出来。于是又慢慢去琢磨,直到 2008 年,我要到新加坡去开研讨会,在这之前他画出一朵小花给我,我就跟他一起讨论,中间配一个陶行知的"衍"字。这个字的图案和小花的图案一结合,我们的眼睛就亮了,觉得这个才真正表达了我们的理念。一朵小花代表生命,代表学生,代表祖国的花朵;这朵花是 5 个花瓣,因为南京的市花就是梅花,梅花常见的就是 5 个花瓣,所以这个标志又有着南京的地域特色。知行合一代表我们的教育理念。把它俩组合在一起,很准确地描述了我们用陶行知教育思想去培育祖国的花朵的办学特征。我们把这朵小花称作"陶花"。

为了让学生理解这个图案,我们一起编了一段顺口溜:行知苑,百花开,每一朵,都精彩;早也开,迟也开,天天开,更精彩。那个时候,"还能更精彩"这个句子已经出来了,配上直观又形象的标志以及背后的意义,就非常通俗地传达给老师和学生了。这对于我们理解学校的办学主张起到了很好的作用。

接着,朱仁洲又开始画学校的吉祥物。吉祥物的设计跟学校标志的设计几乎是同步进行的。一开始画的吉祥物，源于我们经常让学生朗诵的陶行知的诗歌，叫"人生两个宝，双手与大脑"。手脑并用就是知行合一。他突然找到了灵感，把手叉开放在纸上面，用笔勾勒出来，另外一只手也叠加上去，形成了一个非常灵动的图案。接着，他在这个手的图案上面又画了笑脸。我们发现这个图案看起来是手，但又是一张笑脸，笑脸就能代表脑袋瓜，这不就是手脑并用、知行合一吗？这两张笑脸放在一起，不就是男生、女生，父母、孩子，老师、学生，中国学生、外国学生的那种和谐关系吗？两个娃娃在一起，就是两个生命在一起，它体现了一种和谐关系。

画出的这个图案，我们特别喜欢，就把它作为学校的吉祥物。我们也编了一段顺口溜，叫"你走来，我走来，伸出手，笑脸开；手脑齐，智慧在，讲和谐，乐开怀"。

有了这个图案，我就开始跟学生讲，以前跟人家打招呼，都是五指并拢的，以后要变了，把两只手拿出来，五指张开摇一摇，这样打招呼吧！五指张开多好！"你走来，我走来，伸出手，笑脸开"——你看我们与人和谐相处，想要教师和学生之间的关系和谐，就要张开笑脸。一般农村人忌讳"不开笑脸"，所以开笑脸是一种素养，也是自信大方的一种表现。又是手又是脑袋，叫"手脑齐，智慧在"，手脑并用，就有智慧，两个娃娃在一起很开心的样子叫"讲和谐，乐开怀"。

后来，我说能不能把它画成两个完整的娃娃，朱仁洲就开始深入设计，变成了现在大家看到的一对娃娃形象。然后，我们开始发动学生取名字，让学生参与一下，它会深入人心。学生看了这个形象就喜欢，看到笑眯眯的娃娃给它取名叫乐乐，看到噘着嘴很生气的娃娃给它取名叫淘淘。它们合在一起的名字叫“陶娃”。

其实朱仁洲也是跟着他的感觉设计成这个样子的。有人追问，为什么要设计一个淘气包？他给的解释是，在行知小学，每一个淘气的孩子都是被接纳的，淘气的孩子也都是被当成可爱的孩子的，这是他捕捉到的学校文化品质。这一点恰恰是一个特别动人的细节。小孩子在看到这个淘气包的时候，会对应到自己的某一时刻，他会想在我们学校里淘气包都那么“神奇”、那么“受欢迎”，自己就会有一种被接纳、被疗愈、被滋养的力量。

我们请朱仁洲帮忙，看什么人能把我们的吉祥物形象做成一个布娃娃。后来终于找到一家做布偶的玩具厂，照这个样子做成了三对布娃娃，一对大号的，一对中号的，一对小号的。

我们选择在2010年10月17日召开了吉祥物的发布会，第二天就是陶行知先生的诞辰，当时特别邀请了设计者朱仁洲。我们让学生代表一个抱着乐乐，一个抱着淘淘，一共6个学生分别抱着大号、中号、小号的吉祥物上台。一看到吉祥物，学生们就沸腾了，他们特别喜欢。学校就送每个学生一对陶娃，跟学生讲陶娃的故事，背顺口溜。联想到我们要培养什么样的学生，后来我们就把它叫“精彩陶子”。我们的校训里不是有“精彩”吗？说得俗一点儿叫精彩陶娃，说得雅一点儿叫精彩陶子，让学生做一个小陶子，不是很好吗？

精彩陶子有什么特点？精彩陶子是德智体美劳全面发展，分别叫文明娃、学习娃、健康娃、艺术娃、劳动娃。五好陶娃是在评价方面的一个导向。当然，我自己感觉五好陶娃的评价导向在设计方面、流程方面还有很多细节需要推敲，但至少现在有这么一个形象在那儿，发挥了积极的引导作用。那个时候，我们每年都会接待好多外国学生，一直愁着外国学生到这儿来，学校送点儿什么东西给他们，物美价廉的吉祥物陶娃刚好是最合适的礼物。

再后来，我们收到一组照片，照片中有的人让陶娃手里拿着一块小毛巾，就叫它爱劳动的陶娃，有的人在陶娃的前面放一本书，就叫它爱读书的陶娃。反正就是赋予陶娃很多形象，这个使我们受到启发，我们就在学校里每个学期做一次征文，征集淘淘、乐乐的成长故事，让学生想象淘淘、乐乐又怎么了。学生的想象力一打开还蛮好玩儿的。比如有一天，淘淘找乐乐玩，它跟乐乐讲了一件什么事情；有一天，乐乐不见了，淘淘到处找，后来在月亮上面找到了乐乐。你会发现，孩子在故事里有自己的价值观，他总是把人性美的那一面通过故事表现出来，总是会表现得他们很聪明、很勇敢，自我教育全在里头。对于孩子来说，班会课、思政课什么的，老师讲那些道理他们是不爱听的。用征文活动的效果还很好，有两年，我们每个学期都会把征文中特别好玩儿的故事，写得好一点儿的文章，收集起来编成一本小册子，就是《陶娃故事》。

这就是我们学校的校友朱仁洲设计学校标志和吉祥物的来龙去脉。

大学刚毕业时，朱仁洲只是一个本科生，后来他不断地努力，不断地学习，获得了硕士学位，还作为访问学者到德国访学，现在成了副教授。他的故事就是行知教育中一个非常好的典型。

13

青奥会文化教育活动场所

2010年，首届青奥会在新加坡成功举办。青奥会，是奥林匹克运动的一个创举，是年轻人的一场体育盛会。

我们学校因为与新加坡学校交流广泛，自然就会关注到青奥会。我记得新加坡学校的学生2010年来我们学校的时候，就把青奥会的吉祥物带了过来。我们也积极配合，让他们给我们的学生宣传青奥会的理念，让学生关注奥林匹克文化。

2014年，南京市成功举办第二届青奥会。青奥会跟奥运会最大的不同是，前者更倾向于文化教育，后者则更倾向于竞技。在文化教育中，国际奥林匹克委员会(以下简称国际奥委会)特别希望青少年关注世界问题，体现责任和担当，其中一个主题就是生态环保农业。他们认为过去的农业是传统农业，传统农业污染少，但是产量欠佳；后来发展现代农业，现代农业产量较高，但是带来的问题就是农药和化肥用得多，污染重。所以现在全世界在农业发展方面开始追求更高的境界，叫生态环保农业，既讲究高效产出，又提倡有机环保，不过度使用化肥农药。

于是，他们就要找生态环保农业的一个基地，通常这种场所可以到研究所、农场、农业大学这些地方去找，可是找了一圈也没找到合适的。国际奥委会认为，这个鲜活的教育场所，不能只是像研究所一样研究高科技，关键是要培养青年的那种意识。

其间，我也积极地分享学校的特色并递交申请，结果国际奥委会认为行知基地是一个合适的场所，于是就把行知基地确定为青奥会生态环保农业教育的活动场所。

当时对于生态环保农业这个概念，我们有些后知后觉，一开始并没有抓到核心理念。我们设计了一个方案，递交给国际奥委会，结果得到的反馈出乎我们的预料。他们认为我们设计的方案更多的还只是一个有趣的活动过程，没有充分体现生态环保农业的理念，所以对我们的方案不满意，甚至打算更换活动场所。

听到这个消息，我觉得太可惜了，如果错过了这样的机会，会非常遗憾。所以，我们就抓紧时间学习，拜访南京农业大学的专家，了解到底什么叫生态环保农业，并且就我们学校现有的资源，在活动设计时，如何能够体现生态环保农业的理念。最后还是陶行知先生的思想帮了我们，他的生活教育理论"教学做合一"给了我们很大的启发和支撑。经过反复摸索，我们终于设计出了让他们满意的方案。

在这个方案里，我们主要聚焦了两种文化：一种是茶文化，另一种是荷文化。因为我们这里没有水稻，也没有小麦，但生态环保农业要有载体，我们发现校园里的茶园就是理想的载体。

采茶这个活动本身没有什么科技含量，那么它的内涵在哪儿呢？围绕茶文化，我们设计了一些流程，比如准备了一些粘害虫的带有胶的工具挂在茶园里，让学生去做这件事，就是要让他们有一种理念：不使用农药也可以消灭害虫，这种叫作"物理灭虫"。

当时正值 8 月，油菜已经收割。我们就将油菜秸秆堆积起来，等运动员来了，让他们把秸秆丢到茶田里，用脚踩实，等这些秸秆腐烂了以后，就会变成生态肥料。紧接着，我们带着他们去采茶，观摩并体验炒茶。炒完茶就开始泡茶，最后喝茶。大家坐在一起喝茶、交流、会友……"以茶会友"这个意蕴就融了进去。整个过程充满了友谊感，充满了乐趣，更重要的是它背后体现出来的生态环保农业的理念。

围绕荷花，可以做哪些能够体现生态环保农业的理念和价值的活动呢？我们在荷花园的活动现场放了两个透明的玻璃缸，里面有水有土，不同的是，一个里面种植了荷花，另一个则没有。通过肉眼观察，大家就能发现种荷花的缸，水质明显更加清亮、干净。我们因此得出了结论：荷花有净化水质的作用。

我们带运动员欣赏荷花园美景，讲述发展生态旅游，促进农民增收的故事。此外，我们让运动员吃莲子，品尝藕粉。当然，对运动员来说，吃东西是很慎重的，莲子和藕粉都是经过国际奥委会确认并允许作为活动一部分的。

为了预先宣传青奥会的理念，国际奥委会在当年 3 月便招募了来自

104 个国家和地区的 104 名青年大使先到南京来体验，然后让这些青年大使回国去鼓励更多的人来南京，这其实也算是正式活动的一次预演。

3 月，没有茶叶也没有荷花，怎么办呢？我们就根据现有的资源设计了一些活动，比如做以生态环保为主题的陶艺作品，并让他们在自己的陶艺作品上标注上名字及来自哪个国家或地区。因为陶艺作品不方便携带，所以我们基地可以代为收藏，这样我们就有了 104 件特别珍贵的陶艺作品。

我们还带他们在校园里找了一块空地栽梅花树。青年大使分成十几个组，拿上铁锹和水壶，挖坑栽梅花树、填土、浇水。在他们的努力下，我们就有了一片颇具意义的梅花园，这个创意让我们很自豪。尤其是我们特地询问国际奥委会的领队，把三位青年大使请到一起栽了一棵梅花树。这三位青年大使，一位是新加坡的，他们国家举办了首届青奥会；一位是中国的，我们国家要举办第二届青奥会；还有一位是阿根廷的，他们国家已申办第三届青奥会。这个画面很好地诠释了奥林匹克文化精神及核心价值观，那就是"卓越、尊重、友谊"。

"卓越、尊重、友谊"这三个词给我带来了很大的触动，让我意识到一个学校的文化理念，也应该像奥林匹克精神一样，提取关键词来概括，词与词之间还要有内在的逻辑关系，这对于整个学校文化品质的提升，是非常具有价值的。

青年大使活动后，我们就着手准备 8 月的正式接待了。因为我们学校在当时是南京市唯一一所让运动员走进校园的学校，这个机会太难得了，所以我们要全身心地投入这个国际大项目里去。

因为正好是暑假，我们也发动了全校师生一起参与。于是我们的学生充当起小使者，拿着陶娃迎接运动员。我们的陶娃一个是蓝色的，一个是绿色的。蓝色代表广袤的蓝天，绿色代表大地的生机，本身就有生态环保的寓意在里面。教师组成志愿者团队，每一个岗位都要设定好，包括我们住进"青奥村"，摆一些摊位，设一个报名点，做活动的推介宣传。我们还得约好大巴车接送运动员……这都是我们要做的事情。

南京农业大学、南京师范大学有七八十个大学生志愿者，共同参与活动的接待服务，每个人都穿上青奥会志愿者的服装，有负责拍照的，有负责写报道的……那个夏天过得简直太梦幻了！

我后来意识到，这个项目会成为我们学校历史上的一个大事件。而且在这个大事件中，我们除了为青奥会提供活动场地，做了一点贡献之外，还让奥林匹克文化在我们学校落地生根了。

我们把奥林匹克课程作为学校重点发展的课程，特别是发展了橄榄球这个运动项目。其实学校在几年之前就已经开展了橄榄球运动，也组建了橄榄球队，还成为南京市认可的橄榄球项目特色学校。我们在南京市的橄榄球比赛中，多次获得冠军。那时打橄榄球的学校很少，比赛对手也不多。

我们也到上海参加一些国际邀请赛，有一次我们还捧了一个冠军奖杯回来。橄榄球把大家的信心打出来了，也成了学校特色一个很好的生长点。

在新加坡首届青奥会上，橄榄球并没有被列入比赛项目，后来国际奥委会觉得青奥会还是可以设置橄榄球比赛的，所以第二届在南京举办的时候就增设了橄榄球比赛项目。赛场就建在长江北岸的青奥体育公园。我们的学生在青奥会之前，已经多次到那儿去打橄榄球了，等到青奥会橄榄球正式比赛的时候，我们又把校橄榄球队带过去观赛。国际奥委会主席巴赫很关注新设立的比赛项目，亲临现场观赛。比赛结束的时候，大家争着跟巴赫主席合影，我们的学生也凑了上去。于是我校学生就留下了一张非常珍贵的与巴赫主席的合影。

后来我们发展校园足球项目，并不断取得好成绩，我相信，这也与奥林匹克文化在学校的落地生根有很大关系。

与奥林匹克结缘，是我校师生的一段非常美好的记忆。奥林匹克文化，则是我们学校一笔永续传承的文化遗产。

14

马来西亚行知教育研修班

　　2004年，董总邀请我和我的同事到吉隆坡给独立中学的校长做为期三天的分享，这可算是第一个马来西亚行知教育研修班，由我们来讲述行知小学的理念和办学实践。

　　第二年，也就是2005年的8月，《走在行知路上》在马来西亚出版。借这个机会，我又到马来西亚去，参加他们举办的新书发布会。同时，又举办了一期面向学校主任和骨干教师的研修班，也是三天时间。在那之后，董总派过几个教师校长团到我们学校，参与现场考察、交流。这对我们来说，就是送上门的行知教育研修班。

　　那时，我们已经被国家汉办确定为汉语国际推广中小学基地了。由此，国家汉办委托我们在本土办一个针对马来西亚的汉语教师研修班。方案一经递交，就得到了批准。第一批总共16位学员，为期三周，这对我们来讲是一个挑战。怎样照顾好他们的饮食起居，怎样让他们在汉语教学方面有所收获，都是我们思考的问题。我们在尽最大可能展示好识字教学、写字教学、阅读教学、作文教学、课外阅读等时，还担心课的分量不够，效果不好，所以就请南京识字教学、作文教学方面比较厉害的老师，包括已经成为苏教版教材副主编的李亮过来指导。除此之外，我们还让马来西亚的老师走进课堂，拿上我们的教材给行知小学的学生上课。文化考察也是必需的。所以，研修计划里一定有去霸王祠学习，一定有去陶行知纪念馆，一定有去浦口火车站诵读朱自清的《背影》。

在研修班中，我们请很多特级教师到学校上课，资源就聚集起来了。我们学校的老师也跟着一起听课，这又是一个相互成长、共同受益的过程。

除了这些，我们还重视生活文化的体验。生活就是教育，了解风土人情，本身也是课程的应有之义。虽然不知道效果会怎么样，但就凭着一颗赤诚的心，全身心地陪着他们。最后的反馈就是，我们的用心，他们全部收到。在研修班的结业典礼上，马来西亚的老师讲得特别动情。

后来国家汉办把接下来几年为马来西亚培训汉语教师的任务交给了我们。因为有之前的基础，后边的课程也就驾轻就熟了。

2010 年 3 月，由马来西亚的督学、知名校长组成的 23 人参访团到达南京。刚过元宵节，我们就带参访团成员到农民家吃元宵，放烟花。在沟通的过程中，我们得知马来西亚为了提升华文教育的品质，正在推动"爱心教育计划"。看过爱心教育计划的方案以后，为了表达对爱心教育的关注，我们特地把爱心教育的代表人物李镇西老师请过来上课。

我们还带领马来西亚参访团参观高旺小学，到南京梅花山欣赏梅花，在雪地里玩打雪仗。那一年3月，南京居然下了一场雪……最后，参访活动取得了圆满成功，给参访团成员留下了深刻印象。

同年6月，马来西亚全国50所爱心学校的校长、部分骨干教师聚集到吉隆坡举办年会，开展爱心教育研修。这个年会主题就叫"还能更精彩"，来源于行知小学的校训。马来西亚教育部副部长出席，还举办了爱心教育学校的成果展，非常隆重，我也有幸被邀请做分享。那次年会，他们决定往后每年都办一次"还能更精彩"嘉年华活动。

此后，他们想派更多的校长、老师到行知小学交流学习，名称就定为"爱心教育研修班"。

就这样，爱心教育研修班办起来了。和汉语教师研修班一样，每一年几乎同时举办，一期一期地办。到2023年，我们已经办了14期汉语教师研修班，13期爱心教育研修班，马来西亚参加研修的教师接近1000人。

2020年，两个研修班都中断了一年。2021年到2022年，开设线上研修班。后来，我发现线上研修班也是有好处的。第一，省钱；第二，人多，线上的研究班一次200多人，效果也很好。我们也创新了线上研修的内容和方式，比如邀请到内蒙古、上海、广东、新疆、西藏、云南等地的8所学校，每所学校都做15到20分钟的线上直播，展示学校的办学特色、精神风貌。对这个活动，马来西亚方面特别感兴趣。因为每所学校都有不同的理念、气象，他们也看到了中国学校不同的办学状态，觉得很有收获。

就这样，我们之间的合作慢慢清晰了、深化了。办班只是一种载体、一种形式，重要的是促进各自的发展。我们逐渐意识到，我们的教育理念是行知教育，他们的教育理念是爱心教育。其实，爱心教育就是行知教育，行知教育就是爱心教育。你只要在爱心教育里面渗透行知教育的理念就好了，我们也在用不断改进的方式做爱心教育实验。这样，我们就互动起来了。

他们称行知小学是爱心学校的"母亲校"。走进这些爱心学校的校园，到处可以看到"捧着一颗心来，不带半根草去""千教万教教人求真"。

当然，这些都是形式的学习，他们也在借鉴消化的基础上，形成了爱心教育理念的自我表达：爱满天下，知行合一，花苞心态，傻瓜精神。后来，又加了两句话——多想一点点，多做一点点。这就是他们推行的爱心教育实验的核心主张。

由于往来密切，在参加嘉年华活动时，我有幸碰到了三任马来西亚教育部副部长。每次活动，他们都会颁一个感谢状给我。我和第四任教育部副部长只是线上交流过，后来，他们也带来了第四任教育部副部长的感谢状。

在策划出版"行知教育实验丛书"的时候，我们邀请马来西亚的校长、老师写故事，然后编辑成一本书。他们很踊跃，所以"行知教育实验丛书"系列里面有一本叫《花苞心态：马来西亚爱心教育故事》。出版以后，我们给他们赠送了 3000 册。他们在马来西亚全国各地开展新书的导读活动，产生了广泛的影响。

在我们申报国家级教学成果奖的时候，他们以教育部的名义给我们发了一个证明函，肯定了行知小学在教育实践方面给他们的帮助。我们能获奖，他们也给了很大的支持。

行知教育和爱心教育，在遇见彼此的过程中，相互珍惜，相互成就，缔造了一篇动人的教育交往"童话"。

第四章

共享：品牌共享，生态育人

1

行知教育集团

    行知教育集团是 2015 年区教育局批准设立的,当时有 5 家单位。其中我们这个校园里就有 4 家:行知幼儿园、行知小学、行知中学以及行知基地。第 5 家是高旺小学。高旺小学一直跟我们有着密切的合作关系。因为高旺小学的学生上初中也要到行知中学,所以这 5 所学校自然就成为一个整体。2018 年,区教育局推进集团化办学,促进义务教育优质均衡发展,用城乡学校相结合的模式将所有小学组团发展。行知小学、高旺小学和石桥小学被"捆绑"起来,形成了行知小学教育集团。这样,行知教育集团就由原来的 5 家单位扩展为 6 家单位。

    快 9 年过去了,现在回想起来,行知教育集团的设立其实也是一个漫长而水到渠成的过程。

    2011 年,行知基地扩建工程结束了,我们这个大校园刚启用,建设中学就搬进来，更名为行知中学，幼儿园也有了独立的校舍。那个时候我有一种想法，就是学校要想办法转型。因为 2011 年我还是小学校长，小学有一个附属幼儿园，我们有一个自己创办的基地，现在又来了一所中学，中学虽然跟小学不是一家，但是我们要为它服务，烧饭，运动场共用……而且中学来了之后标志着我们的行知教育实验在义务教育领域里拓展了实验空间，所以意义是非常重大的。但有一点非常明确，我管不了中学，因为确实没有精力，也没有经验。这所中学本身比较薄弱，它在陶行知教育思想的实践方面介入很少，一个问题摆在我们面前：我们之间该建立一种什么样的关系？

我觉得有三种关系，第一种是小学管中学，第二种是中学管小学，第三种就是大家各自管理，然后相互合作。在这三种关系中，我更倾向于第三种，也是非常符合我们实际的一个最佳方案，教育局也同意。但是我开始感觉到，我们这所小学建得这么漂亮，周边城市化进程大大加快，人们对这个学校的期待更高了，要求更高了。

行知小学还要进行大量的对外交流，比如 2014 年青奥会我们接待了许多外国人。我知道像这样胡子眉毛一把抓的管理是不行的。你可以想象这里面有多大的风险，如安全的风险、舆情的风险……基地是小学创办的，这么大的基地，最多的时候可以住 2000 人，在这种情况下，得花多大的精力把这个基地给撑起来？

这么好的一个基地，如果每年接待的人数很少，那就对不起国家的投入和信任。基地的发展本身就是一个很大的挑战，同时机制的现状又不符合现实发展的需要。现状是什么？就是我虽然重视基地，可我不可能每件事都亲力亲为，唯一能做的就是派一个副校长专门负责基地的工作。可是副校长不是决策者，不是法人，一般的事情可以放权，重要的事情还得问我，我又没有精力管理这么多的事情，这就导致做事的人没有决策权，有决策权的人又做不了事。

除了基地，小学也存在一定的危机。小学校长要有很强的教学领导力、课程领导力，如果没时间去认真落实这些东西，学校的内涵和品质提升是会出问题的。即使有一个很负责任的副校长来管，他的担当意识很强，拿主张、做决策也总是要询问我的意见，而我又因忙其他事情而慢半拍，对于学校的发展是不利的，自身也迟早是要被累垮的。

针对疲惫的情况我曾经也讲过大话。有一次，大家坐在一起聊如何消除疲惫，我终于想出了一个消除疲惫的办法，于是笑着说道："消除疲惫的办法就是——继续疲惫。"后来又加了一句："辛苦就是幸福，疲惫就是陶醉，奋斗就是享受。"我们必须打起精神，给自己鼓劲，才能撑起我们学校发展的局面。但是我知道光靠这种精神，光靠这样一种硬撑，迟早是要出问题的。我感受到了危机，人们对我们的期望已经发生了很大的变化，每一个板块都要有更快的长进、更高的品质，只有这样，才能跟这个形象相匹配。如果我们不想办法而是稀里糊涂照这样搞下去，迟早是要砸牌子的。

解决问题的办法在哪里呢？答案就是集团化办学。集团化办学做得比较早的是杭州。南京有学校也开始搞集团化办学，特别是"名校＋分校"模式，挂个名牌学校分校的牌子，这个名牌学校再把骨干教师或者副校长派到分校去推动，这个学校的品质就起来了，这个效应还是很显著的。

我开始研究集团校的运行模式，一种组合方式是"一个法人，若干个分校"，这种方式并不多。比较多的是由品牌学校作为总校，带动其他分校，但它们各自都是独立法人，通常是总校校长担任集团总校长。但这样的模式不适合我们，所以我们就开始寻找一种独立法人学校的联盟方式。

2014 年青奥会结束之后，我就紧锣密鼓地继续张罗集团化办学这件事情。一直到 2015 年 8 月，教育局终于召开大会宣布，可以集团化办学，我太高兴了！

如何进行呢？我们经历了一个"先分后合"的过程。首先是分家，把幼儿园独立出去，把基地独立出去，中学本身是独立的，小学也是独立的。每个单位各自都有法人代表，基地有主任，幼儿园有园长，小学、中学有各自的校长，各负其责。我同时请求不再担任小学校长。我确实在行知小学当了太久的校长，有多久呢？从 1985 年到 2015 年，整整 30 年！我建议找年轻人来挑挑担子，让他专心打理这所小学。这样我就腾出来了，做集团的总校长。这对我来说如释重负，学校和基地也形成了一个新的局面。

当初分家的时候，我们对学校也做了规划。基地是哪一块？小学是哪一块？行知中学是哪一块？分家之后还要进行协作。比如中学没有食堂，食堂由基地主任管，得为中学生提供午餐；基地的地方比较大，有 200 亩，中小学、幼儿园加在一起还不足 100 亩，绿化、卫生、水电都由基地负责……

唯独没有分的就是老校区，老校区属于谁呢？大家经过讨论最后统一了意见：这个老校区是行知小学的前身，还是归行知小学管理为好。行知小学虽有教学楼，但是缺少文化活动空间，所以老校区就归属行知小学。但是幼儿园在这里待过，基地也是从这里创立的，所以在老校区的规划蓝图中，我们想把它打造成一个校史馆。

形成集团的重要性不在于谁管谁，重要的是要有一个良好的运行机制，这个机制一旦定型，它就自动运转起来了。每个单位都有一个法人，要成立一个支部，然后再成立工会，一套班子就建立起来了，有事情大家一起商量，总比过去没有人商量，或者没有经过深思熟虑去决定一件事好很多。所以机制很重要，成立集团的关键是转换机制。

我作为一个总校长，能做什么呢？我跟大家商量，集团主要做两件事。第一件事就是好好研究陶行知教育思想。我们现在摊子铺得很大，但是"知"这一块很薄弱，我们自己的思考、提炼是不够的。知行要平衡，集团恰恰可以起到平衡的作用。在实践基础上，我来牵头做一些研究、学习、反思，让这个集团成为一个智库。第二件事就是由集团来统筹国际交流工作，我们成立了对外交流中心，我是召集人、各分校的负责人，也是对外交流中心的参与者。因为我们对外交流工作做得很有成效，江苏省教育厅、南京市教育局每年都会有配套资金，这些经费刚好可以支撑集团的常规运转，这样也不给大家添经济负担，他们就专心致志地办学。等到对外交流时，如果涉及小学，那就小学来参加，如果涉及基地，那就基地来参加。

在这种情况下我们把家分掉了，然后教育局把它组合起来成为一个集团。它本质上是一个共同体，是一个什么共同体？第一，它是行知教育共同休。虽然我们分家了，但是大家仍然都"学陶师陶"，开展行知教育实验。第二，它是课程开发的共同体，中小学、幼儿园和行知基地的课程资源大家都可以用。第三，它是对外交流的共同体，我们通力合作，讲好中国故事，传播中国文化。第四，它是教师发展共同体，用陶行知的精神和思想来让教师获得更好的专业发展，集团要在这上面为大家服务。

因为有这个顶层设计，集团整体上就运行起来了，刚开始除了我有些不适应之外，大家都在用最快的速度寻找自己的定位，都放手大干了。

恰在此时，"江苏省基础教育前瞻性教学改革实验项目"启动了，我们就以集团名义申报了，"当代生活场景下的'教学做合一'新探索"顺利地入围了第一批江苏省确定的前瞻性教学改革实验项目。这样一来，我们这个集团就有一件实事要做了。我在集团抓住了两件事，一个是项目研究，另一个是对外交流，集团的整个运行活力就表现出来了。

我后来发现成立集团对我们学校后期的发展太重要了。如果不是独立法人单位，行知基地就没有资格参加教育部的全国中小学生研学实践教育营地的申报创建。成为国家级营地以后就拿到了奖补资金，第二年、第三年每年国家都追加奖补资金。因为这个营地是面向全国学生的，国家奖励这些钱，就是鼓励基地更好地开展活动，补贴给来这里活动的学生。有这样一笔经费的扶持，基地一下子就产生了非常好的发展效应。

小学新来的虞家翔校长非常务实能干，一心就扑在教师、班级和学生身上，所以各项的考核指标迅速地往前移，后来连续多年获得全区年终综合考核的一等奖，也慢慢地跻身除了几个老牌实验小学以外的综合考核的前列。这很好地支撑了行知品牌，让行知品牌更有说服力。2018 年，继任校长王祖明在保持学校良好发展态势的基础上，狠抓艺体特色项目，特别是校园足球，几年后就踢到了"市长杯"冠军。

　　所以我觉得分开来是非常重要的一个举措，除了使基地更有活力，小学更稳定，还使整体形象更丰满了。比如这个前瞻性项目，浦口区就我们一个，这也为学校品牌带来了很大的增值效应，也为申报国家级教学成果奖打下了重要的基础。

2

老校区焕发新光彩

组建行知教育集团，幼儿园、小学、中学、基地，各自有界线清晰的校区，这个老校区就基本上空出来了，只有食堂还在使用，供中小学生和前来基地参加活动的学生使用。到了2016年，基地新食堂启用，老食堂也就完全腾空了。

集团成立了，我的办公室还在小学。但是渐渐地，我感觉在小学办公对小学的工作是有些影响的。因为我们学校是一所"共享学校"，是一所开放的学校，国内外的到访者络绎不绝。我领着到访者进进出出，在学校里走来走去，可是小学校长又不是我，时间长了，我心里面总感觉不自在，不希望给小学的师生带来不便和压力。

所以，我一直思考有没有一个更好的办法来解决这个问题。有一段时间，我计划将基地的体验中心5楼改造成行知教育集团的办公空间。那里是集写书法、制作风筝、剪纸等中华文化于一体的活动体验空间，由两个大教室组成。基地主任听了我的想法后，主动做了规划。后来我又觉得基地本身的活动空间就不是很大，如果我们再去挤占一层，好像也不是非常好的选择。

有一天，我走进老校区，看到地上落了一层厚厚的灰，还有大量的羽毛，可能是野猫抓住了小鸟。我突然感到有些心酸，这个老校区默默地陪伴了我几十年，见过我的豪情满怀和失落迷茫，见证了学校一步步的发展和变迁，陪伴了一个个后来人将奋斗的汗水洒在行知路上，我怎么能抛弃它呢？怎么能眼睁睁地看到它如此落魄潦倒呢？

其实，在我的心目中，老校区的分量一直很重，所以努力保留它，不拆掉它，但是因为大部分已经很破旧，属于危房不能使用。既不能拆，又不能用，一时又没有找到解决问题的办法，所以就被闲置了。老校区的食堂，是2003年建的，框架结构很坚固，原来的大锅灶、储藏室、大餐厅都很完善，学生餐厅可以坐400人，教师餐厅可以坐80人。这个部分可以先用起来，把这个生活场所转换成一个文化场所、办公场所，老教室里先储存一点破旧的课桌凳，后面找机会再去翻修，先把食堂这一块利用起来。

有了这个思路，我还蛮兴奋的。从村小调过来的两位老校长在学校里做后勤，他们很高兴，我们几个人一鼓作气，开始打扫清理，利用淘汰下来的旧书桌、旧椅子等，一下子就把老校区布置起来了。那个时候每年都要接待海外的师生，我们突然发现，教师餐厅不就是一个现成的讲习厅吗？学生餐厅不就是一个阅读空间吗？可以放杂志、研习书法……桌子、椅子都不用花钱买，只要打扫干净就可以。用来储藏米和油的那间小屋子，不正好可以成为我们的办公室吗？就这样，几乎没花钱就把这个空间利用起来了。

再把海内外学校送给我们的锦旗、纪念品放在桌子上，大家走进来一看，都觉得这种布置很有品味，我们自己也很喜欢。老校区不再闲置，国外的学生到这里来活动也不会对小学的正常上课造成干扰，真是一举两得，老校区重新焕发了活力。

行知教育集团的这几个成员都是法人单位，都是责任工作团队，它们已经开始独立运行，就像我们的孩子成家了，作为父母就不要管太多，干涉太多，他们怎么生活是他们的事。我们只要爱他们，只要关心他们，陪着他们就可以了，不要过多地去操心，还是得放手。那么，集团的重要性在哪儿？后来我找到了一个词，叫"智库"，集团就应该是一个智库，它能够形成一个在智力上、学术上、信息上、机会上进行资源整合的宝库。这个宝库可以给各个单位提供新的服务。于是，我们就开始思考智库建设的问题。

有一段时间，我专门到北京去考察，看到有的学校内设一个机构，用"书院"这个名字来命名，后来就把这个老校区叫"行知教育书院"。做过一些规划，也有过一些构想，但我们也没有把书院这个名字叫响，没有真正运行起来。因为我发现叫什么名称并不是最重要的，做实事才是最重要的。如果刻意地说我们有个书院，要怎么样，好像也不是做实事的必要条件。我们是"行知教育集团"，本身就叫"集团"，这是一个称呼。对外交流的工作一直在集团层面运行，又把这里称作"行知苑对外交流中心"，这又是第一个称呼。既叫"集团"又叫"中心"，再来个"书院"，这么多称呼很麻烦，所以我们就渐渐淡化"书院"这个称呼了。

很多时候，走着走着，时间总会给我们最好的安排。2015年，我们组建行知教育集团不久，便接到上级通知要我们申报"江苏省基础教育前瞻性教学改革实验项目"，后来我想集团里各单位都有独立法人，我自己有了空闲的时间，而且对行知教育也有了更深刻的认识，为什么不去尝试申报呢？于是立刻整理几十年来我们是如何用陶行知教育思想来改进教学的，做成了一个研究方案交了上去。结果，区里面推荐到市里，市里面推荐到省里，入围了。既然已经入围了，就得负起责任，我们也就依托集团，邀请集团内的各校长、骨干教师组建项目研究小组，这个老校区又变成了一个项目研究中心。

后来行知小学的学生吃饭实行订餐制，直接外包给配餐公司，小学生在教室里吃饭，教师也要有一个吃饭的地方，因为我们始终希望能够为小学做好服务，就把老校区靠近小学的那几间屋子打扫干净，将旧食堂里的餐桌搬过去，变成了教师吃饭的地方。

擅长手工制作的严长峰老师原来是做军事模型的，我们给他腾出来两间屋子作为工作室，让他准备一些工具，办一个创意手工社团。紧接着书法家张永根老师也来了，我们又收拾了几间屋子作为他的工作室，让他专心研习书法。其他老房子里储存的旧物件也该处理的处理，该扔掉的扔掉，就这样一点点地，将这些旧房子重新收拾利用起来。

当时五里村正在大规模拆迁，很多村庄都拆完了，再过一两年，最后剩下来的那些村庄估计也要被拆掉。我们意识到可能需要收集一点农民用的东西，以免它们全部遗失掉。两位村小老校长跟村民很熟悉，我就拜托他们想办法将农具收集回来。他们很出力，到处去"淘宝"，搬不动的就弄个手扶拖拉机运，比如碾稻谷的石头滚子。花了一两年的时间，我们收集了大量农具，将老校区剩余的屋子变成了乡村生活的展览室。

2019年，我们向教育局申请，希望老校区能够重新翻建加固，得到了批准。局长很开明，对修建给了八个字的建议，那就是"修旧如旧，焕然一新"，我高兴极了，因为这也正是我的本意。当然，在具体执行的时候，我们花费了很大的心思，比如房子的尺寸，这个是一定要保留原貌的，不能放大，也不能缩小。因为四合院的房子是不同时期建造的，地基有高有低，我们在重建的时候，为了防水就将地基统一了高度。同时也设想房子之间将来要串成一个"U"形，以便内部能够贯通起来。房子修好以后完全是新的，不像老房子了，老的东西还是要有一点放进去的，我们就让工程队把砖头拆下来后不要扔，砌墙的时候全部重新砌回去，这些砖头还可以做地基用，而且这些砖头是我们村当年的砖瓦厂烧制出来的，后来土取完了，砖瓦厂也就没有了，这些砖头也是五里村的记忆，所以决定一块砖头都不要扔。新房子的地基、墙全部用老房子的砖头砌。当年屋顶的那种瓦跟现在不一样，我们督促施工队将屋顶的瓦一片片小心翼翼地取下来。屋顶建好了之后，再把这个瓦作为装饰，重新放回去。窗子也是当年那么大的窗子，门也是以前样式的门。

当然，过程中也有一些争执，特别是那一排靠着小树林的老房子，新地基要比旧房子宽，旁边的小树林就显得有些碍事，有人提出来要砍掉一排树。我是坚决不允许的，说一棵树都不能动。后来我们慢慢地想办法，在保证一棵树都不动，保持原样的前提下打地基，很是费力。施工队用挖掘机的时候，显得有点"野蛮"，小树林里有几棵树被刮破了皮，我立刻就找他们"算账"。我说，房子可以很快盖起来，但从一棵小树苗长到一棵大树得用很多年，把树弄坏了，可能就再也无法补救了。后来，大家约法三章，这片小树林才完好地保留了下来，包括老校区所有的大树都没有动。

在老房子的修建过程中，我们还特意保留了一幅壁画。这幅壁画对我们学校来说意义重大。1984 年 11 月，联合国教科文组织来学校考察，前任校长连夜在接待室的墙上画了这幅壁画。那天省教育厅、市教育局的领导也都来了，大家觉得我们虽然是一所乡村学校，但是在研究实践陶行知教育思想，改变乡村教育落后面貌的探索上，是非常有影响力的，所以就在那幅壁画下商量决定支持我们的主张，将学校更名为"行知小学"。所以，在我的心目中，那间接待室就是行知小学的诞生地。

1994 年，南京市关工委的老领导和江浦县政府的领导又在那间屋子里做了一个决定：依托行知小学办行知基地。基地接待的金陵中学的学生也打地铺住在那间屋子里，当时我们准备了干净的稻草，学生自己带被子睡在地上。所以，那间屋子、那幅壁画，见证了一件件重大的、令我们难以忘记的事。再加上我的前任校长已经去世，那幅壁画如果毁掉就再也没有了。考虑再三，我们下决心要保护那面墙，保留那幅壁画。将壁画前面后面两排房子包括所有的建筑全部拆掉，重新挖槽，重新做钢筋混凝土的房子，唯独那面墙和墙上的壁画不能动。遇到下暴雨，如果没有遮挡，这面墙就会被雨水冲刷，我们就找了一块大帆布，把墙包起来。然后跟新的墙衔接、匹配好。就这样，那面墙和那幅壁画最终被保留了下来。

完工后，大家想着能不能正好把内院收拾一下，铺上地砖，再弄一个喷泉，环境不是更美吗？我说千万不要动它，还是让它维持老样子，不用漂亮的地砖，还是当年的水泥地。那条被称作"行知路"的红砖小路，是1984年我们带着学生用捡回来的废弃砖头铺上去的。这条路走了40年，我们还让它保留在这里。还有当年小学和幼儿园之间的围墙，上半截的花窗有点危险，我们就把它拆掉了，将下半截保留了下来，既避免了危险，又保留了当年的痕迹。老食堂里有个大锅灶，我们也保留了下来，农村学生、城市学生、外国的学生几十万人在这个大锅灶吃过饭，多少茶余饭后好玩、有意义的故事在这里发生。还有一个锅炉，放在那里好像有点碍事，但这是一个老物件，放在那里反而增强了老校区的历史感。

就这样，一条路、一幅壁画、一面墙……这些老物件基本都被保留了下来。从2015年到现在9年的时间里，老校区一步一步变成现在这样，成了我们学校一个新的非常迷人的育人空间、一个难得的特色文化空间。如今回过头来看，越发觉得珍贵无比。

3

营造行知文化

1981 年，我来到这所学校开始实践陶行知教育思想。1985 年，五里小学更名为"行知小学"后，行知文化在学校里面就生了根。现在大家都在大力弘扬教育家精神，我突然领悟到学校为什么起点很低，发展却很快，就是因为它有教育家精神的照耀。所以我喜欢说："教育家精神就是照亮乡村教育发展道路的灯塔，往后看它也是照亮教育强国之路的灯塔。"

教育家精神是一个抽象的提炼，是从中华优秀传统文化发展的过程中提炼出来的，也是跟世界接轨的一种普遍意义上的精神特质。教育家精神在我们学校里感受得更加真切，是因为有一个榜样——陶行知，他是集中体现教育家精神特质的榜样。我们学校发展的一个重要密码，是几十年来一直在弘扬陶行知的"爱满天下"精神，它赋予了我们很大的推动力。

行知教育集团成立以后，大家有一个共识，觉得这个学校要有一尊陶行知雕塑。我们便找到了做陶行知雕塑做得很好、很有影响力的雕塑家博杰。博杰来过我们学校多次，跟我们都是好朋友，所以接到这个任务时，他很开心。

做雕塑要有资金，也不是我们自己可以决定的事情。在得到教育局的支持后，我们开始紧锣密鼓地张罗陶行知雕塑的建设规划：雕塑放在哪里？雕塑用什么材料？雕塑建多高？雕塑什么时间做？很多问题需要讨论。雕塑到底要做一个什么样的形象？这是核心问题，因为陶行知雕塑大家都在做，我也看过好多雕塑，有的雕塑做得看上去很有感染力，但是有的雕塑好像缺少精气神，所以我们希望做一尊特别有感染力的陶行知雕塑。带着这个目标，经过与博杰的讨论，我们慢慢有了一些思路。

我觉得雕塑一定要有大事件作为背景，一定要有大格局，所以就选择陶行知 1945 年 10 月 11 日在重庆机场欢送毛泽东的合照，把这个事件作为雕塑的创作背景。但仅仅按照照片写实也不行，还要有合理的想象。我们就想象陶行知送走毛泽东之后回他的育才学校，一定会走在嘉陵江边，他的长袍被江风吹着飘向了身后，要有一个走的姿态，要有文人的气质，手里面拿着书卷。关键是还要想象他一边走一边可能在想：日本侵略者投降了，国内安定了，我可以回学校安心教书、为国育才了。他的学校叫"育才学校"，他就是为国育才的典范。走在嘉陵江边，陶行知看到了和平的曙光，燃起了为国育才的美好憧憬。但是不久后，蒋介石撕毁《双十协定》，向解放区进攻，挑起内战，悲愤交加的陶行知英年早逝，并没有完成他的心愿。毛泽东称赞陶行知是"伟大的人民教育家"。我们想把这一段想象的场景刻画出来，在校园里立一尊 5.5 米高的陶行知雕塑。5.5 米，暗含陶先生活到了 55 岁。当你发现这个雕塑有了内涵、有了特质时，看起来就有神韵了。这尊雕塑本来想在 2016 年 7 月 25 日，陶行知逝世 70 周年的日子落成，结果来不及。然后想在 10 月 18 日陶行知诞辰纪念日那天落成，还是没有来得及。最后就选择 12 月 1 日落成，终于赶上了，时间上也很紧张。

雕塑通常是放在学校的中轴线上，但是我们校园的中轴线背后有一座塔楼，给人的感觉好像有一个东西压在头顶上，不是很合适，所以把雕塑往左边挪了一段距离，让雕塑的背后是一片小树林。又让雕塑面向的方向调到正南，在中轴线的右边放上一块大石头，上面刻着一个"衔"字。雕塑基座边有一个圆形的广场，从广场有 6 条小径向四周放射出去，它和陶行知先生强调的"六大解放"理念相匹配。

总而言之，我们虽然赋予这尊雕塑很多意涵，但是主题很清晰：走在行知路上。这个"走在行知路上"是陶行知先生走在行知路上。更重要的是，通过雕塑，我们希望能感召更多后来人继续走在行知路上。现在回过头来看，在当前强调弘扬教育家精神，建设教育强国的大背景下，这尊雕塑的立意会更加高远。我们觉得很有价值，做成这件事情心里面也特别自豪。

后来，我们又利用老校区不再使用的学生餐厅的空间布置了一个行知教育馆——同心苑，通过这个馆来讲述陶行知的故事，让大家知道陶行知先生不仅是一位教育家，还是一位民主爱国人士，是中国民主同盟的创始人之一。为了建成这个馆，我们特地到南京晓庄学院的陶行知纪念馆、重庆的陶行知纪念馆收集资料。我们得到了这两个纪念馆的大力支持，拿到了我们想要的所有关于陶行知先生的图片资料。我们认为应该重点抓取精选的图片和文字，来布置我们学校特有的行知教育馆，利用行知学校这个平台对国内外辐射宣传。

2018年4月底，同心苑正式开馆。那一天我们特地邀请了陶行知的孙子陶育民老师来到学校，为新馆举行揭牌仪式，还有马来西亚的几位嘉宾。我觉得特别珍贵的是我在重庆中国民主党派历史陈列馆里拍到的一张照片，那个馆一进门有一个大型群雕，是毛泽东在重庆谈判期间和民主人士会晤的场景，我们很惊喜地看到在那些风云人物的群像当中有陶行知。我们把这张照片放大在展馆里展示，引起了很多人的关注。

另外，我们还把多年来收集到的，像吴树琴女士题的字，陶先生在晓庄师范、育才学校、重庆社会大学教过的学生为我们学校写的题词，方明先生给我们学校的一些题词，国内外很多学校师生参访行知校园留下的各式各样的纪念品、印刷品也都被放在馆里面展出，我们营造了一个非常朴素又非常动人的行知文化的场馆。

同心苑自2018年开馆以来，接待了大量国内外师生，他们都很受益。我们编印了一本行知文化的读本，书名叫《大先生·小故事》，精选了陶行知先生的20个故事，用漫画和文字生动地呈现，这些漫画故事都在杂志上公开发表过。同时精选了陶行知先生20首脍炙人口的诗、20句耳熟能详的名言，还选了一些陶行知先生的照片和手书的字，如"爱满天下""捧着一颗心来，不带半根草去"等，这样编写了一本好读、好记的读本。读本的主要对象是行知学校的师生，后来我们发现它作为教师、作为家长、作为海外的师生了解陶行知先生的普及读本也大受欢迎。为了让读本更好地发挥作用，我们邀请了国内外的小学生录制讲述行知故事的视频在网上宣传。每一个陶行知的故事都被拍成了视频，有新加坡的学生参与，有马来西亚的学生参与，参与其中的学生遍布全国各地。让学生生动地讲述陶行知的故事和他们受到的教育，起到了良好的效果。除此之外，我们还在行知教育馆里把一个比较开阔的地方布置成了"陶行知剧场"，用教育戏剧演绎陶行知的故事，学生用一种生动的方式来了解陶行知的生平事迹、人格魅力和伟大精神。

我们也在行知教育集团所属的单位倡导大家结合自己的办学，布置一些行知文化的内容。比如行知中学将陶行知的生平事迹、名言、主要的思想理念在文化墙上进行图文展示。走进行知小学，远远地就看到"爱满天下"四个大字，可以看到"捧着一颗心来，不带半根草去""千教万教教人求真，千学万学学做真人"这样的名言。集团其他单位的文化建设中也有一些行知文化的内容，学生耳濡目染。我们学校还逐渐形成了一个传统，每年 10 月 18 日陶行知诞辰的那一周，学校都会举办"陶文化节"，并组织师生为陶行知雕塑献花篮的活动。

我一直有一个心愿，就是在我们学校里，让行知文化成为师生的精神底色。用师生参与的方式来营造行知文化，这也是我们努力的方向。

4

生态美育

　　走进行知小学的教学楼，朝着"当代草圣"林散之先生写的校牌往里走，在路左边的一块绿地上长着一棵特别漂亮的朴树，这棵朴树是 20 年前自己长出来的，没有人去栽，现在已经长得很高大了。那一块地我们做过很多次修缮，包括修建行知文化广场，有不少人工栽的树被挪了位置，但这棵朴树一直保留在原地没有动。它特别有生机，生长的位置也非常合适。

　　再往前走几米，在路右边又长出了一棵乌桕树，它也是自己长出来的，自己生了根，慢慢长大，长得很快。那一块草坪原本规划的是栽几棵桂花树，后来发现这棵乌桕树也是很有价值的。乌桕树是一种乡村树种，春天发芽，到了深秋叶子变红，结出一种白色的果实，果实过了冬天就没了，可能被鸟儿传到别的地方去了，又长出新的乌桕树小苗。乌桕树跟朴树相比更高，长在那里，跟整个教学楼也特别匹配，好像就应该长在那里似的。行知文化广场还有一棵自己长出来的榆树，榆树的位置不太好，后来把它移栽到了行知小学内院，选择一个适合的地方栽了下去，最大限度地保持了它根部的完整性，所以榆树的长势很好。这三棵树在校园里已经长成了参天大树，给学校增添了生机和灵气。

因为树多，校园里有各种各样的鸟出没，我们不认识这些鸟，就找了一个鸟类专家帮我们了解到底有多少种鸟。专家带了一个长筒照相机，可以在很远的地方拉近距离抓拍鸟的神态，然后辨认出鸟。他在学校里面跑了两天，兴奋地告诉我们说："在学校里发现了20多种鸟，其中多半的鸟是常住在学校的，有一些是候鸟。"我们特别兴奋。每一种鸟都是美的，有的鸟羽毛特别鲜艳，我觉得这对学校的科普教育有很重要的价值，也是美育很重要的资源。

对我来说，最亲切、最熟悉的两种鸟，一种是喜鹊，很多年里面我一直留意能听到喜鹊"喳喳"叫，但就是见不到喜鹊窝。2017年春节过后，我回到学校，突然发现一排高大的水杉的最北边的那一个树梢上有一个球形的喜鹊窝。当时特别兴奋，拍了照片发在朋友圈里，说我们学校终于有喜鹊窝了，而且放假之前找没有看到喜鹊窝，只听到喜鹊叫，寒假回来喜鹊窝就搭成了。第二年春节过后，一个又一个喜鹊窝搭在这一排当年我们栽的水杉的树梢上，我把这个好消息跟全校师生分享，让他们去观察喜鹊窝，画喜鹊窝，这也是生态美育。

还有一种鸟不容易看得见，总是藏在树林的深处，但它的声音特别清脆婉转。后来才知道这种鸟叫白头翁。过去印象中白头翁好像应该是种体形很大的鸟，实际上它就比麻雀大那么一点儿，头顶上有一簇白毛。我小时候放牛骑在牛背上听到白头翁的叫声，就吹口哨跟它对话，口哨吹得很像白头翁的叫声。这么多年过去了，不知道它就是白头翁。在六一儿童节大会上，我拿着话筒把这种鸟的叫声吹给全校同学听，他们都很兴奋。此时正是这种鸟叫得最欢的时候，大家在校园里听到它的叫声，然后跑来告诉我：我听到白头翁的叫声了，我看到白头翁了。全校学生都认识了白头翁，都听了白头翁的叫声，有的学生也跟着学。所以学校里面处处藏着美，而且是让你心动的美。你挖掘出来，把感受传递给学生，这是非常重要的美育。

校园里面种植着一片小树林，春天发芽，冬天落叶，一年四季变换。2014 年，作家王一梅为这片小树林精心创作了纪实儿童小说《一片小树林》，还获得了"冰心儿童图书奖"，学生都特别自豪，特别爱读这本书。这本书写的是我们学校的事情，作家的文字那么美，学生通过这本书触摸到、感受到文学之美、生态之美，这也是学校生态美育的一个很大收获。我们为她提供写作资源，她为我们学校生态美育、文化品位的提升提供支持，这就是合作。我又把她带到艺莲苑，美不胜收的荷花园，我们的学生除了唱歌、跳舞、绘画，受美的熏陶，来这里赏荷花本身就是一件很美的事情。我又推动作家写了《你是千瓣莲》这本书，进一步放大生态美育的效应。总而言之，以生态校园建设为载体，很好地把生态美育的育人效应发挥了出来。

美的教育是无形的，它是一种美的环境中的审美熏陶，是一种潜移默化的感染。学生背着书包天天进出这个校园，校园的美会提升他内在的气质，甚至不用说任何话，看到建筑的美，看到花草树木的美，看到小鸟飞来飞去的生命的美，审美素养都会内化于心。

我们校园里面还有一种美，是自然而然发生在师生之间的交往的美。每一年都有许多国内外学生走进校园。我们有个动作，就是把手伸出来，五指分开摇一摇，用这个动作跟人打招呼，让学生知道伸出来的这只手其实就是绽放的笑脸，笑脸相迎，这就是一种交往之美。从新加坡、马来西亚来的师生，他们一拍合照自然地就把手伸出来了，回去他们传回来的照片也是这个动作，可见美是有感染力的，这就是"行知合一"。

这些美最终要内化为心态之美。一个人要有美的心态，学会与人相处，学会在人与人相处的过程中感受美。我把这种感觉跟中华优秀传统文化做了一个连接，找到了四个词。第一个词叫"善解人意"。小朋友犯错了，真的难受，但是家长可能会从一个善意的角度去解释他的错，本来是想向奶奶表达爱，帮助奶奶拿水杯，结果一不小心打碎了，家长给了他一个善意的解释，让他不要背思想包袱。第二个词叫"与人为善"，我们对他人总是展示好的一面，总是愿意善待他人，帮助他人。第三个词叫"善待自己"，每个人都懂得善待自己。第四个词叫"积德行善"，每个人来到这个世上总要做点好事。我发现"善"字的上半部分跟"美"一样，"善"和"美"可能是有内在联系的。于是我把这四个词连在一起编了四句话：善解人意，发现美；与人为善，表达美；善待自己，享受美；积德行善，弘扬美。这四句话是我的一个很大收获，中华优秀传统文化揭示了心态之美、内在的智慧。

当然我们要布置美的环境，上好美术课、音乐课，让学生画出美的作品，唱歌跳舞，还有"娃娃学陶社"的陶行知剧场，我们收集农具放在一起，你会感受到农具散发出来的乡土文化之美。这些都是生态美育的重要手段。

我们学校本身在乡村里，在大自然里，美育这件事情，就是整体营造生态美的一个环境，让学生在文化体验中不知不觉地提高审美素养。

5

奥林匹克精神

　　我对体育是非常重视的。早年没有体育大课间，很长一段时间里我们坚持每个星期六下午不上课，用半天时间举行迎面接力比赛。它不是跟别的班比，是自己班跟自己班比，所有的学生都在一起。比赛之前抽签，分红、绿两队，如果是 40 个学生，就抽红队 20 个，绿队 20 个，如果是 41 个学生，有一个队抽 21 个学生，另一个队其中一个学生跑两趟。我们学校就在四合院的 9 亩地里，地方不大，跑道只有 50 米长，哪一个队先跑完，哪一个队就获胜。但是因为每一次都是重新抽签，无论跑得快还是慢，都会有失败的时候，也都会有成功的时候，重要的是我们不去渲染失败，而去表彰成功，这样既带动了学生的运动，又让每一个学生都有成功的喜悦。我们引导学生不怕失败，虽然没有成功，但是肯定有希望会成功。没有成功的学生可以真诚地祝贺成功的学生。全校 5 个班，一个年级一个班，自己活动自己的，跑得热火朝天，大家都在喊加油，气氛很好。这个活动坚持了很长一段时间，深受学生的欢迎。

现在想想看，这种才有全员参与大课间的味道，加强了体育的效果。一项体育运动的价值并不完全在于体育本身，它其实是德智体美劳全面育人的一个载体。这个迎面接力比赛就是让每个学生都有成就感，让每个学生都不怕苦，也不怕失败，它有很多德育的元素在里面。大家在体育运动中变得更加健美，美育也在其中。

随着办学条件的逐步改善，学校的运动设施越来越好，2002年以后，我们建了一个有200米跑道的运动场。有了运动场，我们就可以开展更多的体育活动。

那个时候我们跟澳大利亚的一所小学已成为友好学校。友好学校的一个家长，也是家庭教育协会的会长，暑期夫妻俩带着女儿来到我们学校访问，给我们送了一个特殊的礼物——橄榄球，这是我们学校的第一个橄榄球。

我们开始了解触式橄榄球的比赛规则，并不像我们以为的大家在一起疯狂地抢，触式橄榄球抢球的时候只要碰到肢体，你就得把球丢下来，它增强了学生奔跑转身的灵敏度，培养了团队协作的精神等。它有很强的趣味性，是非常迷人的一项运动。

2014年，南京要举办青奥会，国际奥委会决定在南京青奥会上设立橄榄球运动比赛项目。橄榄球曾经是奥运会比赛项目，但后来就被取消了。现在橄榄球运动重返奥运，而且就在我们学校附近的长江边修了一个橄榄球赛场。发展到一定程度的时候，每一所学校都会在体育运动项目上开始搞自己的特色，我们的乒乓球打不过人家，篮球也不会，我就倡导大家打橄榄球，走出一条自己的路。

我们请橄榄球教练员进入校园，成为南京市最早一批橄榄球运动项目学校之一。南京市教育局举办全市小学生橄榄球比赛，结果我们在第一次比赛中就得了冠军。这给了大家一个鼓舞，使大家信心大增。区体育局赠送给我们几十个橄榄球，我们在全校普及橄榄球运动，办橄榄球班级联赛，把橄榄球运动发展起来，很顺利地成为南京市橄榄球特色学校。2014年，青奥会举办期间，法国橄榄球队队员、美国橄榄球队队员都到我们学校访问。我们的学生就在我们那个漂亮的运动场上跟这些外国运动员一起玩橄榄球，那个场景太迷人了。

这个运动不只是一个体育项目，还成了我们学校的一种文化，这种文化的特质就是奥林匹克文化。我们通过橄榄球把奥林匹克文化引入校园，在校园里植根。

在校本课程开发上，我们特别看重四个方面的课程。第一个是生态环保农业。以前我们搞茶文化、荷文化，后来把它们合并到生态环保农业，这本身就是青奥会在我们学校设立的一个文化体验项目，是有国际品质的课程资源。第二个是行知文化。陶行知教育思想在我们学校落地生根，行知文化成为校本课程的重要内容。第三个是对外交流。城乡交往、国际交往的交往课程系列也是独特的、强大的，是很多学校不可比的，这是我们的优势。第四个是奥林匹克文化。因为我们学校修建了标准的运动场，一个很大气的体育馆，布置了篮球场、羽毛球场，还有体育运动器材、素质拓展器材。更重要的是我们接待了100多个国家的青奥会的运动员、文化大使。从 2014 年到现在都 10 年了,这些已成为我们的一笔宝贵财富。青奥会结束之后,《中国教育报》记者来采访,约我写一篇文章,叫《知行合一,将奥林匹克教育做深做透》,并将其发表在《中国教育报》上。我很少听中央人民广播电台的《新闻和报纸摘要》,有一天早上,《新闻和报纸摘要》头条《南京青奥会倒计时 100 天》,播出了记者采访我时说的话,其中有"通过运动促进学生全面发展"。这是我第一次在《新闻和报纸摘要》上"发声"。

成立集团之后我就开始想,橄榄球运动这么迷人,促进学生的发展这么有价值,不能只是小学在玩,要把这个运动队延伸到中学,让中学也玩起来,结果没出几年,行知中学也成了南京市橄榄球特色学校。我记得我们买了一批橄榄球送给高旺小学,让我们的球队到高旺小学给他们展示橄榄球运动,还到石桥小学。后来高旺小学也成了橄榄球特色学校,并且跟我们学校的学生一起参加南京市的橄榄球比赛。上海偶尔会有一些橄榄球国际邀请赛,我们两个队到上海去比赛,都取得了良好的成绩,行知小学获得过一次冠军。成绩不是最重要的,关键是学生在这个过程中有收获。

从体育的视角上讲,我们学校很多学生有橄榄球的体育特长。橄榄球队比赛,拿奖牌,这个不是我们真正想要追求的目标,我们的目标是通过这个运动项目,带动大家运动,增强体质,促进全面发展,这个是我们看重的。思路对了之后,整个体育文化就被培育起来了。羽毛球、乒乓球、跑步、跳绳、踢毽子、滚铁环,其他的体育项目也被慢慢带起来了。

2015 年,国家在大力发展校园足球运动,我们学校因为有非常好的足球场,继任校长开始重点发展足球运动,组建足球队,开展班级足球联赛，搞足球特色大课间活动。大课间时，1000多个学生人手一个足球，大家都在踢足球、玩足球。当然不是说每个人都必须喜欢足球，只是通过足球这个载体来带动整个学校体育运动品质的提升，让大家都动起来。这个举措大大带动了校园足球运动的发展。后来我们的足球队参加了一些赛事，慢慢崭露头角，进步很快，一路"过五关斩六将"获得了"区长杯"冠军、"市长杯"冠军、"省长杯"冠军。学生越踢越有自信，体育老师、足球教练也越带越有成就感，形成了良性循环。

校园足球运动从小学向两头延伸，行知幼儿园也开始踢足球，还专门建了一个网式小足球场，是幼儿园小朋友踢足球的专用场地。行知中学也开始踢足球，南京市足球女队在我们学校一边上课，一边训练。行知幼儿园、小学和中学先后被评为全国青少年校园足球特色学校。足球成了我们一个非常鲜明的特色。

以体育人是育全面的人。在体育运动项目的背后，落实的是促进学生全面发展的目标。我们的体育教练特别喜欢做一件事，就是找学生谈心。鼓励他们要诚实，要有礼貌，不怕失败，胜利了也不要骄傲，尊重队友等。体育教练做了一个很有心的统计，统计队员在学业上表现如何，他鼓励学生既要踢好足球，也要学好语文，学好数学。统计结果表明，大部分踢得好的学生，语文学得好，数学也不错。教练用足球带动学生学好语文、数学，让他们的学业成绩有所提升。有人说足球踢不好的学生，语文、数学也学不好，就不让他踢足球。我说："如果他能够把足球踢好，语文、数学暂时学不好，要包容。本来语文、数学学不好，找不到感觉，好不容易有一个长处，不能不给他机会，当他把足球踢好的时候，你再引导他学好语文、数学，这不是更好的一条路径吗?"大家也都很认同这样的观点。我们学校体育背后的全面发展、全面育人的落实，大方向是非常好的，也是我们要继续坚持的。

我们的校园足球运动之所以水平提升很快，其中一个很重要的原因是赢得了家长的大力支持。每一次参加比赛，家长都跟着教练一起维护运动队，家长、啦啦队员、后勤保障全部跟上去了。家长的积极性被调动起来，很多事情就好办了，而且会产生良好的效应。市区有好几个孩子为了踢足球转到我们学校来了。

一个星期天我到学校来，在校门口有一个妈妈冲到我跟前："杨老师!杨老师!"我一看是我们学校以前的一个学生。我说："你怎么来了?"她说："我的孩子在这里训练足球。"原来她的家在城里，孩子是可以在城里上学的，但她为了鼓励孩子踢足球，就把孩子送到行知小学读书，住在孩子姥姥那里。她告诉我，她小时候在这所学校里面过得很愉快，她也想让自己的孩子体验这种感觉。

6

全国中小学生研学实践教育营地

从某种意义上讲，行知教育集团的组建就是为了推动行知基地的发展。2011 年，行知基地扩建工程竣工。到 2015 年，基地已经具备了每一期可以接待 2000 人的能力。所有的场馆已经布置到位，户外也配备有用于素质拓展的各种器材，周边方圆几十里还有很多像茶园、生态园一样的实践基地与我们建立了合作关系，实际上形成了资源非常丰富的"实践基地生态圈"。

这样，基地就特别需要更强的力量来管理，推动它的快速发展。最初，基地是小学办的，我作为小学校长，没有太多的精力参与基地的工作，基地主任就由小学的副校长来当。但是，基地运行时会有很多需要当机立断、自主决策的情况，受制于机制本身就得再拿到我这里来做出判断与决策，这不仅大大降低了工作效率，还增加了一些工作量，对我来说有着很大的压力。小学的领导班子还是习惯经常谈小学的事，即便分管副校长对基地的工作非常负责任，可他身边也没有一个成熟的班子可以商量工作。我逐渐意识到基地再不调整机制，小学可能就要拖它的后腿了。

到了 2015 年，基地都已经"长"成"大小伙子"了，如果小学还管理着它，就会束缚它的发展。小学自己是拉不动这样一辆"大车"的，就像一头老牛拉一辆大车拉不动了，基地发展起来缺乏内在的动力。考虑再三，我决定推动让基地成为独立法人单位，也得到了领导的支持。基地独立出去之后，成立了自己的领导班子，虽然只有三个人，但它可以形成自主的决策机制，直接在教育局的领导下工作，行政的推动力变大，对基地内部运转效率的提高、工作成效的提升，产生了非常明显的作用。

2017 年，教育部要遴选全国中小学生研学实践教育营地，行知基地也报名参加了。我们知道，如果基地不是独立法人单位，就没有资格参加这次遴选，现在终于有资格参加遴选了，我们自然很开心。

这个过程中有个"小插曲"。当时浦口区开始发展民办教育，有一所来浦口区办学的民办学校自己的校舍还没建好，但为了满足孩子们的上学需求，加上基地的接待量不是特别大，在上级的安排下我们就将基地的一部分空宿舍借给他们当作临时宿舍使用，这个过渡期持续了两三年。虽然这并不影响基地本身的接待，但 2017 年首批国家级营地申报，教育部来现场验收的时候，这就成了没有过关的一个重要原因。我们觉得非常可惜，所以就赶紧整改。等到这所民办学校自己的校舍建好，宿舍建好，学生离开了基地，宿舍全部腾出来由基地来管理。这样到了 2018 年，也就是第二年再评的时候，基地就很顺利地被评为国家级营地。

　　我记得当年教育部给获评的营地都划拨了奖补资金。这个资金不是用作基础建设的，而是用来补贴给学生开展活动的，鼓励营地面向全国接收中小学生来这里开展活动。这对于基地来说是一个实质性的突破。此后连续几年，行知基地都以优异的工作成效获得了教育部的奖补资金。现在想想，如果基地没有转型发展，我们错失这个机会，将会极大地耽误基地的发展。2015 年迈出的那一步对基地的发展来讲还是非常关键的。

　　作为国家级研学营地，活动的内容是非常丰富的。我们在办营地的过程中，要强调它的实践性，营地的课程最重要的一个抓手是基于劳动开展的教学，进一步凸显劳动教育的价值。比如前面讲的茶文化、荷文化，包括营地里的果园、红薯地、油菜地、青奥纪念林等，以及以营地为大本营向外辐射的老山脚下的 800 亩茶园，高旺河边的万亩高产农田、种粮基地等，基地比较多的活动还是基于劳动教育，让学生从实质性的劳动实践中得到锻炼。学校附近有南京农业大学的实验农场，农场里有实验果园，基地会组织中小学生到这里"真刀实枪"地干活：或采棉花，或割麦子，或在果园里除草、翻地，一干就是一整天。到了中午，基地烧好饭菜，直接送到农场里，大家坐在田间吃午餐，吃完了继续干活。虽然出汗了，甚至手上被磨出泡来，但是这个过程是令人难忘的，学生能够真真切切地体会到劳动的艰辛和价值。

　　集团也要做一些实际的工作来助推基地的发展。比如我们趁着周边农村拆迁，收集农民废弃的生产、生活的工具，发动农民把废弃的农具捐献到学校来，办农具主题陈列馆，开发成供学生学习的课程资源，这不是很好吗？当时有的老师说，铁锹、镰刀，我们只要收集几把，有个代表就可以了。我说不要这样想，如果我们能收集 100 把 1000 把铁锹才好，越多越好，以多取胜。农具的主人——这些农民曾经是我们学校学生的家长，跟学校有关联，把这些农具收集到学校里来存放，如果他哪一天回过头来到学校，看到自己用过的这把镰刀，这种感觉是非常好的。所以我们当时就大量地收集这些农具和农民的生活用品。当然，那些现代化的家具，比如说电视机，我们就不要了，只收集那些传统的生产工具和生活用品。这背后折射的是什么呢？折射的是我们对劳动的尊重，尤其是对传统农业生活的尊重。有很多农具是农民上千年来一直在沿用的东西，这些东西很有价值。所以我们收集了好多，用一种朴素的方式把它们展示出来，带着学生，包括到基地来活动的学生辨认这些农具，围绕这些农具开展一些教育活动。有的农具比如铁锹、锄头，还可以二次使用，用完了以后返还到展览室里面，使它们继续发挥作用。经过走访比对与查找资料，我们将这些农具标注出名称，使学生能够更好地了解传统农业生活。传承一种劳动精神，这难道不是一个很好的载体吗？这是我们做的一项很重要的工作。

再比如我们在老校区活动室的布置当中，特意建了一间创意手工直播间，邀请了一位退休老师傅——严长峰老师，请他带领学生做系列的文创产品。严老师是行知基地的一名志愿者，是非常有奉献精神、有创造精神的一个工匠。由于条件的限制，我们只给了他一间 40 平方米的屋子，他在这个屋子里带着学生做书签系列的、衍纸画系列的、珠珠棒棒系列的、陶艺陶瓷系列的、军事模型系列的文创产品。为做好陶艺课程，他还专门买了一个用电的陶瓷锅炉，自己烧制精美的的陶艺作品。他特别擅长做书签，书签里精美的图案都是他自己印上去或者雕刻上去的。书签里有学校的标志，也有陶行知先生的名言。总之，严老师用自己的方式，带领学生将行知文化呈现在手工劳动中。这些书签是独一无二的，深受师生和家长的欢迎。我觉得特别有创意的一个作品，是把陶行知先生自创的那个"知行合一"的"衒"字，通过木雕的方式在木板上雕刻出来，用钢锯锯出来，安放在一个底座上，在上面加了学校的吉祥物、标志，运用中国传统木艺中的榫卯结构加以固定，这样就做成了一个漂亮的手机架。他给这个文创作品取了一个名字叫《知行合一在身边》。就这样，行知小学组建了一个创意手工的社团，学生跟着严老师动手制作，在手工制作的过程中，他们的兴致非常高，注意力非常集中，做成一个东西，成就感就特别足，这个时候可以看见劳动的价值很高。行知基地也会有学生跟着严老师一起做这种创意作品，包括新加坡的小学生、澳大利亚的中学生，甚至马来西亚的校长、老师都走进了这个工作室。这个劳动的过程其实是特别迷人的。

严老师认为，这个社团背后的理念就是知行合一，就是手脑并用。他把这个叫"知行合一，其乐无穷；手脑并用，其乐无穷"。虽然他只是一个志愿者，但他做的这件事其实是践行陶行知教育思想的一个很好的载体。

此外，我们还专门布置了一个中餐文化直播间。我们觉得让学生有机会动手包饺子、煮汤圆、包粽子、炒西红柿鸡蛋、熬排骨萝卜汤，也是非常重要的劳动实践过程。就这样，我们把动手类课程需要的材料在老校区里布置起来，拓展了基地劳动教育的课程内容。

集团还承担了一项特别重要的工作，就是牵头组织开展更多的对外交流项目。这些项目包括新加坡学生的中华文化浸濡活动、澳大利亚中学生的未来青年领袖营活动、马来西亚校长老师的行知教育研修班项目、美国的孔子课堂项目，还包括华裔青少年中国寻根之旅活动。尤其是从 2016 年暑期开始举办的寻根之旅活动，把行知教育的影响力大大地彰显了出来。

这个项目当时是国务院侨务办公室（以下简称国侨办）组织的，等到组织活动的时候，由行知教育集团牵头，行知基地具体实施。行知基地在创建国家研学营地的过程中，对外交流这个板块是得高分的。在全国范围内，能够达到直接对外开放的条件，并且有很高的实践品质、很好的口碑，这样的营地很少见。所以对外交流这个板块成了行知基地的亮点，也是很重要的一个特色。

7

中国寻根之旅

从 2005 年起，我们陆续开始接待新加坡的学生，活动叫"中华文化浸濡活动"，围绕行知文化、乡土文化、南京文化、长江文化开发课程，积累了不少经验。从 2011 年起，我们开始协办中国寻根之旅夏令营活动，这个项目是一个国家级的品牌活动，是国侨办组织的。国家为接待外国的华裔学生来中国开展寻根之旅活动，专门设计了一个"小龙人"的标志，安排了相应的经费。从 2016 年到 2019 年，行知基地连续承担了华裔青少年中国寻根之旅夏令营活动，当然了，还有后来的中国寻根之旅冬令营活动。

任务接下来之后，开展哪些活动，如何有效地开展这些活动，怎样才能让他们有更好的文化体验，对我们来说都是新课题。多次向南京市侨办、江苏省侨办上报我们的计划，听取意见，几经修改，反复扣磨，方案最终定下来了。国内很多省市都在举办中国寻根之旅夏令营活动，北京、上海、河南也在内。方案传到国侨办的网络平台上，供国外的华文学校华裔青少年根据上传方案自由选择心仪的举办方。有南京历史文化名城的底蕴在，我们对自己的方案很有信心。事实也是如此，网站一开通，报名一启动，我们这个项目就报满了。这至少说明我们的项目设计是受欢迎的，大家愿意来，我们也特别高兴。

因为涉及的国家特别多，有美国、加拿大、西班牙、印度尼西亚等，所以报名名单一定下来，我们就马不停蹄地开始联络接机、入住等事宜。按照年龄，我们把学生分成若干班组，通常一辆车是一个班组，包括辅导员、摄影师等，一辆车共 40 人左右。因为是国侨办组织的活动，地方政府非常重视，与活动相关的工厂、农场员工也夹道欢迎。

很多地方都在承办中国寻根之旅活动，行知基地的活动深受人们的喜欢，大家口耳相传，就有了品牌效应。第二年再承办夏令营的时候，名额抢得更厉害了。我们反正一门心思就做这个活动，也没有太在乎他们到底是表扬，还是怎么样，只要顺利也就心满意足了。我们看重的是什么呢？寻根的过程，就是带领华裔青少年了解真实的中国乡村、体验中国大好河山和历史文化、感受国家改革开放成就的过程。总而言之，让他们对中国有一种亲近感。一位家长在活动结束后给孩子写了这样一段话：

孩子，为你能参加这次寻根之旅而感恩，看到你不仅在夏令营玩得高兴，而且了解了中国的文化和历史，更重要的是通过这次寻根之旅，寻到了你生命的根。你虽出生在美国，但你生就一张中国脸，身

体里流动着中国血，你和这个国家有不可分割的联结，希望这次活动
让你更爱这个国家，爱这个国家的人民，常为这个国家祝福。

顺利承办之后，我意识到，活动的设计是一回事儿，带队老师的领悟
又是一回事儿，其原因是课程挖掘的深度参差不齐。尽管之前有一些沟通
和培训，但是实际的效果仍会受到一些影响。这个时候，我们就萌生了为
活动做课程纲要的想法。在 2017 年中国寻根之旅夏令营活动开展之前，
我们编写了《"中国寻根之旅"活动课程指南》（以下简称《课程指南》）。《课
程指南》解答了学生学什么、到底要怎么学、在哪儿学的问题。除了睡觉
那一段时间之外，一系列的活动就像上课一样，都在课程设计的框架里。
指南本身就有阅读价值，比如有中山陵的文字介绍和图片，先读一读也不
错。活动开展完后，还有填空题可以检验。它就像练习册一样，学生特别
喜欢。《课程指南》第二年就正式出版了，它的出版填补了中国寻根之旅活
动教材的空白。

为了让更多华裔青少年感受中华文化，国侨办还开发了一个项目叫
"中华文化大乐园"，大概是两个星期的课程，大体上有舞蹈、剪纸、武
术、中国画、脸谱、中国诗词等文化体验。中华文化大乐园活动在国内招
募了一些行业里面非常出色的老师组团到国外去讲课。他们 10 人组成
一个团队，由领导带队到美国、澳大利亚等地做中华文化大乐园活动，每
年都会派出若干支这样的队伍。可是这个课程没有固定的内容，全靠个人
发挥。我们受前面那本《课程指南》的启发，觉得也可以编一本中华文化大
乐园活动的课程指南。中华文化大乐园活动无非就是练习书法、绘画、剪

纸等，到底怎么教呢？教到什么程度？教几节课？怎么螺旋上升呢？我们就以活动的形式编了一个小册子，比如书法，刚开始写笔画，然后再教怎么写一个字，最后再欣赏一下林散之先生的字，课程的编排要有一个这样的上升过程。《中华文化大乐园活动课程指南》共 10 本分册，后来也出版了。这些编者是谁呢？编者都是曾经被国家派到国外去上中华文化大乐园活动课程的老师。

这个活动课程还有很多有价值的项目，我们就又选了 10 个，编了第二辑，又是 10 本分册，共计有 20 本《中华文化大乐园活动课程指南》。中国寻根之旅夏令营活动是"请进来"，中华文化大乐园活动课程是"走出去"，"一来一去"，全方位服务于华裔青少年学习中国文化。行知基地、行知集团做成了这件事情，我觉得挺有意义的。

后面，我们还会围绕这两个项目做进一步设计。初步的设想是《中华文化大乐园活动课程指南》再编 3 辑，共有 50 本分册。日后，再到海外传播中国文化，大体上不会超出这个范畴了，它的指导性、可读性就更强了。而且我们发现，20 本分册的《中华文化大乐园活动课程指南》非常厚，不可能用箱子把它们拉到国外去，用起来也不方便。况且一个孩子可能就选一两本，不一定需要那么多本。我们就把电子扫描版赠送给需要的学校，由他们按照需求来选择，这就实现了更大、更充分的共享。2019 年，我到新疆去讲学，就给他们推荐了《中华文化大乐园活动课程指南》，他们都非常喜欢。希望《中华文化大乐园活动课程指南》能够发挥它的综合效应，为讲好中国故事，学习中国文化，做更好的支撑。

8

云播中心

云播中心的建设背景是 2020 年年初，每一年常规要做的线下对外交流被迫中断。但是大家之前年年走动，彼此之间的牵挂很深，于是自发地展开了在线交流。我们跟马来西亚爱心教育协会商量，进行在线聚会，开始阶段我们一周会做一次在线交流。

我们邀请一些教学名师、教育专家在线分享教育经验，整个交流过程是开心且充实的。我们感受到，线上交流也有它的独特优势，那就是在几乎不花钱的情况下，用一些时间来交流，可以拓宽更大的影响面。如果是线下交流，单单来几十个人就可能让人忙晕了头，但是线上交流几百人，也聊得很轻松，所以线上交流有它无可比拟的优势。

之后，我们就跟教育局、侨务部门商量，试图搭建在线交流平台，满足国外教师和学生的交流需求。我们将老校区做了一个规划，设立了 8 个直播间。比如讲习厅过去用来办研修班，做行知教育研讨交流，我们现在将它设计成"行知教育直播间"，更多的是教育伙伴们在线做教育理念、教育经验的交流分享。我们还开设了给国外学生上中文课的"华文读写直播间"，书法家工作室叫作"书画艺术直播间"，严长峰老师开展各种创意手工制作的地方是"创意制作直播间"。因为需要，我们又给大家讲健康、讲养生，于是又设立了"中医文化直播间"和"中餐文化直播间"。最后还有一间大大的农具屋，我们想这些农具是反映长江流域的农村生产和生活面貌的，就索性把它命名为"长江文化直播间"。其实，这些直播间的具体内容还有待进一步挖掘，但是我们想先把框架搭起来。

我们的计划得到了国侨办、中国侨联和区教育局的大力支持，他们下拨相应资金来支持直播间网络平台、投影、显示屏等设备的购买。直播平台搭建起来之后，立刻受到了广泛的关注和欢迎，当即就有美国的学校跟我们商量能不能在线给他们上中文课，我们当然很愿意尝试，这正是"华文读写直播间"可以做的事。我们当即发布公告，在行知小学邀请两位语文老师授课，他们很愿意参与这样一种尝试。后来的线上中文课教学在美国受到了很大的欢迎，之后美国学生又有需求，还要再多开一个班，因为网络授课很方便，所以我们就又邀请了湖南的一位小学语文老师在湖南那边给美国学生授课。就这样，中文课满足了美国学校学生学习中文的需求。很难得的是中文课的开设产生了良好的效应，其中开设时间最长的那个班持续了整整三年，那些学生从一年级一直学到三年级，一直由同一个老师给他们上课。在授课过程中，因为学生在家里上课，所以家长也在上中文课，包括美国跟我们合作的那所学校的校长也在线观看，这种中文课的品质是非常有保障的。大家也在授课过程中不断调整，不断改进，我们把这看成一个在线的中文教学实验，也是我们行知教育实验的一种延伸。我们还为此收集了很多教学过程性资料，比如课件、授课教师跟线上学生的互动信息等，进行云播中心的课程开发，形成行知教育实验项目。

我们平时会看到有很多大大小小的讲座来传播中国文化，比如写一个"福"字，学习一个剪纸之类的那种短期中文课，类似这样的课程还是比较多的。但是像我们学校连续三年给一群国外的学生上中文课，几乎是很难找到的，所以我们很珍惜这一段探索历程。美国的那所学校很感激我们对他们的支持，后来在进行重新登记注册的时候，就将学校改名为"行知教育学校"，可见他们是非常认同我们的理念和文化的。

除此之外，我们的书法家张永根老师临帖百家，临王羲之的字、颜真卿的字、柳公权的字……大家都知道这些书法家的名字，但是他们的字到底有什么特点，这些人物背后的精神气质如何，有哪些成长故事，学生对此很感兴趣。于是，我们的书法家在开设书法在线直播课程的时候就做了一些尝试，不光讲授写法，还讲相关的故事。再比如我们跟马来西亚的一所学校做了一次直播活动——"共度端午节"，大家各自买来糯米、粽叶，然后各自包粽子，他们在镜头那边包粽了，我们在镜头这边包粽子，你看着我包，我看着你包，彼此问候，相互学习，相互介绍自己国家的端午节习俗，那种文化交流是很有趣、很有意义的。

因为有云播中心这样的平台，后来逐步有了更多的交流，特别是新加坡有好多所学校组织学生来过我们学校进行活动，疫情防控期间就商量着能不能在线做交流。大家一拍即合，开始做规划。一般短的是半天，我们在线上有两节课。后来发现半天时间太短，就发展成一两天的在线交流，这个时候的课程就很丰富了。新加坡的老师在线上一节课，两边的学生一起听；我们学校的老师上一节课，两边的学生也一起听。我们把学生分成若干小组，各自在电脑上谈心谈话、交流，如果碰到端午节、中秋节这样的节日，大家就围绕一个主题进行在线交流，有时还做一些体育锻炼方面的活动，特别是疫情防控期间怎么防护，怎么健身。浦口区中医院的医生们在"中医文化直播间"给海外的校长、老师和学生讲中医养生等，也受到了很大的欢迎。

我们还利用直播平台连续几年举办"云端送福"活动。春节快到了，我们就把直播间布置得充满喜庆的节日气氛，邀请书法家来写"福"字，即使交流的另一方拿不到"福"字也没关系。比如我们要将"福"字送给德国的一位校长，就请书法家写上校长的名字，同时落款自己的名字，然后把"福"字拍下来，作为春节的祝福发给德国校长。每一年春节我们都要邀请很多海外教育伙伴上线，让书法家现场书写"福"字，然后写上送给谁，对方在线表示感谢。同时也邀请他们等疫情结束后来到我们这里，到时我们再把这个"福"字当面递到他们手上。因为都是一些书法家的作品，写一个"福"字不只是玩一玩，还有一定的收藏价值。这样的活动大受欢迎，使直播间的交流变得非常有意思。

2020年，我们总共有上百次的线上交流活动，直接参与线上交流的人有数万人。我们过去忙了十几二十年，才接待了一万多人，现在一年下来线上交流的人数就达到了数万人，这说明线上交流有着巨大的优势。当然光靠我们校内的空间，光靠这8个直播间也显得有些局限。直播是不受时空限制的，所以我们就联系林散之纪念馆、陶行知纪念馆、浦口火车站、美丽乡村等十几个很有文化韵味的点，告诉他们我们可以利用在线平台跟海外建立联系，传播中国文化，大家都很愿意参与，于是我们就有了十几个可以开展直播活动的基地，把它叫作"云播基地"，学校就是"云播中心"，最终形成了"1＋N"这样一个云播格局。

随着线下交流的逐步恢复，特别是 2023 年，我们一年的线下交流人数，也就是走进校园的国外师生人数是 256 人，全年外国人住在学校的时间总计为 102 天，虽然没有前几年那么大的量，但是已经很可观了，2024 年的线下交流人数估计会翻倍。尽管如此，我们还要继续发挥线上、线下相融合的交流方式。

以前我们所有的对外交流都是线下的，没有意识到还可以进行线上交流。现在我们发现线上交流有它的优势，因为 21 世纪是信息时代，是"互联网＋"时代，我们学校的课程也要与时俱进，只有保持线上、线下同步进行，课程才能稳步踏上新时代这趟列车，才能充分发挥它的育人价值。

9

第 87 个行知班

2023 年 6 月，我们学校有一个班级学生小学毕业，这个班是葛德霞老师从一年级带到六年级的。我们后来数了一下，从 1981 年我带的第 1 个行知班，到这个班刚好是第 87 个行知班。

行知班在我们的行知教育实验体系里，有独特的地位和重要性。在我们学校的办学历程中，有不少班很出色，令我印象深刻。比如夏光清老师带的两个行知班，刘明祥老师从晓庄师范毕业后回到母校带的一个大循环的班，余庭玲老师带的一个大循环的班。

这些年轻而富有热情的老师所带的班级的学生后来整体发展都是不错的。这些老师都是从中师毕业，没有什么教学经验，但是他们当班主任，将一个班从小学一年级带到毕业，只要是这种情况，那个班就会很出色。由此我觉得教学经验是重要的，但确实有比教学经验更重要的东西，那就是老师投入班级的激情和苦干精神。我们后来把它称作"教育情怀"，只要饱含教育情怀去带班，哪怕经验不足也很快会弥补上来。但如果没有教育情怀，恐怕再多的教学经验也弥补不了。当然，能遇到既有教学经验又有教育情怀的老师，对于学生和家长来说更是一种幸运。

葛德霞就是这样的教师，当过副校长，后来她觉得自己的志趣还是带班，于是毅然辞去了副校长的职务，从一年级开始带班，经历 6 年大循环，第 87 个富有特色的行知班由此诞生。葛老师把自己带班的很多故事通过微信公众号做了分享，其中有多篇文章在《班主任之友》杂志上被发表，这也很好地推动了这个班的进一步发展。

首先，这是一个优秀的班级。学生的表现是很优异的，不管是学科成绩还是品德修养、身体状况等方面，都是很出色的。虽然葛老师担任数学教学，但她作为班主任，会关注每一个学生的全面发展，用早自习和课外时间去鼓励学生读语文、读英语、读课外书……她的班的数学成绩没有花多少力气，因为她在学生心目中很有号召力，很有带动力，学生"亲其师，信其道"，喜欢葛老师，数学成绩自然不会差。

葛老师自觉地按照自己对教育的理解去带班，不需要别人盯着或推着做，所以这个班被称作"行知班"再合适不过了，也就是在班级层面扎实开展行知教育实验。在我们学校过去 40 多年的行知教育实验中，这个班提炼出的教育经验是比较出色的。我自己最早带的那个班尽管也有一些收获，但那个时候经验比较少，在带班方面还是有很多地方没有到位，而葛老师这个班就把我们整个学校的班主任工作水平提升了上来。她做出了一个很好的榜样。

其次，这是一个对学生家庭有着很大影响的班级。家校社协同是这个班级一个非常重要的特色。她经常家访，跟家长书信往来；邀请家长走进课堂，开展"家长大讲堂"；让家长教孩子种菜、做饼；让家长把专业知识带到班上，给学生开阔眼界。因为葛老师一心一意扑在学生身上，也深得家长的信任，所以家长都非常愿意配合她的工作，做她的志愿者，班里常常会组织"雏鹰假日小队"活动，比如节假日把孩子组织到南京博物院、玄武湖公园等地方开展活动。这个时候单凭一个老师是忙不过来的，有一批家长做志愿者，就比较方便和安全。

在家长的配合下，葛老师组织了大量的活动来开阔学生的眼界，锻炼学生的能力。家长过去对孩子的教育有很多误区，葛老师身体力行、花苞心态，不片面追求成绩，注重全面发展，关心每一个孩子，对家长教育观的改变起到了非常大的作用。遇到这样一位班主任，是孩子的幸运，也是家长的幸运。在这个行知班里，所有的家庭都在做行知教育，都是跟着葛老师一起做行知教育实验。比如家庭成员之间的相互关爱、因材施教、动手动脑，就是在践行陶行知教育思想，而且卓有成效。

最后，这个班对整个学校的行知教育实验产生了很大的影响。葛老师跟学校之间是一种协同关系，她的工作赢得了学校的信任和支持。教师的改革是需要有一个环境的，校长和其他同事要理解，要支持。葛老师通过自己的沟通、努力和示范，赢得了学校领导及其他同事的信任和支持，反过来她的这个班又带动和影响了整个学校对于陶行知教育思想的深入实践。

这个班对于学校最大的贡献有两个，第一是作为我们申报国家级教学成果奖的典型班级，葛老师是我们申报团队六位核心成员之一，代表基层教师，在我们的"行知教育实验丛书"里，她的个人专著——《爱的唤醒：第87个行知班》占据了很重要的位置，也对我们申报国家级教学成果奖，对整个学校品牌的提升，起到了非常重要的推动作用，做出了不可替代的贡献。

　　第二是这个班对于整个学校还有一个特别重要的价值。过去从我的角度来说，作为校长，更多考虑的是学校层面的工作，葛老师这个班让我意识到，行知教育实验要关注班级层面，要放手让班级去自主开展教育实验，要相信老师，鼓励老师，让老师大胆地去做行知教育实验。有的时候，学校层面做教育实验，反而受制于很多外在因素。比如，首先遇到的问题就是班级之间的不平衡，有的班级可能理解得到位一点，做得深入一点，有的班级就理解不到位，有的班级甚至还有抵触，把它当作负担，这样的话实验做起来就比较难。另外，学校层面的教育实验还会受到一个很大的影响，就是学校要对接上级主管部门，要操的心比较多。还有更大的问题，学校层面的教育实验通常在可持续性上会受到一些影响，换一任校长很可能就会换一种思路。

　　像葛德霞老师这样，能够下决心带大循环的班级，这样的实验是持续的、稳定的。假使这个班主任只能带小循环，比如一、二、三年级或者四、五、六年级，这三年也会呈现出很好的实验结果。哪怕是一年，我想也可以做出实实在在的行知教育实验的探索。因为班级不会受太多外在因素的干扰，尽管它不可能"独善其身"。葛德霞老师的第87个行知班给了我们一个很大的启示，那就是在学校层面上推进行知教育实验的同时，更应该鼓励老师在班级层面开展行知教育实验。因此我们提出行知教育实验要"以班为主"。一所学校，如果总共有 20 个班，其中有十几个班的老师都在用一种实验的精神状态去工作，那校长就会少操很多心，整个学校呈现出的那种生机活力就会非常可观。仅仅葛德霞老师一个班就有这么大的带动力，如果更多的班级都自觉意识到自己是行知班，自主开展教育探索、教育实验，这带来的效应就是很大的。

还有一个启示是什么？就是一个班级的教育实验可以带动区域产生辐射作用。葛德霞老师因为班主任工作做得很出色，后来成为浦口区德育工作带头人，又成为南京市德育工作带头人，设立了"葛德霞德育名师工作室"，在班主任工作领域，起到了一个带头示范的作用，推动了区域教育的改善。她作为我们项目组的核心成员，在班级层面开展行知教育实验所呈现出的独特价值是不可取代的，对于更多一线教师起到了激励作用，带动更多教师投身于教育实验。

葛老师这个实验班对她自身的成长也起到了非常大的作用。也就是说，行知教育实验还有一个重要的作用，就是促进教师自身的成长。比如学习陶行知精神，实践陶行知教育思想，然后带动自己内在的发展、自身的成长。教师要提高师德修养，提高专业能力，在班级层面展开实验，教师自身也是实验对象，自己身体力行，从而获得各方面的成长。

我从第 87 个行知班身上，终于厘清了，原来我们的行知教育实验不是笼统的，而是分层次的。至少有 5 个层次，那就是"从我做起、带动家庭、以班为主、协进学校、连接社群"。对我们如何开展行知教育实验这个问题，第 87 个行知班给出了很好的答案。从此，我们在推动行知教育实验中，就有了一个很好的榜样和思路。

从第 1 个行知班到第 87 个行知班，我欣喜地看到了行知教育实验的延续和力量。在不同的年代，不同的老师、不同的学生和家长，都因为"走在行知路上"，让各自的人生有了不一样的精彩。相信今后还会有第 187 个行知班、第 287 个行知班……未来的行知班又会给行知教育增添什么样的色彩，让我们共同期待！

10

行知教育实验共同体

在推进行知教育实验的过程中，我们遇到了越来越多的国内外同行人、教育伙伴，大家也都愿意在班级层面、学校层面开展行知教育实验。伙伴多起来之后，我们也有了去学习借鉴的机会。我们把自己的实践经验分享给大家，放大它的价值，各地的实验对我们也产生了很大的促进和启示作用。虽然我们并没有一个机构或者平台机制去推动成立"行知教育实验共同体"，但还是觉得这个共同体是客观存在的，而且是遍布各地的，甚至是辐射到海外的。

早在 2005 年，我们就接待了新加坡的学生来这里开展中华文化浸濡活动。我们的合作伙伴陈君宝先生意识到要规范运作，于是在新加坡注册了一个机构，通过这个机构组织学生开展活动。他征求我们的意见，把机构命名为"新加坡行知文教中心"。新加坡行知文教中心被注册之后很快就在交流中发挥了很大作用。我们对新加坡行知文教中心不断支持，反过来新加坡行知文教中心也对我们行知文化理念的传播发挥着独特的作用，彼此合作愉快而卓有成效。

我们跟马来西亚爱心学校的校长、老师在深入交流之后，有了一个共识，爱心教育的核心主张是：第一条爱满天下，第二条知行合一，第三条花苞心态，第四条傻瓜精神，第五条多想一点点，第六条多做一点点。马来西亚对行知思想的学习和传播也需要有个平台，于是一群有识之士发起成立了"马来西亚爱心教育协会"。

在爱心教育协会的推动下，"爱心计划"得到了马来西亚教育部的支持，最多的时候有135所华文学校加入计划。马来西亚有1300多所华文学校，130多所就约占10％。这些学校很明确地用陶行知教育思想作为办校理念、文化主题。他们的认同让我们知道真正的好东西是需要被珍惜的，是需要坚守的。

2003年，董总首席执行主任莫泰熙先生走进我们的校园，访问之后回去就开启了我们之间的深入交流。2023年，莫泰熙先生的儿子莫泽林决定成立一个新的文化机构。他征求我们的意见，当然我们很支持，于是"马来西亚行知教育学苑"成立了。跟新加坡行知文教中心相比，他直接把"行知教育"这个概念放在学苑的名称里，明确将陶行知教育思想作为核心理念。

"爱心计划"影响了约10％的华文学校，现在我们又看到了父子传代践行陶行知教育思想的动人故事，所以我们对这些伙伴倍加珍惜。我们利用我们学校的一切资源，尽可能为他们做好服务。比如他们组织校长、老师来培训，十几年来，我们一直在寻找各种资源为他们做落地接待。一千多位马来西亚的校长、老师陆陆续续走进我们的校园，接待工作需要付出很大努力，但是我觉得这个努力是值得的，对于形成行知教育实验共同体产生了非常大的作用。

2005年，新加坡新智读书会邀请我去参加他们的读书活动。他们提前阅读了《走在行知路上》这本书，再一起交流谈感悟，请作者坐在那儿听。这对我来讲很受鼓舞，也是一个很好的学习机会。他们邀请了新加坡《联合早报》的一位记者参加交流会，记者对我做了一个专访。她本人也认真地读了这本书，觉得这本书让她很受启发、触动，甚至专门从书里把她喜欢的句子摘抄下来，抄了一两万字。她把专访以及读书心得写成报道，在《联合早报》上面登了一个整版，同时她还把摘录下来的文字发给新加坡南洋理工大学校长和新加坡教育部部长。后来新加坡教育部部长尚达曼先生访问行知小学，这位记者在背后起到了很大的推动作用。

这种交流的影响力很大，让参会的人交流了思想，增进了友谊。也就是那次交流会，我在新加坡认识了一大批好朋友。2005年5月，第一批新加坡学生就来了。2006年1月，他们的部长也来到了行知小学，所以他们就很期待跟我们学校有更多深入的交流，于是邀请我们学校的教师暑期到新加坡去做深入交流。那一次我们组织了13位老师，所有的费用包括来回机票和住宿、交通费用全是他们学校承担的。我们把13位老师分散到新加坡的几所小学去跟岗学习，待了两个星期。这对我们学校来说是前所未有的一次，老师们也开阔了视野，内在动力得到了极大的激发。

很重要的一件事情发生了。2006年7月25日是陶行知先生逝世60周年纪念日，我们跟新加坡的伙伴们提议召开一场座谈会，纪念陶行知先生逝世 60 周年。陶行知先生先后到过两次新加坡，会晤了陈嘉庚先生。这样一个机会大家都很珍惜，于是我们举办了座谈会，记者又一次在《联合早报》上发表了很有影响的报道。这是第二次交流会。

2007 年是晓庄师范创校 80 周年。我们把新加坡的老师邀请到我们学校来，参加了晓庄校庆活动。这次交流活动是一个系列交流，算是我们和新加坡同行之间的第三次交流会。我意识到，这几年我们每年都组织一次交流会，第一次叫导读活动，第二次叫纪念座谈会。为了名字不变来变去，第三次就叫"行知思想与汉语教育国际研讨会"，那个时候我们很迷恋"国际"两个字。2008 年是第四届，以后就一届一届地举办国际交流会。2008 年的那一次国际交流会让我很难忘，因为我邀请了我的老师朱小蔓教授和著名特级教师窦桂梅老师，我们一起到新加坡去做了一次交流，参加这次交流会的还有马来西亚的老师，《联合早报》又做了报道，产生了很大的影响。

交流会还是以我们为主体，从 2009 年开始一直固定在我们学校。我们要办这样一个可持续、有影响的活动。特别是从这一年开始，马来西亚每年都派教师来做汉语教师培训，这是教育部指定我们来做的项目，我们就借培训的机会年年开交流会。江苏省教育厅为了推进教育国际化，让我们把好的国际交流项目申报上来，他们可以给我们经费补贴。我们想既然每年都组织新加坡、马来西亚和中国的行知教育交流，那就可以报一个项目。这个项目后来批下来了，每年就有相应的经费，项目叫"行知教育三国论坛"。这个论坛在我们学校举行，我们可以邀请国内实践陶行知教育思想的伙伴学校来参加，这种活动特别吸引人。

成都有所行知小学。洛阳之前没有以"行知"命名的学校，在跟我们学校交流互动过程中，他们也办了一所行知小学。我们把成都、洛阳的两所行知小学都拉进来，一起参与这个项目。因为成都是三国时期蜀国的国都，洛阳是魏国的国都，南京是吴国的国都，所以"三国论坛"还有这样一个意思在里头。

中国陶行知研究会有一个"实验学校分会"，200多个成员都是陶行知教育思想实践做得比较出色的学校。我是分会的副会长，在我的心目中大家一起合作，都是行知教育实验共同体，这样全国各地的学校都来参与"行知教育三国论坛"。江苏省陶行知研究会有一个小学教育专业委员会，我做了较长一段时间的理事长，江苏省的100多所行知教育实验学校，我们把它们作为共同体的成员互动起来。马来西亚有100多所学校，江苏有100多所学校，全国有两三百所学校，行知教育实验共同体的格局越来越大。特别是网络平台强大起来之后，我们发现很多交流可以在微信上、网站上、腾讯会议等平台上开展。

行知教育实验共同体一旦建立起来，就会有非常大的拓展空间。"行知教育三国论坛"的项目做着做着，台湾地区的校长又要来学校交流，有一次来了20位校长。我说："我们是不是还应该做一个平台，叫'行知教育两岸论坛'？"大家一商量都说好。隔了一年我们又组织几个人到台湾地区走了一圈，在那边做了交流，那次是第二届。"行知教育三国论坛"年年都有，"行知教育两岸论坛"断断续续，不管怎样，我觉得也挺好的。后来台湾地区的校长又来我们学校，我们就有了第三次论坛。三次"行知教育两岸论坛"之后，我们就一直保持线上联系。

我们的"行知教育论坛"有一定的影响力了，江苏省侨务办公室要支持和推动这件事情，认为"三国""两岸"范围太窄了，论坛应该开放给更多的国家，更多的海外华文学校。

在他们的推动下，我们把"行知教育三国论坛"和"行知教育两岸论坛"合并，拓展为"'一带一路'华文学校行知教育论坛"，被列入了省侨办的"十四五"规划里，成为一个重点项目，每年都要督查，省侨办的领导每年都来出席论坛开幕式。2020 年，我们把论坛搬到线上，这个时候才发现"一带一路"华文学校行知教育论坛对以我们学校为主体的实施者来说，它是最佳路径。现在有 20 多个国家的华文学校参加"一带一路"华文学校行知教育论坛，每年都组织一次。这么多国家的校长、老师参加论坛，线下接待是做不完的，也没有精力来做。在线上举办"一带一路"华文学校行知教育论坛，同时又在线下接待新加坡、马来西亚的师生。这样整合起来，很自然也很务实，有线上的又有线下的，一直到 2023 年是第十九届，今年将会筹备第二十届。今年相对来说会筹备得更加充分，举办得更加隆重一些。

"一带一路"华文学校行知教育论坛作为省侨办的项目，现在又有了新变化。冠名各种论坛的活动很多，从上到下要治理，大家慢慢也就不再用"论坛"这么大的名头了，也不去管什么"国际"了。所以从 2023 年开始就把名称调整为"'一带一路'行知教育共享年会"。第二十届我们要进一步突出品牌价值。

在 20 多年的发展过程中，国内外越来越多以行知教育为理念的学校和机构慢慢汇聚起来，形成一个共同体。我们一定要建立共同体意识，从某种意义上讲，它也是人类命运共同体理念在教育领域的具体落实。行知教育实验走到第四个阶段，我们找到的关键词叫"共享"，这是我们必然的一个走向。行知教育实验共同体不只是停留在过去的实践上，从理念上、机制上，从实际效应上，还有无限的拓展和创造空间，我们后面还要好好来谋划这件事情。

11

精彩陶子

2021 年，在整理教学成果的过程中，我们觉得有必要对行知小学的毕业生展开一个调查。于是邀请了南京师范大学教育科学学院的博士生导师杨跃教授来主持调查工作，她的几个研究生参与了整个过程。我们这边的项目组成员协助，同时也发动了学校的老师、学生共同参与。虽然时间跨度较大，涉及的相关人员众多，做起来不是特别容易，但是至少 40 年育人到底效果怎么样，你不能空口说说，还是要有点儿事实依据和数据。

我们的调查主要依靠两种手段。一种是不记名的网络问卷调查，比较客观，这是调查的一种很有效的方式，操作的关键是你得把它组织好。另一种就是和一部分校友面对面的交流访谈。访谈有两种形式，一种是当面谈并记录下来，还有一种是有条件的人自己写一点儿文字回忆，比如写一写在这里读小学以及毕业以后的情况。

毕业生调查是 2021 年 5 月开始实施的。从 1981 年到 2021 年，我们走完了行知教育实验 40 年的历程，这对于 2022 年我们申报国家级教学成果奖，也是一个关键的时间节点。这既是一个巧合，又是一种幸运。用调查的方法生成行知教育实验育人效果的数据，对申报国家级教学成果奖具有一定的说服力，对于接下来行知教育实验的走向，也具有指导意义。

做调查遇到的首要问题就是问卷怎么发出去，怎么找到已许久未联系的毕业生。这些年，行知小学并没有留下所有校友的联系方式，甚至学校的档案里也不能完整地找到之前的毕业生名册和照片。

大家想了一个办法，就是依托熟人找校友。比如在这里工作 20 年的老教师，他自己就带过好几个毕业班，而且能联系到很多当年的班主任老师，通过班主任老师再联系自己班的学生。我们还采取了另一种办法，就是首先找到每一届的毕业班照片——毕业照是最准确的，依据照片一一辩认。但也有某一届的照片一时没找到，毕业生自然就不容易找到了。

一直到 2021 年暑假，1986 年以来的毕业班加在一起共 81 个班的毕业照才全部找齐了。接下来就是找人，辨认毕业照片上的人名，一张照片里只要找到两三个人就好办了，他们再去找同学，你找我我找你，慢慢地，人就越找越多。

再就是建微信群。按照毕业班级建群，一个一个地找，一个个地拉，最后竟然建齐了 81 个校友群。但是这 81 个校友群，并不是所有的人都在里头，有的人是真的找不到，也可能有个别人不愿意露面。反正不管怎么样，至少找到了 2000 人，意味着大部分毕业生都找到了。我们统计了一个数字，81 个班加起来一共是 2735 人，这个样本就足够大了。校友们来到这个学校建的群里都很兴奋，在微信群里开始了寒暄。我就待在每一个校友群里，看他们互动。因为所有人都认得我，所以我在群里也会跟他们有一些互动，跟大家说明，40 年过去了，我们需要大家回答两个问题：第一，你当年在小学过得怎么样？第二，你离开小学以后过得怎么样？母校很关心大家，我们也希望通过大家的反馈，可以总结经验教训，以便把学校办得更好。他们对母校是有感情的，绝大部分都愿意参与，都愿意配合。我们设计了一些客观的判断题和选择题，以问卷星的形式匿名回答，大家都比较真实地表达了自己的感受。最后，共收集到了 1800 多份样本。杨教授认为样本的量是够的，是能说明问题的。然后从中统计出结果的数据，并提炼出一些关键词。

同时，我们还对行知小学做了在校生调查。行知小学有二十几个班，学生目前的状况是什么样的？我们也要做个调查，所以又设计了一个调查问卷。这个问卷就比较容易操作了，因为都有现成的班级群，通过对学生家长进行调查问卷，一番操作下来，又有了一组数据，统计出来，进行分析。

最动人的部分还是访谈。那段时间，我们集中邀请校友回母校来看看，请教授、研究生分组跟学生面对面交流，让学生讲讲他的感受。我们也会找一些有代表性、有一定影响力的校友，比如朱仁洲是一定要找来的，还有当年特别调皮干了很多"坏事"，后来闯出了一番事业的，这样的学生我们也要找回来。返校参加座谈的人有上百人，分几个批次做了访谈，然后根据录音把他们访谈的内容整理下来，就有了一些鲜活的教育故事和案例。我们也邀请这些学生把自己的小学生活或者毕业后的生活体验写成文字，不在乎长短，只要是真挚的文字就好，这样又征集了几十篇校友回忆录的文稿。

最后，专家对这些材料进行了整理与统计，形成了行知教育学生成长报告，得出来的结论超出了我们的预期。我们并没觉得当初做的那些工作能怎么样，但从统计出来的数据你会发现，学生对行知小学都十分喜爱，校友记忆中的学校生活体验为"温暖"，表现出不放弃、能坚守、爱劳动、会创造、有担当等良好素质。一所普通的学校也能给学生留下美好的回忆，我觉得很欣慰。

总体上来说，虽然我们这次的收获不小，但是这种调查仍然是很不充分的。一个非常真实的人群，同在一所学校、一个村生活几十年，这里面有太多可以挖掘的好东西。其实，这些校友在生活中也会面临很多挑战，但是，在微信群里你会发现大家并不愿意把自己生活的苦恼告诉别人。你讲那些道理，哪怕讲得再深刻，他也未必能听得进去，所以一定要用一种非常符合他们需求的表达方式，才能走近他们，要不然又变成说教了。

我曾经想 81 个校友群多好，学校有什么好消息，就可以在群里推送，后来我发现推送多了大家都没反应，可见这个效果并不好。我也想过，因为我们找回了这些校友，你只要真正用心去推动，去研究，这里面大量的样本是极有价值的。现在这 81 个校友群的资源还在，我隐隐约约地感觉到未来还可以利用这些资源，因为很难得找回这么多校友，维系起这个纽带。我们可以对此进行终身学习、终身成长类的深入研究。

现在，我们不是有了研究所①吗？从 2021 年到现在，又有了三届毕业班，我们是不是应该继续跟踪研究呢？所以，今后研究所要专门做一个板块，长期跟踪研究行知小学毕业生的成长发展。我们也可以跟进了解某一届学生，在校学习的情况怎么样，初中、高中阶段会怎么样，大学阶段、进入社会后会怎么样。这个样本、这个跟踪研究是非常有价值的。

---

① 2023 年 9 月，江苏省教育厅发文批准行知小学成立"江苏省行知教育实验研究所"。

12

"行知教育实验丛书"

"行知教育实验丛书"的出版是一件大事，是我们教学成果奖申报的一个基础工程。当时接到通知，成果奖必须 2021 年年底前申报，总结实验成果、出版书籍就成为我们项目组的一个关键任务。于是，我们迅速组织团队开始分工，首先要明确到底出什么书。我们慢慢地发觉这种书应该是点面结合的，既有全面介绍 40 年行知教育实验的，又要回答"大情怀育人体系"到底是什么。

首先我们聚焦到葛德霞老师带的第 87 个行知班的班级实验。到 2021 年年初，这个班已经上到四年级了。在四年里，葛老师在这个班有很多好的做法和案例，我们就以这个班为点，写一位老师的带班故事。在面上，我们发动更多的老师参与，让老师写一写自己的行知教育故事。我们集团有两百多位教师，每个人都写，我们再从中挑选一些质量比较高的文章，就有了一本可以反映教师集体精神风貌的书。

在马来西亚我们有一大批教育伙伴，他们在进行华文教育的过程中，也学习陶行知先生的"爱满天下"精神和生活教育理论，开展爱心教育实验，我们可以出一本介绍马来西亚爱心教育的书。这本书与我们教师的教育故事相互映照，他们的爱心教育故事实际上就是我们的行知教育故事。马来西亚有那么多的校长、老师以及其他教育伙伴，发动起来还是很快的。事实上，后来有136位马来西亚校长及老师写了他们的爱心教育故事，我们从中选了一些篇章编成一本书。

育人成效要建立在必要的调查之上。于是，我们进行了一项学生调查，用数据说话。我们请杨跃教授的团队用他们的专业知识做了一个调查，同时也做了访谈，发动几十位校友写他们自己的故事。这样既有数据统计又有案例，还有校友写的故事，组合成了一本比较直观地反映行知小学育人成效的书。我们后来觉得行知基地是一个亮点，关于行知基地没有专门的材料有点可惜。因为基地的课程开发是很成功的，我就让行知基地围绕课程建设梳理出生长课程，这样就有了一本关于基地的专著。到这里丛书系列初见规模。

我们把框架拿出来之后，就开始分工。整个项目是一个集体项目，从申报的策略来讲，就得由我来牵头，作为项目的主持人，要组成一个不超过6人的核心小组，小组成员有基地的主任，有小学的校长，有一线班主任代表，还有我。我们觉得还要加强项目组的学术品质，于是特邀晓庄学院的两位副教授，成为我们的项目组成员，期待他们在后续的理论层面做出学术贡献。晓庄学院的两位副教授做出了很突出的贡献，刘霞副教授在

《中国教育学刊》《中国德育》等期刊上发表了几篇有质量的论文。严开宏副教授深入葛德霞老师的班级，做了深度调研，客观上也对葛老师写好她那本书起到了很大的推动作用。

之后，大家在书的内容方面做了一些分工。我是总主编，葛德霞老师、行知基地主任刘明祥、小学校长王祖明每个人认领一个任务。朱德成老师虽然没有进入核心组，但也是这个项目组的重要成员，配合杨跃教授出了一本学生调查报告。郑一辰老师负责联系马来西亚出版爱心教育故事这本书。

剩下的两本书由我来牵头，一本是反映行知教育实验，40年的教育实验到底做了哪些，要一篇一篇地描述出来，我请吴鑫老师配合整理。22项行知教育实验，每一项要解决什么问题，怎么做，实验的成效是什么，都要把它们客观地记录下来，这就涉及找资料、做整理。在40年的实验中，有若干具有代表性的行知班，就请班主任写他们当时带班的典型经验。湖南、新加坡一些地方也做了一些行知教育实验，我们就把它们的故事也收集过来，成为实验的拓展。原来我们感觉"行知教育实验"这句话有点空，资料堆到一起以后，一下子就变得充实起来。

最后比较难的也是完成最晚的一本书，是关于大情怀育人体系的构建，这本书到底怎么写？因为"大情怀育人"这个概念本身提炼得就比较晚，我们怎样才能把"大情怀"与"育人"之间最核心的东西表达清楚。最终经过大家的共同努力，这本书也按时完成了。相较于前几本，这本书较好地深入梳理了大情怀育人的实践和思想来源，对大情怀育人体系进行了完整建构，是丛书的灵魂。就这样，7本书完成了，2021年年底把它们推出来了。不得不承认，在编写丛书过程中，我们自身的力量还是很缺乏的，所以我们找李亮所在的南京凤凰母语教育科学研究所的一批编辑帮忙，每一本书至少请一位编辑帮着我们整理书稿。经过大家的共同努力，全身心投入，最终这个艰巨的任务才得以完成。

书稿基本完成了，确定书名却让我们颇费脑筋。既要体现每本书的"个性"，也要有丛书的"共性"，这样 7 本书看起来才像一个整体，才是一套"丛书"。最终我们在指导专家的帮助下达成一致，把有"陶味"的词汇融进去，体现出丛书的整体性：

《爱满天下：建构大情怀育人体系》

《知行合一：扎根乡村的行知教育实验》

《手脑并用：行知基地的生长课程》

《真心良师：我们的行知教育故事》

《精彩陶子：行知教育学生成长报告》

《花苞心态：马来西亚爱心教育故事》

《爱的唤醒：第 87 个行知班》

最终，丛书由江苏凤凰少年儿童出版社出版。一是因为江苏凤凰少年儿童出版社的社长和编辑长期关注我们这个项目，二是作家王一梅以我们学校为背景创作的《一片小树林》也由该出版社出版。葛德霞老师邀请她的硕士生导师写序言，我们邀请了江苏省教育科学研究所所长成尚荣、江苏省教育学会副会长彭钢分别为两本核心的书写序言，有的书的序言用其他文章代替。每本书的处理方式都不同，但有一点是相同的，那就是都由顾明远先生做总序。2021 年 10 月 17 日，我们学校召开研讨会，请顾明远先生来参会。当时顾明远先生做了一个讲话，我们把他的讲话稿整理出来，就成为丛书总序的一个蓝本。我们把蓝本发给顾明远先生，让他再次确认修改。顾明远先生非常认真，也非常乐意做"行知教育实验丛书"的推荐人，修改好之后发给我们，题目是《永远做陶行知先生的学生》。他写道："杨瑞清老师践行陶行知教育思想，扎根农村 40 年，是陶行知先生真正的学生。他创造性地继承和发扬了陶行知先生的教育思想，把一所简陋的农村小学办成现在具有先进的教育理念、优秀的教师队伍、优异的教育质量的全国知名现代化学校。他们的经验值得总结，他们的成果值得推广。"①

总之，在大家共同的努力下，我们推出了一套丛书，内心是充满喜悦和成就感的。尽管这套书有点匆忙，并不是很精细，有些观点表述得也不是很充分，但它毕竟是第一套"行知教育实验丛书"，为我们教学成果的申报奠定了重要的基础，也为接下来教学成果的推广起到了推动作用，其中一些内容也受到了很大的欢迎。最受欢迎的就是那本《花苞心态：马来西亚爱心教育故事》，我们把书寄到马来西亚去，他们举行全国巡回推荐报告会、读书会……

丛书的出版为我们出版系列丛书，也就是第二套、第三套"行知教育实验丛书"提供了可能，只不过后面丛书可以有更多的时间精心打磨。我相信在将来的中国教育发展进程中，第一套"行知教育实验丛书"会有一定的参考价值，它的后续丛书也是非常值得期待的。

---

① 杨瑞清，等：《爱满天下：建构大情怀育人体系》，4 页，南京，江苏凤凰少年儿童出版社，2021。

13

国家级教学成果特等奖

获得了国家级教学成果特等奖让我们学校被大家看见，申报教学成果的过程让我们不断看见自己。"被看见"是幸运的，"我看见"是富有挑战性的。

2023年教师节，习近平总书记深刻阐释了教育家精神，我内心产生了强烈的共鸣。回望行知教育实验历程，其中一股重要的力量就是有教育家精神在照耀、在推动。奖项只是这种精神的一个成果、一个外在的表现形式，陶行知先生就是教育家的杰出代表，"学陶师陶"的过程就是在弘扬教育家精神，也是行知学校发展的内在密码。

谈到教学成果奖，其实我们在很久之前就已经开始关注。2014年，教育部组织第一届国家级教学成果奖评审，结果发布之后引起巨大的反响。李吉林老师和北京市十一学校的李希贵老师拿到了特等奖。南京的鼓楼幼儿园、琅琊路小学获得了一等奖。这些获奖者我都是非常熟悉的。当初申报的时候，我们也曾有过一些想法，但是总觉得距离申报要求还有很大的距离，所以最终没有申报。得知身边熟悉的教育专家伙伴们申报并且获奖，在为他们高兴喝彩的同时，我们也看到了自己获奖的可能性。我和李吉林老师、李希贵老师都是"中国当代教育家丛书"的作者，我在写丛书之一《走在行知路上》之余，跟他们一起交流、学习。事实上，大家在找获奖名单时，很多人都在找杨瑞清的名字，结果获奖名单里没有。我自己也挺羞愧，不管怎么样，我们没有赶上这一趟教育学术"列车"。

　　江苏省在第一届教学成果奖评选中可谓是收获颇丰，有特等奖、一等奖、二等奖，整体上获奖数量较多，品质也较高，这充分证明了江苏教育的基础是扎实的，实至名归。省教育厅受第一届教学成果奖的鼓舞，未雨绸缪，开始提前培育项目，它被称为"江苏省基础教育前瞻性教学改革实验项目"。申报上去之后由专家评估并做出指导，同时还会拨付一些研究经费。这个时候，我刚好从小学繁忙的运转里跳出来，成立了行知教育集团。所以 2015 年，我们根据相关要求做了申报，没想到申报材料很快就在南京市凸显出来，并被推荐到省里。当时南京市有几十家单位申报，最后推荐了 7 份材料上报到省里，到省里后还要进行答辩。在这个过程中，我们有些诚惶诚恐，因为我发现很多单位申报材料表述的专业性非常强，而我们只是"东一榔头西一棒"地说，比较散，没有把材料串起来。最后居然入选，我心里清楚并不是因为我们的材料有多么好，而是大家对我们之前的工作有印象，对我们乡村教育很爱护和包容。入围就意味着走上了申报之路，要不断精进，还要有专家团队指导。

一度时期，我们觉得要申报国家级教学成果奖，"行知教育"这个项目比较宽泛，大家觉得没有很鲜明的特征。经过专家的指导，最后我们的项目名称就变成了"当代生活场景下的'教学做合一'新探索"，因为大家一听到"教学做合一"就知道是陶行知先生的。做这个项目，我们就得不断思考和改进，很多理论和理性的思考慢慢地就被加了进去，我们聚焦行知课堂，对课堂教学有了更深刻的认知。而且行知教育集团的校长们是项目组成员，客观上也凝聚了力量、调动了积极性。

转眼来到 2018 年，第二届国家级教学成果奖开评了。尽管我们前面做了大量的研究和准备工作，尽管很多人对我们的项目抱有很大的期待，但是我们的文章写得不好，也没有很好地公开发表论著，在项目研究之路上总是跌跌撞撞，再对照国家级教学成果奖各项评选要求，更是有些底气不足。另外教学成果奖的申报，还必须先通过江苏省教学成果奖的评选，才有资格被推送到国家。好在江苏的成果很多，大家都积极申报，我们也没有申报，并未引起太多注意。

巧的是，我有幸成为第二届国家级教学成果奖的评委。首先进行网评，然后又到北京参加第二轮评审，我觉得这个过程也是一个"偷师学艺"的好机会。通过评审，我学到了别人是如何申报的，是如何阐述材料的。看着看着，受到很大启发，包括当时很多认识我的专家在谈话间透露出一些想法，觉得我们学校坚持行知教育实验那么多年，也有了一些影响，鼓励我们抓住契机积极申报下一届国家级教学成果奖。

第二届国家级教学成果奖评选结果出炉，江苏省又大获全胜，只是没有特等奖，但一等奖和二等奖有很多。省里投入更人力度为第三届做准备。2019 年，江苏省教育厅设立"基础教育内涵发展重点培育项目"，我们学校的"当代生活场景下的'教学做合一'新探索"被吸收到其中。在培训过程中，我遇到了当天会议的主持人、江苏省教育学会副会长彭钢。提到我们申报的项目时，他跟前面专家对我们的认知有些不太一样，令我有所触动。于是我悄悄地把申报题目改成"扎根乡村 40 年的行知教育实验"，这个题目一出来就得到了彭钢副会长的极大支持。这样，我的信心就更足了。

2020 年下半年，南京市教育局设立"优秀教学成果重点培育项目"，我们这个项目被列入其中。市教育局领导来调研，让我们好好打磨申报材料，并专门将彭钢副会长聘请为我们这个项目的首席专家。后来又聘请来自南京大学、南京师范大学、晓庄学院、江苏第二师范学院、南京凤凰母语教育科学研究所的十多位专家，包括我曾经的好同事、好朋友李亮，组成专家组。这支专家团队召开了几十次研讨会，小的对话交流更是不计其数，为这次申报付出了很多的心血和力量。通过不断研讨，我们的方向和目标更加明确，动力也更足。

2021 年 3 月，江苏省的一批知名专家到浦口区开了一次项目咨询会，我汇报了《扎根乡村 40 年的行知教育实验》，大家听到后觉得还蛮充实的，但又总觉得好像还缺点什么。其中有专家认为，40 年的行知教育实验最突出和最动人的是弥漫着大情怀和实践品格，这两个特征一定要在项目中凸显出来。在之后的研讨中，我们提出了"大情怀育人"这个概念，并开始构建框架，形成育人体系。其实，有很长一段时间，我对"大情怀育人"是有一点抵触心理的，总觉得好像又多了一个词，一直担心会阐述不清楚。而且这个教学成果奖的评选特别不提倡造一些新名词，"大情怀育人"不是又无形中多出一个名词了吗？不过后来终于被大家说服了。专家们认为行知教育实验如果没有一个育人的直接概括，这个项目就缺少灵魂，"大情怀育人"这个词不用解释，一听就能明白，这不是一个新造的词，只是对育人特征的一个描述性词语，所以不用担心。现在回想起来，当时每次探讨的过程对我来讲都是一次提升和超越，都是一次冲出思想牢笼束缚的过程。

同时我也认识到，虽然邀请了很多专家，但最重要的还是我们自己要成为专家。专家们给了我们一些提醒，出出主意，但落实的一件件具体的事还得我们自己去完成。比如"行知教育实验丛书"得自己根据实践去整理；八千字的成果报告，内在逻辑的一致性一定要先过自己这一关。所以，本质上是我们在专家的帮助下，在专家给我们方向和各种力量的同时不断成长。就这样一直到 2022 年 11 月，当我们将"提交"键按下去的那一刻，就意味着再也没有修改的机会，但也让所有人如释重负。因为我们觉得无论结果如何，每个人都用尽了全力，获得了成长，这就已足够欣慰，获不获奖似乎已不再重要。

2023 年 3 月 28 日，我突然接到中国教育学会的电话，我们入围了6 个特等奖候选项目，第二天要进行线上答辩，先用 8 分钟将项目内容介绍一遍，然后回答提问。真是意料之外！我赶紧联系项目组成员，为答辩做一些准备，但更重要的还要看自己的临场发挥。彭钢副会长也讲过，走到这个时候还得看自己的思路，别人介入过多可能会让自己更加混乱。3 月 29 日上午进行线上答辩，我们特意选在"侨胞之家"，我们将《锦绣河山》壁画作为背景，架起摄像头，连线评审会场。也不知道屏幕"背后"坐着什么人，是谁在发问，也顾不了那么多，在有限的时间里做最大的努力，剩下的就顺其自然吧。

那一刻，镜头前阐述的已经不再是我一个人，一张张熟悉的面孔浮现在眼前：在晓庄师范求学时对我有授业之恩的辛国俊、汤翠英等老师，一起走上从教之路的同学、同事，与我联合办学的五里村村民，连夜画《锦绣河山》这幅壁画的前任校长黄庆元，我的恩师朱小蔓教授，陶行知先生的儿子陶城教授，几十个行知班的师生，相关专家组成的智囊团，默默支持我的家人……他们仿佛一起向我走来，对我微笑，给我力量！

最终，我们获得了特等奖！感激评审专家对乡村教育的支持，他们把这个宝贵的名额带着偏爱给了我们。不是因为我们的办学成效有多么杰出，表述有多么凝练，而是出于对千千万万乡村教育者们的鼓励和推动。当然，我们知道未来会有更大的使命，面临更多的挑战。未来的事情暂且等到未来再说吧，先让一直奔跑的自己放慢脚步，欣赏一下沿途的风景吧……

回顾这一段历程，我似乎觉得就是给自己补上了一课，这节课就叫"知行合一"。我们前面可能做得多，但思考的深度是不够的，这一次算是在理论提炼方面做了一个弥补。从今以后，我们是带着对"知行合一"的高度统一和更深刻的理解继续走在行知路上，相信可以走得更稳健、更坚定。

我要感激这个时代，感激自己幸运地"被看见"，更重要的还是要学会"我看见"，要学会自我发现、自我看见，然后更加自觉、更加主动地投身到真实教育实验中。我们希望我们的成果能够让更多的人、更多的学校有一种"我看见"的姿态，让他们发现自我。只有这样，才能让成果更有带动力，更有感召力，更有影响力。这比成果本身更加重要，我们要认识到这一层面，同时要规划好第五阶段的行知路怎么走。我们将怀揣着办好乡村教育的信心，继续扎根在广袤的乡土大地上，为乡村孩子打造幸福成长的乐园，为教育强国建设做出应有的贡献。我们对行知教育实验的未来发展有更多的期待，有更多的信心，正如我们的那句校训：还能更精彩！

第五章

反思：知行合一，大情怀育人

1

1 分成绩 99 分成长

我在 2004 年出版的《走在行知路上》一书中，写过一篇标题为《坚持·感激·成长》的文章。我们认识到，学校发展离不开校长和教师们的共同努力，而这种内在的力量首先表现为坚持。学校发展靠坚持，坚持的积累效应是强大的，坚持的过程是快乐的。我们的坚持赢得了当地老百姓的无私支持，赢得了教育行政主管部门的大力扶持，特别是改革开放的时代，国家发展给学校带来了各种机遇。我们是幸运的，我们要懂得感激。正如我于 2000 年参加教育部师德报告团，在人民大会堂做了半小时的演讲。教育部部长参加会议，对我们学校的发展给予了充分肯定。我意识到，这个场景就是对一直关心支持我们的领导、专家、老百姓表达感激的最好方式，内心有一种不可言状的幸福感。

坚持、感激、成长，简简单单三个词，为什么能在我内心激起很强的力量？那是因为，只有一心坚持，才能选择好人生的立足点。有了立足点，就能扎下根基，源源不断地汲取营养。诚心感激，就可以把握人生的平衡点。平衡点很重要，你如果没有意识到有那么多的感激要表达，可能会走向自负，觉得自己很了不起，你的心态很可能就会失衡。全心成长，创造出人生的制高点。这个制高点不是说我们已经达到了制高点，而是要不断地走向更高，成长是没有止境的。

作为行知学校的一位教师，你应该有一个什么样的精神面貌、形象风范？后来，经过大家的深入讨论，我们确定用"坚持、感激、成长"三个词来表述我们学校的教风。这个教风，对师德师风建设，对学校的持续发展起到了重要作用。

2022年9月，我幸运地被评为全国教书育人楷模。在北京参加表彰会时，有一个很特别的环节，令人难忘。9月8日，教育部教师工作司与中国美术馆联合举行了"为新时代人物雕塑"教师节专场活动。在中国美术馆馆长、著名雕塑家吴为山教授的现场指导下，雕塑师庞玉婷老师为我即兴创作了头部塑像。我作为基础教育教师代表，与高校教师代表唐绍忠教授、职业教育教师代表李粉霞教授一起参加了这项活动，感觉特别荣幸。

"被看见"是幸运的，也有极大的偶然性。关键是"我看见"，要对自己有非常清醒的认知。从18岁到60岁，我将全部的职业生涯安放在南京长江北岸的一所乡村学校，将全部的工作激情聚焦在行知教育实验这一件事情上，将全部的生命能量投注在让农民的孩子也能享受良好的教育上。如果要对自己做一个评价，我想来想去，还是要沿用"坚持、感激、成长"

三个词，还有三句话：1分选择99分坚持，1分自豪99分感激，1分成绩99分成长。

20年前说坚持、感激、成长，还有些笼统，现在加上这三句话，便更加清晰，更加具有操作性了。有人说这也太谦虚了。我觉得不是谦虚，而是内心真实感受的确切表达。

走行知路是从选择开始的。实际上，选择是我们随时随地都在做的功课，人生要经历大大小小无数个选择，但是关键的定位、主要的方向是不能有太多变化的。选择很重要，坚持更重要，是1分选择99分坚持。首先是对教育的坚持，再具体一点讲是对乡村教育的坚持，是对"学陶师陶"的坚持，是对行知教育实验的坚持。从根本上讲，是坚持理想信念，坚守道德情操，是对争做"四有"好老师的坚持。坚持会赋予我们力量，坚持会给予我们自信，坚持也会给自身成长、学校发展带来新的力量、新的机遇。

学校的发展取得了进步，取得了成绩，我们很自豪。但是我们意识到，更重要的是感激，是1分自豪99分感激。感激我们身边的每一个同事，感激我们遇到的每一个学生，感激每一个学生背后的所有家长，感激我们遇到的历任领导、各方面的专家、众多的朋友。还要感激我们的家人。我们能全身心投入工作，家人给予了宝贵的理解与支持。

我尤其要表达三个感激。一是感激陶行知先生。他给了我们巨人的肩膀。陶行知先生的理论之光和精神灯塔，照亮了行知路。弘扬教育家精神，赋予我们无与伦比的力量。没有这副巨人的肩膀，我们这所曾经落后的乡村学校，就不可能获得跨越式发展。二是感激有一方肥沃的土壤。学校的发展过程也并非一帆风顺的，有磕磕碰碰。但是这些困难跟浦口区、南京市、江苏省这一方肥沃的教育土壤给予我们的滋养相比，显得微不足道。三是感激有一个伟大的时代。我于1981年开始工作，正赶上国家迈出改革开放的步伐。40多年跟着改革开放的步伐一步步往前走，学校一次次获得新的发展机遇，这与时代脉搏的跳动分不开。

最好的感激是成长，成长是不可限量的，是1分成绩99分成长。成长的速度和高度是有限的，一所学校的成长不可能脱离所处的时代。但是成长的纯度是不可限量的，纯度是向内开发的，要在知行合一的修炼上更纯粹，要在教育的理念的提炼上更精当。我们还要追求让教育过程令人更快乐、更享受。

2022年9月9日上午，我出席了学习贯彻习近平总书记给北京师范大学"优师计划"师范生重要回信精神座谈会。习近平总书记希望同学们毕业后到祖国和人民需要的地方去，努力成为党和人民满意的"四有"好老师。学习回信精神，我深受鼓舞，看到了自己还有很长的路要走，还有巨大的成长空间。

当天下午，我有幸作为全国教书育人楷模代表，和全国最美教师代表一道，在人民大会堂受到了国家领导同志的亲切接见。我见到了"最美太空教师"王亚平。接见结束后，我看到大家都在请王亚平老师题词，我没有带本子，情急之中抽出我的席卡纸，挤进人群，请王亚平老师为行知教育集团师生写下了"立志成才，报效祖国"8个字，并邀请王亚平老师拍了一张合照。那一刻，我脑海里浮现出一个强烈的念头：航空航天是高科技，教书育人也是"高科技"。那时，我们即将向教育部提交参评国家级教学成果奖的资料。我想，不管能不能获奖，我都要向航天英雄王亚平老师学习，潜心钻研教育规律，加快成长的步伐，站好在职最后一年的教育岗位，规划好退休后的学习和工作，专注地奔向那个"99分"，努力为教育强国建设做出新的贡献。

2

小学校，大教育

从 1981 年到 2023 年，我们走过了扎根、突围、超越、共享四个阶段。这是学校发展的四个阶段，也是我本人职业生涯的四个阶段。我想，从 2024 年到 2035 年，应该就是我们走好行知路的第五个阶段。从龙年到兔年，接下来这个 12 年，我们将以龙腾虎跃、动如脱兔的姿态，再扎根，再突围，再超越，再共享，努力弘扬教育家精神，深化行知教育实验，优化大情怀育人体系，为教育强国建设多做贡献。

反思过去，展望未来，我心中学校的愿景，始终是那三句话：小学校，大教育；小学校，大文化；小学校，大事业。

从 1981 到 2001 年，我们学校一直是一所占地面积不大，一个年级一个班的小学校。在陶行知生活教育理论的指引下，我们早已在思想观念上突破了时空界限，树立了大教育观、大文化观、大事业观，看到了不可限量的发展愿景。看起来，我们只是在办一所小小的学校，实际上，我们是在办影响深远的大教育、大文化、大事业。大教育、大文化、大事业，是描绘学校愿景的三个维度、三个视角，它们是一体的，是不可分割的。

维度之一：小学校，大教育。

陶行知教育思想最鲜明的特征就是大教育观。大教育观可以从五个"全"上来把握。第一个"全"，即大教育是面向全员的。为了考试排名，搞掐尖招生，这不是面向全员；忽视甚至歧视学业落后的学生，这也不是面向全员。第二个"全"，即大教育是指向全面的。要促进学生德智体美劳全面发展，只关注分数，片面追求升学率，肯定是没有前途的教育。第三个"全"，即大教育是涵盖全域的。教育弥漫于一切空间，学校、家庭、社会，处处都是教育场所。第四个"全"，即大教育是贯穿全程的。十年树木，百年树人，教育是一辈子的事情，学校教育是终身教育的基础，要强化为学生的一生负责任的意识。第五个"全"，即大教育是运用全息的。遵循事物间具有全息关系的特性和规律，在"事"上用功，整合丰富的课程资源，运用信息化、数字化、智能化手段，不断提高教育效益。

在大教育观的观照下做小教育——我讲的这个小教育是指具体的学校教育，幼儿园、小学、初中或者基地办具体的教育，把具体的学校教育放在大教育的背景下思考审视，推进运行。

要让学校获得更开阔的视野、更多的发展机遇、更强的发展动力，这是我非常强烈的意识。有人会说学校里的事情都忙不过来，还要顾那么多吗？而我的体会是，教育不是一个体力活，是需要用智慧来办的事业。大教育观是我们教育者必须建立的观念。就学校自身的发展而言，恰恰在这个"大"的氛围里，这个"小"更有效率、更有活力，事半功倍。

强化大教育观，我们尝到了甜头。所有的学校都是小学校、大教育。所有的学校都如此，因为这是客观规律。不同的是学校有没有认识到，有没有自觉性。为了教好学生，不需要家校社协同吗？不需要教师队伍成长吗？人人都是办教育者，人人都是受教育者，这是必然的。认识到了必然性，再来审视这个"小"，思考具体做什么，来促进学校的发展，眼光、格局便大不相同。

强化大教育观，可以为我们所做的教育赋予更多意义。看似我们是在教小学生，但实际上它会影响更多人。比如我们举办柿子节，让学生把柿子带回家去，与爸爸妈妈一起分享。教师在组织学生过柿子节的过程中，除了学生受到这种真善美的教育引导之外，教师也受到感染，家长也深受感动。柿子的故事通过媒体的传播，又让更多人看到教育的价值。"小学校，大教育"观念，为学校的发展注入了活力，让我们看到了非常美妙的教育境界。

维度之二：小学校，大文化。

文化是一个国家、一个民族的灵魂。我们做教育的人要不要有灵魂？办学校要不要有灵魂？坚定文化自信，增强文化自觉，实现文化自强，事关国家的前途命运、民族发展进程和人民利益福祉。教育人一定要有格局，要有大文化视野。

教育和文化是"孪生姊妹"。小学校，大文化，这里至少可以从双向解读它。一方面，办好一所学校，需要立足肥沃的文化土壤，需要多方面整合文化资源。乡村学校尤其要重视深挖乡土文化——乡土文化是乡村教育最重要的底蕴所在，也是它的优势所在。问题来了，乡土文化在哪里？我认为乡土文化除了表现在田野、村庄、农具、生活用品这些看得见的事物上，更多的是存活在农民的身上，存活在农民的心里，存活在农民的生活习惯中，存活在农民与人为善和勤劳的品质里。农民生活观念的背后折射的就是乡土文化，我们要将它作为教育最重要的一股力量、一个基础、一种资源，只有这样乡土文化才能发挥强大的育人作用。这对于提升学校的育人品质，对于高质量育人体系的构建是极为重要的。当然，乡土文化不是封闭的，跟城市文化与世界文化是相通的。对我们学校来说还有一种文化，就是行知文化，以行知思想、行知精神为底蕴的行知文化也是我们学校的宝贵资源，还有荷文化、茶文化。

总而言之，办学要有大文化的观照，这个大文化一定是优秀文化，可以是中华优秀传统文化，也可以是世界先进文化，宗旨是将好的文化营养纳入我们的教育事业中，通过开发变成我们的课程资源。

另一方面，小学校也要传承文化、创造文化、传播文化，为文化的繁荣与进步做贡献，为建设文化强国出一份力。教育工作做到一定的层次，会留下痕迹，留下味道，痕迹和味道会慢慢沉淀为一种文化。学校是有文化担当的，讲好中国故事，传播中国文化，本来应该是也必须是学校的一种重要责任。这种责任并不是简单的加法，它应该在办学过程、育人过程中自觉履行。我们的着眼点、立足点就是办好小学校。如果将大文化聚焦于小学校，把学校的视野打开，就更能发挥优秀文化的影响力。我一直认为，乡村学校就是飘扬在绿色田野上的一面文化旗帜，乡村学校是让乡村人民看到希望的地方。农民在田野里插秧、割麦，一抬头看见高高飘扬的文化旗帜，他会眼睛放光，看到希望。他把自己的孩子送到这样的学校里，也会憧憬着自己家庭的美好未来。我也坚定地认为，乡村学校要面向世界，打开文化之窗，乡村学校在传播中国文化上大有可为。

维度之三：小学校，大事业。

教师要树立大事业观。一位普通教师，好像看起来很平凡，其实，小里可以见大，平中可以出奇。打开格局，打开视野，重新审视，我们可以看到，我们做的事业一点儿也不简单。

有人说，我就带一个班，带一个很普通的班级，有什么大事业可言？实际上，所有未来的栋梁之材，不都是从我们的课堂里走出来的吗？教师为一个班几十个孩子未来的幸福人生奠基，难道这不是大事业吗？让几十个孩子背后的几十个家庭，看到幸福的未来，点燃希望的火把，难道这不是大事业吗？千千万万个孩子背后是千千万万个家庭，难道这不是学校为整个社会发展奠基的大事业吗？上课、带班，辅导一个个学生，我们一定要看到自己做这些平凡的事情的背后，其实连接着家庭，连接着未来，连接着国家，甚至可以说连接着世界，我们的事业可以创造的价值是无限的。

我还深深地感受到，教育是一项具有高科技含量的事业。孩子是各不相同的，教育是千变万化、奥妙无穷的，值得我们为之付出，值得我们倾心探究。要相信学校教育可以创造的价值是无限的，使我们获得的乐趣也是无穷的。这样去想，我们就会更多地激发工作的主动性和创造性，更多地获得意义感和幸福感。

以上内容我是站在校长的层面，立足学校来说的。其实，站在班级的角度，站在个体的角度，也要有这样的观念。我们完全相信，"小班级，大教育；小班级，大文化；小班级，大事业"，完全相信，"小课堂，大教育；小课堂，大文化；小课堂，大事业"。作为教育工作者，我们心里一定要装着这个"大"字，一定要看到平凡背后的大气象。

坦率地讲，我们看到了愿景，采取了行动，收获了实实在在的成效，但是认识还不够深刻，尚未形成普遍的共识，实践的自觉性还远远不够。这正是我们今后需要着力的突破口。

3

立大志，做小事

我一直觉得，学校做教育需要有一种精神气象。在长期的实践中，我们提炼了三句话作为学校的办学精神：立大志，做小事；立大志，做实事；立大志，做新事。

最初，我经常喜欢说陶行知先生的一句话：立大志，求大智，做大事。[①] 陶行知先生的"为一大事来，做一大事去"是我一直奉行的座右铭。1981 年，我从晓庄师范毕业后，就是这句话激励着我往前闯。这句话有一种内在的精神感召力，给了我很大的动力。我们要立大志，做大事，所以对工作饱含激情，充满主动性，富有创造性，通过大家的奋斗逐步改变村小的落后面貌。这一股力量非常宝贵，也非常重要。

---

① 《陶行知全集》第 7 卷，200 页，成都，四川教育出版社，2005。

　　但是，在刚开始时，我始终找不到做大事的感觉：在一所普普通通的落后村小，每天做的都是一些细小琐碎的事情，怎么才能做成大事呢？甚至还不断地遭受挫折，因为当年自己缺乏经验，也做了不少错事、傻事。现实并没有让我真正感受到做大事的成就感，达不到那种境界。问题出在什么地方呢？后来，我开始意识到学校的事情是平凡的，是需要踏踏实实去做的，遇到困难也不能轻易放弃。要想真正做成大事，就需要从一件一件小事做起，于是就有了"立大志，做小事"。我们也领悟到，把小事做深、做精、做到极致，就是大事。

　　"立大志，做小事"的意识，让我们变得更务实、更沉稳。但是如果学校精神里只讲"立大志，做小事"，又显得不够有力量。后来，我遇到了罗明先生，他对我说，教育这们事情无所谓大，也无所谓小，关键是要做得实，要做得真。我茅塞顿开，心里突然冒出一句"立大志，做实事"。我认识到，弘扬行知精神，落实知行合一，需要在"实"字上下足功夫。一段时间的实践之后，我们发现，育人工作是精妙绝伦的，无时无刻不需要创新，还要强调"立大志，做新事"。

　　在行知精神的传承和实践中，我们逐渐找到了这三句话的学校精神，有精神引领，有理论指导，接地气，有力度，大家都很喜欢。这三句话可以从三个维度上把陶行知先生的"立大志，做大事"精神落到实处。"小"字是具体、可操作、能胜任，不贪大求全，不讲排场。"实"字是有用、有效、持续，久久为功，反对做表面文章，防止功利化倾向。"新"字是有创意、有突破、有活力、有趣味，反对因循守旧、墨守成规，力戒内卷、躺平。

　　我自己的体会是，本着这种精神办学校，办教育，对教师的成长有着很好的引领作用。这三句话其实也是指向知行合一的。怎么做到知行合一呢？总要有一些策略，要有一些抓手。后来，我们发现这个"小"字、"实"字、"新"字是指向知行合一的。每个人把自己的小事情做好、做实、做新了，其实就是在遵循着知行合一的大原则，对于整个学校事业的发展，有一个很好的指引作用、推动作用。这样，我们再次追溯办学精神，就找到了陶行知先生的大情怀，找到了大志向，立大志、做大事的感觉，找到了陶行知先生知行合一的哲学。

　　这三句话都强调立大志。虽然学校做的是小事，是琐碎事，是平凡事，是实事，是新事，但是都在同一个大的志向下，在同一个大的愿景里做，所以方向感是清晰的，格局是大的。"大志"后来被提炼为学校的校风，它是校风里的一个关键词——我们的校风是"大气、大志、大爱"，志向很重要。后来，我发现习近平总书记在对青少年的教育提出的要求中也特别强调要有远大的志向。在对做"四有"好老师的追求中强调教师要心有大志，在弘扬教育家的精神中强调教师要心有大志。

　　在做具体的日常工作中，脚踏实地，潜心于平凡的事情，保持一种求真务实的态度，不被束缚住手脚；保持一种不断创新的意识……这些东西对于教师队伍的培育，对于乡村教育的探索，是一股很大的力量、一股很重要的精神力量。所以在学校里，特别要倡导这种办学精神。

　　这里的精神本质上是教育家精神，是行知精神。2004年，我写《走在行知路上》那本书时，还没有提炼出"行知教育"这样的核心概念，但是那时已经开始捕捉到了"行知精神"这样一个方向。所以，今天讲到学校办学精神，其实就是行知精神的一种体现，也是弘扬教育家精神在行知小学的落实。

教育家精神是一种体现，或者说是一种追求。为庆祝第三十九个教师节，全国优秀教师代表座谈会在京召开，习近平总书记致信与会教师代表，代表党中央向他们和全国广大教师及教育工作者致以节日的问候和诚挚的祝福。习近平总书记全面深刻阐述了中国特有的教育家精神的丰富内涵和实践要求，并勉励广大教师"以教育家为榜样，大力弘扬教育家精神，牢记为党育人、为国育才的初心使命，树立'躬耕教坛、强国有我'的志向和抱负，自信自强、踔厉奋发，为强国建设、民族复兴伟业作出新的更大贡献"。

我认为教育家精神就是踏踏实实做好每件小事。怎么落实教育家精神？小、实、新。既简单又落地，用行知教育实验检验了几十年。在大力弘扬教育家精神的背景下，再来反思行知学校的办学精神，我认为立大志和"小、实、新"的办学精神是弘扬教育家精神的校本化体现，是行知学校的一种自觉。现在看来，行知小学的学校精神可以跨越时空，让人可以感受到它的力量，这说明它有着重要的指导价值。

4

人人都是教育者

　　人在一生中将会扮演很多角色，小时候是"儿女"，成年后可能成为"父母"，工作时是"员工"，被提拔了是"领导"……我想从三个维度谈谈我们作为人的不变的角色定位：人人都是学习者，人人都是教育者，人人都是创造者。我认为增强这样的角色意识，对我们构建高质量教育体系是重要的。

　　第一，人人都是学习者。这个是毫无疑问的。当我们还是学生的时候，我们是在学习；走上工作岗位以后，实际上还是在学习，只是有的人学习的自觉意识弱了，甚至有的人觉得不需要学习了。我们的教育非常重要的任务就是培育持续的学习者、终身的学习者。

　　我们学校东面有一个艺莲苑，艺莲苑的丁跃生给我们带来很多启示，而最大的启示是终身学习，学以致用。我们陪新加坡的校长去看他的荷花

294

园，丁跃生站在刚刚盛开的一池睡莲前面侃侃而谈，他说这种睡莲叫霞飞，种植了上百年，大家还那么喜欢，这就是经典。

他不仅种荷花、睡莲，关于莲花的历史、文化，还了解得很清楚。他通过学习获得了快乐，获得了推动事业成功的力量。考上好学校固然重要，但更重要的是养成终身学习的习惯，树立终身学习的信念。教育要在这上面下功夫，要树立像丁跃生这样的榜样对学生进行有效的引导。

行知小学的学风中用了"扎根"一词，扎根包括从小埋下终身学习的种子。终身学习，不仅是一种意愿、一种信念，而且是一种习惯、一种能力，比如查找资料的能力、与人沟通的能力、同伴互助的能力、阅读的能力、写作的能力等。扎根要在这些方面下功夫。

第二，人人都是教育者。在学校教育实践中，我越来越真切地认识到，人人都应该成为教育者，人人都要有教育者的自觉性，这也是我们学校培养人的重要着力点。陶行知先生把小孩子当成小先生，他的教育主张里面有一句话叫"以教人者教己"。其实现代教育理论强调，能够即知即传，去教别人，学生自身会学得更扎实。

有人说不当老师，有必要培养教育者的素养吗？我的回答是肯定的。教育者不只是指向未来，当下就是教育者，立刻就是教育者，生下来就是教育者。我们的小宝贝用自己的生命给成年人带来希望，儿童对于成年人的教育影响力是非常大的，治愈成年人浮躁的心，让成年人看到希望，获得喜悦，变得更加的柔软、善良、富有爱心，这难道不是儿童作为教育者的影响力所致的吗？家长养育孩子的过程其实是自身成长的又一个黄金期。家长自己的童年时代，是接受教育的一个黄金期。等到家长长大成人之后，他在成长中有很多生活的担子、生活的压力，他可能有点麻木了，或者说意识上有些薄弱了。

人人都是教育者，首先要确认我们的孩子就是小先生，陶行知先生那个年代的孩子识了字再去教别人，那是小先生。现代的孩子，更是影响力"爆棚"的小先生。当孩子长大一点后，他去帮助别人，那也是小先生。等到孩子长大成人了，为人父母了，他作为教育者的角色就更加鲜明了。他要成为孩子的首任教师，这个首任教师如果意识不强，素质不高，会对孩子的成长不利，所以每个人都要修炼，提升自己作为教育者的素养，这是非常重要的一件大事情。每个人都应当成为自己的终身教师，要做好自我教育这篇大文章。我自己有这样的体会，我写日记不断反思，就是在做自我教育。当然，别人对我的影响也很大，但是从强度、广度、深度的视角来看，自我教育才是至关重要的。

一个人在生活上、事业上能够有更好的表现，生活得更幸福，事业更成功，从某种意义上讲，是他自我教育的成功。自我教育做得好，他就能在各个方面表现得更好。所以强调人人都是教育者，我们要从自己做起，把自我教育这门功课做深、做扎实。同时要带动周围的人，特别是我们的学生，帮助他们提高教育力，提高教育素养，这是高质量教育发展的一个非常重要的推动渠道。

教育改革靠少数人是不行的，每个人在教育上都应发挥自己的主观能动性，这样才能更有力地推动教育的发展。当然，这里面要探讨一个问题，不懂教育规律，或者说教人学坏也是教育者，这个问题怎么看？我个人是这样想的，有意识地教人学坏的人，这种是极少数的，我们还是要相信绝大多数人会把握教育的方向，相信整个舆论导向，相信社会正面能量的大趋势。

教育即生长，教育即生活，生活即教育。他会生活，他就会教育。教育是有专业性的，我们也不可能要求每个人都在教育专业性的修养上达到多高的程度，但是人人为教育出一点力气，总还是好的，要从积极意义上来看待这个问题。我们要大力倡导人人都是教育者的观念。作为教育者，你的教育观念、你的教育效率，都会变成你学习的一部分。教和学是一体化的，是不能分开的，要为这一理论注入信心，不能因为可能有人会做错，我们就把这个重大的命题丢弃在一边。

第三，人人都是创造者。创造者这个词好像有点高大上，有人会讲我既不搞革新也不用创造发明，我要做什么创造者？我这里讲的创造者是基于生活的，跟生活是紧密相连的。生活中处处都闪烁着创造的光芒、创造的火花。

我们要把创造的种子播进学生的心田，告诉他们处处有创造，就像陶行知先生所说的，处处是创造之地，天天是创造之时，人人是创造之人。[①] 要培养学生创造的意识、创造的精神，可以让他们习得一些创造的技法。

不管从事哪一个行业都要充满创造性。没有创造性的、刻板教条的生活是缺少色彩的。当然，创造性的高级形态，无论是创造出新理念、创造出新产品，还是创造出新技术，都很重要，但一定是普遍的创造意识、创

---

① 《陶行知全集》第4卷，5页，成都，四川教育出版社，2005。

造习惯、创造能力聚合而成的。

在日常生活中，没有创造性，很难做出大的发明创造。我们强调人人都是学习者，人人都是教育者，人人都是创造者，虽然是三个维度，但实际上是合一的。在生活上和做事上，教可能含在其中了，学可能含在其中了，创造也可能含在其中了，这就是在落实陶行知的"教学做合一"，我们也可以理解为"教学创合一"。做，它一定是创造性地做，或者说我们把"做"作为一个载体，这个载体当中有三个东西，一个是教，一个是学，一个是创，把这三个东西放在这个"做"当中，落实在我们今后真正的创造教育新的模式、新的经验上，我个人觉得这件事情极为重要。

我坚持把培养持续的学习者、自觉的教育者、积极的创造者，作为学校的培养目标。培养什么人，这个问题是很关键的。

再次讨论这个问题的时候，我有两个新发现。第一，我们要回应人人都是教育者，那教育不是就没有专业性了吗？大家都可以对教育发话了，都可以教了，教育会不会变得更糟糕？教育是有专业性的，但是又不能说因为我是专业的，所以你们都不必懂教育，小孩子都是我们教师来教，家长你们别乱教，甚至有的教师跟家长对立起来。其实家校社是协同的，我们要相信家长，要联合家长，也有责任引导家长。

相信家长很重要，家长对孩子那种爱本身就有天然的教育价值，有时候反而我们教师自以为应该这么教，是说教的，反而是错的，这种事情太多了。所以现在连我们自己有时都不专业，你还非要指责家长不专业吗？我这一次谈到这个问题的时候，增强了信心，我觉得还是要坚持这样说。当然，我这只是抛砖引玉，也欢迎大家批判指正。

第二，陶行知先生的"教学做合一"，是重大的教学理念创新。讲了很久，到底怎么落实？谁去合一？是否可从角色意识上着手？人人都是学习者，人人都是教育者，人人都是创造者，它不就合一了吗？这个"做"是我们的实践，是我们的行动，是一个载体，这个"做"的背后是什么？做的背后是创造。教学做合一，注意它不是三件事，而是一件事，是合一的。做中教、做中学、做中创，把这个关系厘清，对理解和实践陶行知的"教学做合一"理论至关重要。

5

天天都是乐教时

我反复强调"花苞心态"。当我们带着"花苞心态"去看学生时，看到的不是美丽的鲜花，就是可爱的花苞。当我们徜徉在花园里时，我们会获得一种美感；可是当我们站在教室里时，有时会感到很生气、很疲惫、很烦躁，美感消失了。有的课堂是和谐美妙的，有的课堂却是"鸡飞狗跳"的。

原因可能是多方面的，现在的首要问题不是一再强调问题，而是要找到解决问题的办法。我觉得抓住"审美性"这个视角，或许是一个切入点，是一种有效的策略。

教育的过程应该是学习的过程，是创造的过程，更是享受的过程，要教学做合一，要教学创合一。那么平时的衡量尺度和分寸该如何把握呢？这个尺度和分寸不像我们读一本书，最后出几道题来评判。教育可能需要把握过程是否具有美感，是否具有审美性，是否让人快乐、喜悦。当然，这并不与考试对立，只是我更看重教育富有美感的过程，这种美感能够更好地调节课堂。我们今天讲"大情怀育人"。这里面非常重要的就是那种美感的存在和保持，没有美感的教育肯定不是大情怀育人，美感的重要性类似于我们握着的方向盘。在道路上行驶，方向的调节是很微妙的，看起来好像是一点点调整，一点点改变，但却是确保安全行驶的关键。所以我们现在的教育能不能在这个关键问题上找到一些策略，让教育过程的美充盈其间，用美来驾驭课堂，驾驭教育过程，把握教育方向，促进教育创新？

教育的审美性是天生的，是与生俱来的。我听过一场非常难忘的报告，报告中阐述了这样一种观点：家长教孩子学说话、学走路时的教育就是最好的教育。好在什么地方？好在不怕失败，尊重差异。孩子说话迟，家长认为"贵人才语迟"，聊以慰藉；孩子走路跌跌撞撞，摔倒后，没有家长会把孩子训斥一顿，反而觉得孩子居然可以迈出第一步，非常喜悦；孩子"咿咿呀呀"说话，含混不清，大人也并不会生气，反而非常高兴，觉得这一声"爸爸妈妈"简直太美妙动听了。这个过程是充满赏识的，是承认差异的，是没有功利色彩的，也是家长天生的教育智慧的体现，更是美不胜收的。可是一旦孩子上学，这种美感往往就消失了，天生的教育智慧没有了，取而代之的是不断地追问，课上有没有认真听，作业有没有用心写，在学校有没有调皮捣蛋。曾经善于找优点的父母、长辈变得总是挑毛病，教育的美感没有了。

如果我们能够继续保持教育美好的状态，还用教孩子学说话、学走路时的心态去对待孩子，或者说用我们今天反复强调的"花苞心态"对待孩子，既赞美"盛开的鲜花"，又善待"迟开的花苞"，结果会是什么样的？我们不妨做一些设想。我个人觉得当生命得到这样的爱的滋养时，生命内在的生长力量会很强大，生命主体就会带着快乐和求知欲去学习，就会呈现"教师在激动和享受中教，学生在欢乐和入迷中学"的良好教学样态。如果我们始终瞄准这样一个境界去推进教学过程，使其成为教学常态，那么教育一定是美妙的。

我们知道教育要进行评估、评价，教学效果有理想的，也有不尽如人意的，这是客观存在的。尽管如此，但我仍然觉得审美性是可以弥漫在整个教学过程中的。我们可以想办法让每一个孩子在每一堂课上都能在美的感受中学习。尽管学习结果有差异，但只要改变我们的观念，进行整体教学设计和创新，我们就可以创造出一种新的教学范式。多年来，行知教育实验在这方面做了很多尝试，初有成效，但还缺少突破性的方案，起码大方向我们看到了，也认定了，甚至觉得即便孩子们学业上不是太成功，也不应该让其成为痛苦的根源，我们仍然要鼓励孩子往前走。我坚定地认为，"花苞"小学不开可以等到中学开，中学不开可以等到进入社会开，这一代人不开可以等到下一代人开。

尽管有的时候会有一些无奈，但仔细想想，我们对待孩子的学业成绩，对待孩子所谓的成就，和对待孩子的生命价值相比，孰轻孰重？哪个孩子不想考高分，不想表现优异？但是因为社会经历、生活条件等各方面的不同，所有人不可能齐步走，为什么我们不能去理解这种差异，然后引导大家一起来接纳这种差异，甚至享受这种差异呢？至少在我们教育者的心里，不要将它当成烦恼的根源、痛苦的根源。如果我们拥有这样一种观念，让追寻教育美感成为课堂遵循的首要原则，让教师享受课堂美感，让学生享受学习的美感，教育效果会不会更好一些？

在物质贫乏的 20 世纪八九十年代，行知小学的办学就有着这样一种良好育人的状态。在南京师范大学的问卷调查里，在学生的回忆录里，在最后的数据统计里，我们能感受到那样的教育景象是真实存在于学生的学校生活中的，是受学生欢迎的，是扎根在学生记忆深处的。虽然今天我们的教育整体上在进步，但是在学生快乐学习、主动学习层面，总觉得有待突破。

当我内心深处有了"天天都是乐教时"这样一种信念的时候，心中就要做一个不断发问的功课：我对自己现有的教育状态满意吗？我快乐吗？已到花甲之年的我，当认识到自己的学习力在下降的时候，就反复提醒自己，虽然学习效率已经大不如前，但我更看重的是学习过程中的美感和快乐，这种美感和快乐为我终身学习提供了源源不断的动力，更令我着迷。

我也会用这样的眼光去调节我的家庭成员的生活。我觉得享受学习过程的美感就可以，至于学成什么，效果怎么样，虽然也是要追求的，但可以把它放在相对次要的位置上。同时我也会用这样的眼光去看待我的儿子、孙子，特别是我的小孙子。孩子虽小，但我从他身上能感悟到：一定要让学习过程、教育过程变得美妙起来，变得富有审美性。哪怕实际的成效没有预期中的那么好、那么显著，或者将我们的教育效果跟别人的教育效果相比时，总感觉并不那么理想，这些也都不能冲淡我们对教育过程中美的享受，我们仍然应该让自己的生活变得美好起来。

　　"新教育实验"对教育目标和实验目标有一个非常好的描述，就是要过"幸福完整的教育生活"。"幸福完整的教育生活"一定是富有美感的生活，一定是"天天都是乐教时"的生活。

6

对自己的生命负完全的责任

我的童年是在贫苦中度过的。

我生在农村，长在农村。家中有父母、一个姐姐和两个妹妹。在我十几岁时，父亲因病去世，家中的顶梁柱倒了，全家人在悲痛之余不得不挑起更多的生活重担，尤其是我这个家中唯一的男丁。因此，小小年纪的我便深切感受到了贫穷所带来的生存上的巨大压力。

小时候，我做的事情主要有两件，一件是割猪草，另一件是捡柴火。那时的我放学以后经常带一只篮子和一把镰刀，到田间地头去割猪草。割满一篮子，便吃力地挎回家。看着小猪津津有味地吃草，我心里也美滋滋的。

童年虽贫苦，但教会了我很多东西。大自然为我的成长提供广阔的天地，农村生活让我感受劳动的艰辛与快乐，贫苦的家庭使我更有同理心。

所有的一切，对我来说是历练，更是一笔非常宝贵的财富，为我今后走教育之路带来了源源不断的启示和灵感，也让我懂得要对自己的生命负完全的责任。

我的母亲虽然一个字也不识，但做事从来都是身体力行、起早贪黑、任劳任怨的。在母亲身上，我看到了我们中国人特有的善良、勤劳、勇敢的品质。她曾经对我说过这样一句话："不管你到哪儿，只要有出息就行了。"母亲是智慧的教育者，因为这句话的潜台词就是要对自己的生命负完全的责任，如今的我不由得佩服和感激母亲，她给了我自主、自立的成长空间，我也将这种育人观延续到了我的孩子身上。

记得有一次接受《联合早报》关于家庭教育的访问，一位记者问我教育儿子有什么心得，我告诉他没有什么独到之处，无非是"三句话十八字"，这也是我与儿子之间的对话模式。第一句话是"我建议你选择"，爸爸永远是建议，但是决定权在他身上，即便是很小的时候，我们也只给他出选择题，他愿意这样做还是那样做。选错了也没关系，但要让他有一个选择的权利和机会。第二句话是"你选择你承担"，事情既然是他选择的，那结果怎么样，就不能埋怨父母，享有了选择的权利就要有勇于承担结果的勇气。但是父母不能用这句话来屏蔽掉所有的爱，一副事不关己，高高挂起的姿态也是不应该的。父母虽不替孩子负他们的责任，但要给予孩子负自己责任的力量，要适当安慰孩子，鼓励孩子，让他为自己的选择负责。第三句话很重要，是"你承担我陪伴"，他如果做出了选择，够努力，取得了成就，我为他自豪。但他如果由于经验不足做出了错误的选择，结果不够好，我们也会陪着他一起去接受它，用这种方式表达信任、表达尊重、表达爱。孩子学什么本领，有什么成就，这得看他的意愿，不是我们父母说了算的，我们只能起到辅助、引导、陪伴的作用。因为我们真的不能左右或决定孩子的人生，或者说我们只能对自己的生命负完全的责任，而不能越界替孩子负责任。

现在有的小孩就是因为家长对他们负的责任太多了，以至于彻底不会为自己负责任，这是非常大的一个问题。在教育文化里，虽然我们倡导自主性、自觉性、独立性，但是现在的家长包办代替，让孩子失去自理能力的倾向还是很突出的，孩子的独立意识得不到培养，从某种意义上讲，也就没有为自己生命负责任的机会。

我很小便承担了大量的家务劳动，这是非常有利于培养自立能力的，但是精神上的自信度是不够的，以至于后来的我比较自卑。当我更深刻地意识到对自己的生命负完全的责任时，也有意识地让自己变得强大起来，在成长中慢慢变得自信，那个过程是很艰难的，但也是非常重要的自我救赎，是对自己生命的完全负责。所以，我时常会鼓励大家有对自己的生命负完全的责任这样一种意识，因为我从自身的经历中感受到了它的重要性，它对于一个人成就事业，对于一个人的幸福是至关重要的。我们的教育教学要加强培养孩子自强、自信的品质，这才是教育要抱住的"大西瓜"，但我们现在不经意间就会做"捡芝麻丢西瓜"的蠢事。

自主、自立、自强、自信是我们对自己的生命负完全的责任本身应该有的样子。除此之外，我们还要自爱。自爱就是爱自己，并且坚决不伤害他人，但也坚决不被他人伤害。爱自己，不伤害别人，是不将自己的利益建立在损害别人的利益之上，是发自己的光，但不吹灭别人的灯，是心存美好、与人为善的表现。所有的问题都反求诸己，如果我伤到了别人，那是我的责任。当我们每个人都拥有这样清醒的意识时，就有了对自己的生命负完全责任的能力，这种能力有时是说不清道不明的，但在生活中是至关重要的。

有一次我的妻子到杭州去学习，我一个人在家，依然可以做到晚上不熬夜，早晨认真吃早餐，基本保持晚上 10：00 之前入睡，早上 5：00 起床，并为自己做一顿营养早餐的习惯。我感激妻子为我做早餐，即使她没有做，我也无权指责和抱怨，因为没有任何人的付出是理所应当的，包括亲人，自己才是自己生命唯一的主人、唯一的责任人。于是，我高高兴兴地自己去做，削一个土豆，洗几片白菜，拿一个鸡蛋放在蒸锅里蒸，之后冲一杯咖啡、放一些牛奶，热一块月饼，就做成了我自己喜欢的早餐。为自己的生命负完全的责任，就是不怨天不尤人，即使自己做得不够好，也要敢于接纳不完美的自己，学会与自己和解。

我觉得"四有"好老师，就是要做到知行合一，并且乐在其中，让自己每一天都过得自主、自立、自强、自信、自爱。这是人生的理想状态，也是教育的理想状态。

7

行知教育实验室

　　40多年走行知路,我萌生了一个念头——是否能够建一个行知教育实验室,用来开展教育实验,激发教育情怀。

　　我常常提醒自己,作为一个教育工作者,不能只是把教育当成一个职业,更要把它当成一项事业,这样才会进入一个不断探索、不断改进的过程中,而这个过程就是开展教育实验的过程。从本质上讲,每位教师都渴望改进教育,都渴望把教育做得更有效、更美好,所以我们每个人都可以做教育实验,也都应该做教育实验。当然,在教育实验这个问题上,教育者要有自觉性,当我们真正具有做教育实验的自觉性时,实际上我们的教育实验室就已经组建成了,就已经建在我们的心坎里了。

　　我们学校经过40多年的探索,最终形成了大情怀育人体系。但是我个人更加看重的是我们开辟了一条行知教育实验道路,我们用亲身经历感受到，一位普通教师也是可以做教育实验的，也是能够做教育实验的，更是应该做教育实验的。在做教育实验的过程中，我们会获得一份充实感、一份价值感和一份快乐感。当我们自觉地投身于教育实验，持之以恒地推进教育实验时，我们自身的教育素养也会随之不断提升，各种高质量的教育方案和经验也会慢慢被创生出来。久而久之，它们会帮助我们形成一个高质量育人体系。如果每个教育者都意识到要自觉走教育实验之路，将教育实验室建在心坎里，那么我们对教育的未来就会有更多美好的憧憬。

我心目中的教育实验室，是依据教育者个体的觉知来建立的，不必有多么大的规模，构成它的基本单元就是每一个有自觉意识、注重教育实验的教育者。

我认为教育实验可以在五个层面上展开，每一个层面都可以做很多事，都可以产生很高的价值。当然，我们可以侧重某一个层面或某几个层面，只要愿意，我们在每个层面上都可以把教育实验这篇文章做大、做实，产生更大的影响。

这五个教育实验就是"从我做起、带动家庭、以班为主、协进学校、连接社群"。具体来说就是在自我教育中开展实验，当自己受益的时候，也会带动自己的家庭。我们在学校里教一门课，带一个班，课堂或者班级就是我们开展教育实验的主阵地，在这个主阵地里我们大有可为，开展各种教育实验，我的班级我做主，我的课堂我做主。我们的教育实验跟学校之间是互动共进的，我们将之称作"协进学校"。做教育实验为提升整个学校的教育品质，提高教育质量，起到了促进作用。借助学校的力量和资源，我们的教育实验可以有一个更好的氛围。我们可以与其他班级、其他教师一起携手进行教育实验，还可以从学校走进社区、微信群、QQ群，在朋友圈分享、交流，我认为这也是教育实验的一种表现方式。这五个层面，无论在哪一个层面，都可以进行教育实验，都有无限的拓展空间，都可以创造美好的教育价值。

那么，如何"从我做起"呢？我觉得每个人在自我层面上的教育实验都有七个维度。一是"意义建构"，立足做良师，意识到教育事业是一项迷人的、无比重要的、有巨大创造空间的事业。二是"生涯规划"，终身走在行知路上，除了大的规划之外，还要有小的规划，日子是一天一天过的，每一天要做什么事，提前想好，对提高工作效率非常有价值。教育要不断地思考，不断地创新，既指向未来又回味过去，做生涯规划是可以跨越时空的。三是"知识管理"，建立个性化的知识体系。做教育实验要从我做起，在人格和专业上，我们到底要怎样建构自己的内在体系？我想或许不用什么都学，也不用钻牛角尖，要有所取舍，要日积月累，要把自己经历过的有价值的东西储存下来，把它们结构化，然后用一定的方式呈现出来。总而言之，要不断地塑造自己，让自己变得更加强大、更加快乐，就是做好了自己的个性化知识管理。四是"立足岗位"，在实践中成长，行动第一。珍惜课堂，珍惜岗位，珍惜学科，珍惜班级，在岗位上不断地成长，这个是教育实验要做的一件很重要的事情。五是"勤于读书"，做专业阅读。六是"善于交友"，展开专业协作。七是"乐于动笔"，提高专业敏感性。如果能将"意义建构、生涯规划、知识管理、立足实践、勤于读书、善于交友、乐于动笔"这七个维度的事情处理好，那就是在自己身上做了一个很好的行知教育实验。

　　"带动家庭"是我们每一个人都可以做的很重要的一件事。"带动家庭"要抓住几个词：对待父母，关键在于一个"孝"字；亲子和谐，关键在于一个"慈"字；夫妻和谐，关键在于一个"情"字；朋友相处，关键在于一个"心"字。在家庭层面开展行知教育实验，我们一定要处理好与父母、与孩子、与伴侣及与朋友的关系。人的一生就是在不断寻找志同道合的朋友的过程，我们的朋友圈不能只有自己，最好能够不断扩大。当然交友要慎重，要远离负能量的人，不管是亲戚还是朋友，关键在于尽心。

　　用心经营好自己的班级，这是我们作为教育工作者的重心，所以要"以班为主"。"以班为主"有几个关键点：第一，爱好每一个孩子；第二，上好每一节课；第三，做好教育文化、行知教育实验主持人，特别是班主任，要在教室文化建设上下功夫，要努力凸显主体意识，充分发挥主观能动性和创造性，做教室文化建设的主人，勇于追寻教育理想；第四，引导好家庭教育；第五，带好一支队伍，为了带好班、上好课，作为行知教育实验的主持人，不能单打独斗，这支队伍包括班上的每一个学生、每一位老师、每一位家长，还有其他关心支持班级经营的社会人士。主持人只有把这支队伍凝聚起来，才能带出精彩纷呈的班级，培养出茁壮成长的学生。

　　"协进学校"是开展教育实验拓展性的层次，就是要心里装着整个学校。"协进学校"可以抓住三个重点。第一，点上自觉做表率，为学校的发展做贡献。行知教育实验不只是说出来的、写出来的，甚至也不只是做出来的，而是活出来的，行知教育就是我们的工作方式、学习方式、生活方式，咬定青山不放松，知行合一，久久为功。第二，面上热心做服务，放大行知教育的影响力。即使是普通教师、普通班主任，也有机会参与学校的值日值周，参加教代会。总之，每位教师都有机会参与学校一定层面的工作，只要有机会便可在工作中开展行知教育，让更多人直观感受到行知教育的魅力。第三，全局审慎做统筹，做好学校文化顶层设计。做教育实验，校长要吃透行知教育理念，创造性地结合本校实际，抓课程开发、教法创新、队伍建设、条件改善、文化建构等。最重要的是做好学校文化顶层设计、整体架构，对于选用什么关键词作为核心概念，应该因校制宜。除了做好学校文化顶层设计之外，还要创造有利于实施行知教育实验的硬件条件，营造有利于行知教育实验的文化氛围，重点培养行知教育实验主持人。

最后一个是关于"连接社群"层面的行知教育实验。如果是一位教师、一个个体，它的影响力是相对有限的，如果是有广泛影响力的名师、名班主任、名校长，在推动行知教育实验层面就会产生更加广泛的影响。对于多数教师来说，这一块保持开放性就好，如果有机会在更大的平台开展或分享行知教育实验的价值，固然是好；如果没有，自己在班级中开展也很好。浦口区一直在推广行知教育实验，落实大情怀育人主张，在区域层面开展行知教育实验一定会产生更广泛的影响。

最终还是要回到以人为主，以个体为依托的行知教育实验层面上。我觉得我们可以做这样一个倡导，一个人的力量是微不足道的，但是如果众多的人携起手来，无数微不足道的力量就会凝聚成一股巨大的力量，这股力量不容小觑，将推动教育教学的重大变革。

时光荏苒，当我不再是语文老师，不再是班主任，不再是小学校长，不再是集团校长时，我知道我永远是"杨瑞清行知教育实验室"主持人。这块实验室的牌子在哪里可以找到呢？它一直挂在我的心坎里。

我期待在更多教育者的心坎里发现这块美妙的教育实验室的牌子……

8

世界学校

　　我们用一句话来概括行知教育集团的办学宗旨：共享行知教育，共建世界学校，共育时代新人。

　　2005 年 3 月，我到新加坡参观，朋友带我去南洋小学。那所学校建得很典雅，办学理念也很先进，人才辈出，是新加坡前总理李显龙的母校。王梅凤校长用一句话介绍办学愿景：办一所世界级学校。"世界级学校"这个词一下子触动了我。

　　南洋小学确实有"世界级学校"的气象。王校长有这样的胆略，有这样的格局，我很敬佩。我也开始思考一个问题：在中国长江边上的乡村学校，也能成为世界级学校吗？何时能够成为世界级学校呢？当时我们的学校是只有一座新建的教学楼的小学校，还没有发展成现在这样比较有规模的集团化学校。回来后很长一段时间，我常常琢磨"世界级学校"这个词。

要把办世界级学校作为行知小学的办学目标，很多理念应该确立起来。比如我们办学校是不是要学习世界先进的理念，是不是要保持一种开放性；再比如我想到陶行知是世界级教育家，实践陶行知教育思想，是不是有利于创办世界级学校……后来，成尚荣先生给我建议，可以不要提那个"级"字，可以关注"世界学校"这个命题；每一所学校都可以也应该去办"世界学校"，都要有办"世界学校"的格局、视野和行动。他的话一下子说到了我的心里。

2008年，我邀请了我的导师朱小蔓教授和窦桂梅校长一起到新加坡参加第四届行知思想与汉语教育国际研讨会。我们跟当地的校长、老师、学者一起以"迈向世界级学校"为主题进行了深入研讨。朱小蔓教授发表了主旨演讲。我也在发言中谈到，中国的乡村学校也要办世界学校。这次交流会促使我思考我们学校的办学格局与定位。

我们学校在2007年以后获得了重要的发展机遇，扩建行知基地，新建行知中学和幼儿园，创办行知教育集团。事实证明，在办学视野和格局打开之后，学校又获得了更大的发展。这个时候，我更有信心办好这所乡村学校，甚至开始有了这样一个认知：在信息化时代，不管是城市学校还是乡村学校，不管是国外学校还是国内学校，都是在"地球村"上办学校，都应该叫世界学校，所有的学校都应该是世界学校，我们都要有办世界学校的理念和信念。基于这种认知，我对学校的办学宗旨做了一个概括提炼，几经交流讨论，最终锁定在这一句话上：共享行知教育，共建世界学校，共育时代新人。

这三个"共"既是一种策略，也是一种理念。我们学校从过去到现在，再到走向未来，重要的资源也好，重要的策略也好，重要的推动力也好，来自哪里呢？来自行知教育的共享。这所学校因为学习并实践了陶行知教育思想而有了活力，所以，我们很愿意共享，期待更多学校走行知路，也能获得更好的发展。反过来讲，当大家都在行知路上携手同行的时候，他人的经验与成就对我们又起到了启示与激励的作用，所以共享是相互的。而且这个共享不能只是在国内相互交流，也要站在全球的格局下共享，比如可以跟新加坡、马来西亚及世界其他地区的学校共享，只要有缘相见，便可以携起手来共享行知教育。行知教育是值得共享的。陶行知先生是世界级的教育家。他早年在美国哥伦比亚大学学习，师从杜威、克伯屈、孟禄等知名教授，回到中国，吸收了中华优秀传统文化，构建了一个非常扎实的理论体系，太值得共享了，太需要共享了。

共建世界学校就是学校间相互支持，相互勉励，相互激励，相互启发，让所有的学校都打开视野办教育。在办学条件、办学理念、管理文化的提升等方面，我们都可以携起手来，向全世界最好的教育模式学习。我觉得现在时机成熟了。

最终的目的还是要育人。育什么人呢？共同来培育时代新人。

中华民族的伟大复兴已经进入了不可逆转的时代。作为一个教育人，我们应思考的是民族复兴要靠人才支撑，如果这个时候我们没有这种格局与视野，不懂共育时代新人，不呼应国家的教育方针，是肯定不行的。人类命运共同体的建设也要靠人，学校教育应该大力弘扬全人类共同价值——和平、发展、公平、正义、民主、自由。

打开视野，我们办学要做的事情就会很多，但最终还是要锁定在育人上面，落脚在育人上面。我们要共育德智体美劳全面发展的时代新人，共育弘扬社会主义核心价值观的时代新人，共育担当民族复兴大任的时代新人，共育践行全人类共同价值的时代新人，共育促进人类命运共同体构建的时代新人。

9

并肩走在行知路上

学校是要有文化主题的，办学校就像写一本大书，这本书的文化主题应该是清晰的。2007 年，陶城教授第二次来我们学校时，我们找到了学校的文化主题："并肩走在行知路上，携手创造精彩人生。"2008 年，向守志将军为我们题写了校训"还能更精彩"，刚好可以做这副"对联"的横批。

我们刚开始时把"走在行知路上，创造精彩人生"作为学校的文化主题。走着走着，我们感觉似乎说得还不到位，因为个人的力量是有限的，一所学校的力量是有限的，中国的高质量教育体系建设，需要更多人一起来努力。于是我们加了两个词"并肩""携手"。

陶行知先生说："晓庄是一部永不完稿的诗集。"这句话对于我们晓庄人来说具有极大的感召力。我们今天办一所学校，不就是在续写这一部诗集吗？

谁不愿意让人生更精彩呢？创造精彩人生，它包括教育者的人生要精彩，也包括受教育者的人生要精彩。这个主题是说得通的，也是准确的。现在关键的问题在于，我们真正走上行知路了吗？或者说我们怎样做才算是走上行知路了呢？行知路的核心要义在于是否真正遵循了知行合一的哲学理念。如果没有做到知行合一，你如何有底气走在行知路上？

千百年来，中国人都在强调知行合一，《中国教育现代化 2035》提出了八大基本理念，其中一条就是"更加注重知行合一"。但为什么我们总有一种知行分离的感觉呢？

我们能不能真正回到知行合一上，做一个清醒的教育者呢？人人都是教育者，怎样做？还是要学习中国老祖宗的智慧，发扬中华优秀传统文化，特别是发扬中华优秀教育文化。中华优秀教育文化的核心命题之一就是知行合一。

陶行知先生是知行合一的典范。怎么做到知行合一呢？他想了一个好办法，改名字。在南京上学时，他把陶文濬改成陶知行。1934 年在上海时，他把名字又改成陶行知。后来在书信往来当中，他干脆把"知"字夹在"行"中间，创造了一个新字"衔"，他把这个字读作 gàn。从字形上看，我们看到"知行合一"合体字的时候，合一的感觉似乎得到了强化。

我和老师们经过一番探讨，感觉到，落实知行合一，从字形上看，写成一个"衔"字。从意义上看，知行合一，可不可以合于一个"我"字？从我做起，挖掘自身的无限潜能。主体意识要出来，责任担当要出来。作为乡村教师，我们要有这个担当，有这个意识，这是很重要的。躬耕教坛，强国有我。如果这个"我"不站出来，没有担当，怎么做到知行合一呢？

知行合一，还可以合于一个"爱"字。从爱出发，让每一个孩子都得到关爱。我们用"爱"字来落实知行合一，这是理所当然的事情。

知行合一，合于一个"大"字。从大着眼，坚信小学校里有大教育、大文化、大事业。

知行合一，合于一个"此"字。立足于此，整合身边的丰富资源。因为抓住了"此时、此地、此人"，看到了"此"的价值，我们才安下心来，脚踏实地地在小学校里耕耘。

知行合一，还应该合于"真""善""美"三个字。不真算知行合一吗？不善是知行合一吗？不美也不是知行合一。还可以合于学以致用的"用"、持之以恒的"恒"、乐在其中的"乐"。如果不能学以致用，算什么知行合一？学的是一回事，用的是一回事，那不就是知行分离了吗？如果不能持之以恒，朝三暮四的，那就是没有合一。如果不乐在其中，做得不快乐，你会焦虑、愤怒、痛苦，那就违背了知行合一的原理，并没有走在正确的教育道路上。还可以找很多字，"德""智""体""美""劳"不也是要一个字一个字地落实吗？没有德，不是知行合一。没有智，考不好也不行，也不是知行合一。身体坏掉了，没有"体"，不是知行合一。没有"劳"，不愿意动手，肯定也不是知行合一。

知行合一，最终是要落在一个"人"字上面的，"人"不是空泛的人，是一个有价值感的人，是一个能找到盼头的人，是一个能找到生命意义的人。当我们学会真正把做人扛在头顶上的时候，知行合一就真的落实了。

行知路，是教育路，是人生路，是幸福路。行知路上，人人都是学习者，人人都是教育者，人人都是创造者。让我们并肩走在行知路上，携手创造精彩人生，一起为建设教育强国多做贡献。

附　录

1

关于试办"行知实验小学"的志愿书

20世纪80年代的今天，我国正处在历史转折关头，一切都将转入奔向"四化"的轨道上来。实现"四化"，科学技术是关键。科学技术要靠人去掌握，掌握科技的大批人才从哪里来？只有通过教育和训练。因此，教育是实现"四化"的基础，特别是小学教育，更是基础的基础。新时期的教育应当充分发挥它的职能，为"四化"服务。

但是，我国目前的教育还比较落后，特别是农村教育，农民中还有很多文盲；教学设备、教学条件较差，一些教育方法也不符合教育规律，影响了人才的培养……总之，我国的教育还不能满足"四化"的需要。要实现"四化"，教育必须彻底改革，要迈出新步伐，闯出新路子。

我们是中等师范应届毕业生。我们常想，我们年轻人应该把祖国的命运放在心上，把"四化"重任担在肩头，要立大志，有作为。创伤累累的祖国需要她的儿女们去医治，祖国要走向繁荣更需要她的儿女们去建设；我们作为祖国的儿女，应当为祖国，为人民做出毕生的努力。我们将成为一名人民的小学教师，强烈的事业心使我们常会想能在小学教育岗位上干出一番事业，做出一些成绩来。我们正视了当前国内的教育现状，我们不满足这个现状，我们立志走改革之道，为改变这个现状做努力。我们多么希望祖国能很快地富起来，能很快就实现"四化"啊！可是，我们知道实现"四化"不是轻而易举的事情，要全国人民付出巨大的努力。实现"四化"需要大批掌握科技的人才，我们决心努力奋战，为"四化"多培养合格人才。

在临近毕业之际，我们经过反复郑重地思考，决心创办一所学校。我们将尽最大努力办好这所学校；我们将依靠科学的真理，依靠实践，踏踏实实地干一番，用我们毕生的心血换来千万个"四化"的建设人才。我们知道困难重重，道路曲折，也自知没有特殊本领，但是我们有一颗忠诚于党的教育事业的赤子之心，有火红的青春，有炽烈的热情，有旺盛的求知欲，还有充沛的精力！

能做出成绩来吗？想想伟大的人民教育家陶行知先生吧，在那个时代陶先生尚且百折不挠，创办晓庄师范、育才学校，为国家培养了大批栋梁之材，直到今天，他的学生仍在革命和建设中发挥重要作用。那么今天，有优越的社会主义制度，有党的正确领导，有无产阶级专政的支柱，有马列主义、毛泽东思想这一科学的思想武器，有万众一心奔"四化"的大好形势，难道就不能做出一些成绩来吗？

即使失败了，也可以给后人一份教训，改革之路迟早是要有人闯的，这是时代发展的必然。另外，在我们年青一代中胸有大志、忧国忧民的人是很多的，我们的做法可能会在他们当中引起反响，从而起到激励、启发的作用。我们决心做教育改革的道路基石。

我们设想创办的学校是这样的：它叫"行知实验小学"。这里有两层含义，行知，行知，实践出真知，就是在教育实践的基础上，搞教育改革，探索教育规律。当然，我们会充分借鉴国内外先进教育经验。行知，行知，发扬行知精神，继承人民教育家陶行知先生的珍贵的教育遗产，为"四化"服务。这所学校将是完全打破旧的框框，勇于实践，大胆创新的学校；这所学校将是十分重视发展智力，培养能力，既重视德智体美劳全面发展，又重视学有专长的学校；这所学校应该是高质量、高速度为"四化"培养有用之才的学校……

由于我们目前的水平还很低，没有经验，时间又紧，因此办学的具体计划尚未考虑成熟，有待领导的指导，有待仔细地研究和制订。这里我们只能提出几个初步打算。

一、到农村去，到艰苦的地方去办学

中国是一个农业大国，农村需要大批人才去建设，农业搞上去了，中国才能富强起来。我们生在农村，在农村长大，我们深深感受到农村的教育太落后了。农村教学条件普遍较差，师资质量也普遍较低。许多只适应城市而不适应农村的教育手段勉强地用于农村学校，而农村学校本身的特点未能得到很好的体现。农村教育大有改革的必要。农村有许多孩子，好好培养，是能够成才的。陶行知先生办乡村教育，办育才学校，大多数的教育对象是农村孩子，结果出了人才。陶先生当年就强调乡村教育了，今天，我们更应该把目光放远，重视农村教育。

我们决心到农村去试办"行知实验小学"，到农村这个广阔天地里造就人才。我们将密切联系群众，从实际出发搞实践，努力探索出一条适合农村特点的快出人才的路子来。

二、征集一批志同道合的"志愿兵"

"办学"是我们的设想，具体去执行、去实践非得有一批人不可。这批人我们认为应该是对教育改革有志向、有志愿的"志愿兵"。"志愿"二字有两层意思：一是志向，二是意愿。搞教育改革，搞创新，改革者没有坚定的志向和意愿是不行的。

"志愿兵"，彼此志同道合——都是为了实现"四化"，在建设繁荣昌盛的社会主义现代化强国中立志改革，把青春献给伟大的祖国；他们兴趣一致——对教育改革都有火一样的热情，他们集中地为着一个目标而来，他们对教育改革有思想、有办法，既能独立深入地研究教育，埋头苦干，又善于相互帮助，相互启发，相互讨论，相互批评；他们能拿着碗筷在一起比比画画，热烈地讨论问题；他们能避免行政上的阻力，敢想、敢说、敢做；他们能认真地对某一问题提出尖锐的批评，他们每一个人都能承受批评，毫不气馁地继续钻研某一问题，直至彻底弄清为止——要么是失败的教训，要么是成功的经验……这样，我们必定能不畏艰难曲折，做出成绩。现在科学史上发现和创立的控制论，就是"志愿兵"的结晶。

三、要求作为"江苏省陶行知教育思想研究会"的实验点

　　伟大的人民教育家陶行知先生一生献身于教育事业，给我们留下了许多珍贵的教育遗产，发展智力、能力，因材施教、爱的教育等教育思想，陶先生当时就提出来了，这些思想在今天大有借鉴之处。陶先生的教育思想有的已经实践过了，有的则由于旧社会的黑暗，未能实现。今天我们可以充分实践了，让我们继承陶先生这份珍贵的遗产吧，我们应该使陶先生的教育思想获得新生，为"四化"服务。

　　对陶先生的教育思想，我们了解得还很少，更没有专门去研究，怎么去继承呢？我们打算这样解决这个矛盾：我们参加江苏省陶行知教育思想研究会，"行知实验小学"成为该会的实验点，这样更能体现后劲，更有前行的方向。

杨瑞清、李亮

1981 年 5 月 4 日

2

2000 年 9 月全国优秀教师师德报告团报告稿

我汇报的题目是《人生为一大事来》。

我来自江苏省南京市江浦县，我所在的村办小学是用伟大的人民教育家陶行知先生的名字命名的，叫行知小学。我师范毕业以后，一直在这所小学工作，一晃快 20 年了。

1981 年的五四青年节，对我来说，不同寻常。那时我 18 岁，即将从陶行知先生创办的晓庄师范毕业。作为一名 80 年代的热血青年，这一天，我要做一个重大决定。我敲开了校长室的门，递上了早已写好的志愿书。

我在志愿书里写道：我来自农村，亲眼看到农村教育还很落后，还有很多农民的孩子不能上学，不能上好学。陶行知早年为农民办教育的事迹和他"为一大事来，做一大事去"的伟大精神，强烈地感召着我，我无法心安理得地要求进城教书，我决心到最偏僻、最艰苦的地方去办学，为乡村教育的发展，为中华民族的振兴，贡献自己的青春和力量。

没过几天，校长就让我在全校广播会上宣读志愿书。一时间，这件事成了全校议论的焦点，有的说我"很有志气"，也有的说我"爱出风头"。在困惑中，在老师的指点下，我找到了正在南京开会的著名特级教师斯霞、李吉林。她们说我的想法很好，鼓励我：立大志，做大事；有志者，事竟成。

我又回家征求母亲的意见。我早年丧父，家境贫寒，是母亲含辛茹苦把我拉扯大的。母亲就我一个儿子，她年迈多病，按常理，我首先应该争取分配到城里，好让母亲能跟着享享福；如果不行那也应该回到家乡学校，便于照顾母亲。可我却偏偏另有打算，母亲能理解吗？

谁知善良的母亲只有淡淡的一句话：不管你到哪儿，只要有出息就行了。

就这样，我做出了人生的第一次重要选择，在进城和回乡之间选择了回乡。我觉得，青春，不能没有理想支撑，不能没有激情相伴。有榜样的引导和亲人的理解，我内心充满了力量。

在教育主管部门的支持下，我选择了偏僻的江浦县建设乡五里小学。当时，这所村小只有七八名教师，100 来个孩子，学校建在小山坡上，只有几间漏风漏雨的教室和一些破旧的课桌凳。农民们嫌这所学校的教学质量不好，纷纷舍近求远，把孩子转到别的小学。我刚来报到时，农民们见我身材单薄，满脸稚气，露出了失望的神情。他们也在背地里说：分到这里的两个小年轻肯定是被好学校挑剩下来的！

但是，我没有把这些困难放在眼里，一心沉浸在初为人师的喜悦中，沉浸在大干一番的豪情中。

我主动要求带一年级，并把这个班命名为"行知实验班"。我决心用"爱满天下"的思想，不让一个孩子失学，不让一个孩子掉队，让五里村从此不再产生新文盲。开学前，我就对全班学生进行了一次普遍家访。农民们感到有些新奇：这个新来的老师倒挺认真的。

但是，开学上课了，还有一个叫徐玲的孩子没有来。当天下午，我就跑到徐玲家去找家长。她父亲淡淡地说："女孩子读不读书无所谓，再说家里还得有人放鹅。"我苦口婆心地劝了半天，没有用。第二天、第三天，我一放学就上门去动员，家长的态度却越来越生硬，有时干脆躲着我。一个星期、两个星期过去了，我真急了，我想到了陶行知的一句话：来者不拒，不来者送上门去。从此，每天放学后，我便赶到徐玲家，一边陪她放鹅，一边把当天学习的功课教给她。徐玲学得挺认真。有时，我还带着几个学生去，把徐玲家的堂屋当成课堂，大家一起读书、写字，一起讲故事、做游戏。即使下雨，我也坚持天天去。见我这样认真，徐玲的家长也过意不去，国庆节后，终于把孩子送到了学校。徐玲上学迟，又没有上过幼儿园，功课一时跟不上，我时常利用休息日上门为她补课。头一个春节刚过，我早早地回到学校。正月初六那天，我又到了徐玲家，给家长拜年，给徐玲检查、辅导寒假作业，不知不觉到了中午。徐玲的父母摆好了饭菜，热情地留我吃饭。我谢绝了他们的一番好意，赶紧离开了徐家。我一边走，一边津津有味地啃着母亲做的炒米糖，继续给我的农民朋友拜年。这件事不知怎么被徐玲的父亲知道了。后来，他经常对别人说："杨老师为我女儿费了那么多心，连一顿饭也不肯吃，大过年的，还带着干粮家访。这样的老师我真服了。"

爱是一种伟大的教育力量，要当好一个教师，首先要有一颗真诚的爱心。我是一个乡村教师，必须真正地去爱农民的孩子。我把他们当作自己的小弟弟、小妹妹一样，关心、爱护他们，耐心辅导他们。特别是对一些后进生，我给予了更多的关怀与帮助。渐渐地，我班上的孩子们进步了，懂礼貌、守纪律、爱学习的良好班风形成了。

农民是纯朴、实在的，尽管一开始，他们对我持有怀疑态度，但没出几个月，他们就开始传：学校来了个好老师。村长也常常往学校跑。

第二年春天，村里为学校集资七万多元，易地新建校舍。年底，孩子们就欢天喜地地搬进了新学校。这七万多元中，一部分是农民在村长带领下个人捐献的，大部分是五里村仪表厂、砖瓦厂赞助的。农民们把改革开放以后挣的第一笔钱花在了教育上。我心里很清楚，这是农民对学校寄予了厚望，对教育寄予了厚望。我的信心更足了，劲头更大了。

学校变化了，教学质量提高了，原先从村里转学出去的孩子又纷纷转学回来了，并引起了县、乡各方面的关注。

1983 年 5 月，我突然接到了调令，组织上要调我到江浦县担任团县委副书记。这件事一下子使我陷入了深深的矛盾之中。我找了很多领导、老师、亲朋好友，问他们我该怎么办。有的说，这可是大好机遇，不可错过；也有的说，事业才起头，丢掉太可惜了。在困惑中，我服从了组织的调动，这一年，我整整 20 岁。

在告别班会上，孩子们一个个哭成了小泪人。家长们也先后赶来为我送行。村长动情地说："说心里话，真舍不得你走；但是，我们又不能耽误你的前途。杨老师,把五里村当娘家吧,要常回来看看……"我忍不住热泪盈眶。

在团县委工作期间,我努力熟悉业务,精心组织活动,工作繁忙,但我没有一天不想孩子们,不想五里村的乡亲们,我强烈地意识到,我的心还留在五里小学,我丢不下乡村教育事业。

乡亲们和孩子们也很留恋我。五里村的村长还找人代笔,以全村老百姓的名义,给县教育局局长写了一封长信。信中说,我们农民的孩子要上学,更要上好学。多少年了,我们难得盼来了一个好老师,却又被调走了。我们强烈要求县里多分配几个像杨瑞清这样的老师到五里小学。有了好老师,办学花再多的钱,我们都愿意。这件事深深地触动着我,我再也坐不住了。

这年的 7 月 1 日,我特意赶回五里小学,邀来了几个农民朋友,并把母亲接来了。我要在这个特殊的日子为自己过一个 20 岁生日。大家让我面对烛光许个心愿。我吐露出积压已久的心声:我要回来,我一定要回来!农民朋友情不自禁地紧紧握住了我的手。母亲还是那句话:"不管你到哪儿,只要有出息就行了。"

于是,我以口头和书面形式,反复向有关领导郑重提出重回五里小学的请求。我诚恳地对领导说:"适合做共青团工作的人很多,不缺我一个;扎根乡村教育、实践行知思想的人不多,不能再少我一个了!"我的决心感动了县领导,他们终于批准了我的请求,使我完成了人生的第二次重要选择,在从政和从教之间我选择了从教。看到我回来,孩子们高兴得欢呼起来,村长也逢人便说:"这个年轻人不简单。"

　　但是，对于我的选择，也有不少人大惑不解，认为我太傻，白白断送了"大好前程"。我想，陶行知先生当年留学回国，脱去西装革履，穿上布衫草鞋，捧着一颗爱心，下乡为农民办教育，也有人说他是"傻瓜"。可陶先生却写了一首诗回答："傻瓜种瓜，种出傻瓜。惟有傻瓜，救得中华。"我愿意做这样的"傻瓜"，铁了心当一辈子乡村教师，永远做农民忠实的儿子！

　　我回来了，一批有志于农村教育事业的青年教师和师范毕业生也聚起来了。学校逐步形成了一支精干的教师队伍。五里村农民办教育的热情更高了，又一次自发集资十多万元，为学校盖了体育室、音乐室、图书室和自然室，建了围墙、校门，砌了乒乓球台，安装了单双杠、攀登架。一时间学校办得红红火火，国内外教育同行纷纷来参观。1984年，联合国教科文组织的官员还到我们学校来考察。

　　1985年1月10日，在我们的要求下，经县教育局批准，五里小学正式更名为"行知小学"，成为全省第一所以"行知"命名的学校。这年9月，我被任命为行知小学的校长。我一方面继续带班，另一方面团结全校教师，开始了新一轮的探索。

　　我们发现，留级率高是农村教育中的一个突出问题。我对五里村1967年到1975年之间出生的357名青少年在小学阶段的学习情况做了一次全面调查，结果是：72%的学生有过一年以上的留级历史，357人一共留级455年，人均留级1.27年。面对这组触目惊心的数据，我震撼了：这455年要浪费多少宝贵的童年时光？要耗费国家多少教育经费？又给农民家庭增加多少负担？我和老师们下定了决心，不管遇到多大的困难，也要坚决取消留级制度，把留级这道门关死，让行知小学从此不再有留级生。

在实践中，我们领悟到，搞好不留级实验，关键是要树立科学的教育观，全面贯彻党的教育方针。我利用参加本科函授学习的机会，请教专家，查找资料，进行国内外留级制度的对比研究，提出了"学会赏识，扬长补短，促进迁移"的教改思路。首先是学会欣赏孩子整个的生命，坚信每一个农民的孩子都具有巨大的发展潜力，不管成绩好坏，品行优劣，都应当无条件地尊重、信任、理解他们，无条件地爱他们。其次是学会激励孩子，肯定他们的优点、闪光点，扬长才能促进补短、促进迁移。赏识导致成功，抱怨导致失败，是我们实验的信条。

有一个叫朱仁洲的学生，他调皮好动，学习不认真，每次考试几乎都不及格。按以往常规，可以让他留级了事。他的父亲也曾经到学校来，要求给孩子留一级，我耐心地说服了家长。我们发现他有美术特长，对构图、色彩很敏感，就发动学生选他担任美术组长，鼓励他多画，并启发他为每幅画都写上一段说明文字，称作"图画日记"。几大本图画日记写下来，又不失时机地让他在全校办画展。渐渐地，这孩子自信心上来了，成绩也上来了。后来，朱仁洲不但没有留级，而且顺利地上了初中，又上了高中，最后，还凭美术专长上了西北轻工业学院工业设计系。

我们学校从 1986 年第一个不留级实验班开始，以后的班级都实行了不留级制度，再也没有产生一个留级生。学生基础扎实，发展全面，后劲足，"尖子"多，成了乡中学最欢迎的生源。"不留级实验"实际上是我校早期自发进行的素质教育实验。这项实验被确定为南京市"八五"重点课题，荣获了全国陶行知教育理论研究与实验成果一等奖。

90年代初，我国的教育改革开始向纵深发展，科教兴国的战略思想和素质教育的理念逐步深入人心，苏南发达地区的农村学校已经启动了教育现代化工程。而由于资金短缺、信息闭塞、教师队伍难以稳定等多方面的制约，相比之下，我们的差距越来越大。

行知小学怎么办？放弃努力吗？我不甘心。消极等待吗？只会使差距越拉越大。70多年前，陶行知先生就提出"生活即教育""社会即学校""教学做合一"；邓小平站在时代的高度，指出教育要面向现代化，面向世界，面向未来。这些精辟的思想，使我得到了新的启示：学校的生命力在于它跟社会、跟时代的融合。把社会力量尽可能多地集中起来办行知小学，把小学功能尽可能多地释放出去服务于社会，这不正是行知小学的出路吗？

可是，我们学校长期以来基本上还是就小学论小学，没有真正与社会打成一片，因而缺乏办学的活力。是继续走传统的、封闭的学校小教育之路，还是走新型的、开放的社会大教育之路？我做出了人生的第三次重要选择：在封闭与开放之间，选择了开放！不选择开放，就会在时代发展的洪流中落伍；不选择开放，就干不成乡村教育的大事业！

于是，我们根据时代的特点、现实的需要，把开放意识、创新精神融入了自己的实践中，在"联合"两个字上狠下功夫，以小学教育为中心环节，向幼儿教育和成人教育两头延伸，向产业建设、基地建设、文化建设多方拓展，一步一个脚印，逐步形成了新的办学格局，我们称之为"村级大教育"。

乡村教师心中不仅要装着乡村儿童，而且要装着农民群众，把儿童教育与农民教育有机地结合起来，提高农村两代人的素质，是我们给自己提出的新课题。一方面，我们先后开办了 6 个扫盲班、8 期实用技术培训班，23 个家长学习班，还有 1 期夜高中班，先后组织了 2000 多名农民参加学习。其中，绝大多数参加了从幼儿园小班到小学毕业长达几年的家长学习班活动。另一方面，我们发动全体学生做新时代的小先生，即知即传，成为教师与农民之间一条活的纽带。不懈地努力，逐步形成了人人受教育，人人办教育，两代人相互促进，共同成长的生动局面。在这个过程中，我们特别要求自己，强化"大教育意识"，使一个个教育活动被赋予大教育功能，显著提高了育人效益。

我们校园里栽着 8 棵柿子树，从春天挂果到秋令成熟，长达半年，果实长大以后把树枝压得很低，孩子们坐在地上可以摸到、闻到，但是没有一个人乱摘。有一年 10 月，我们收获了 2000 多个柿子，特意举办了一个柿子节。面对一篮篮红灿灿的柿子，我对同学们说，这可不是一般的果实，它有四大含义：第一，它是劳动之果，是全校师生浇水施肥、挥洒汗水的结晶；第二，它是智慧之果，大家围绕柿子树写日记、做数学题、观察、思考，变得更加聪明了；第三，它是道德之果，没有道德的自觉约束，就没有这丰收的果实；第四，它还是艺术之果，每到秋天，绿油油的叶子、红艳艳的果实，装点着校园，形成了一道亮丽的风景线。我接着又说，是同学们辛勤的劳动创造了这至真、至善、至美的果实，学校决定把它分给大家。学生兴高采烈地鼓起掌来。大家商量了一个合理的分法：一致同意，先分给女同学，大柿子分给小同学。当全校同学个个分得柿子，兴奋异常时，我对大家讲：请大家还要完成一个光荣的任务，把柿子带回家去，给家里人讲一讲"8 棵柿子树的故事"，说一说这柿子的四大含义，然后全家人一起分享这个精神文明之果吧！就这样，柿子树的故事在村里被广泛流传，乡间农舍吹进了一股清新的空气。

数百名小先生，就是这样在老师的指导下，不断把新事新风、计划生育、环境保护、港澳回归、海湾战争等话题，带到农民中去谈论，不断传递着法律常识、实用技术，成为播撒文明的一群小天使，成为村级大教育的一支生力军。五里村成为南京市尊师重教先进集体，成为南京市农业现代化示范村，也有小先生们的一份功劳啊！

在实施村级大教育的过程中，我们还争取农民的支持，开办了一个占地几十亩的实验农场，成为我校学生动手实践、提高素质的宝贵资源。我想，小小的农场应该把它做大，也可以做大。为什么不把这块基地推向社会，让更多的孩子来共享呢？

1994 年，我们主动争取南京市关心下一代工作委员会的支持，利用实验农场，组合社区资源，创办了全市第一家面向城市中小学生的"行知教育基地"。我们放弃了大部分寒暑假、双休日的休息，熬过了无数个不眠之夜。一家家跑学校，争取信任，争取合作；一次次找政府，争取资金，争取政策。精诚所至，金石为开。行知基地已经赢得了 100 多万元的投入，建成了专门的宿舍楼和食堂，拥有 200 多张床位和配套的生活、活动设施。接待人数逐年增加，去年达到 6000 人次，南京市 20 多所重点中学、实验小学纷纷在基地挂牌定点，澳大利亚的中学生也曾来这里接受锻炼。这些城里孩子，在基地收获庄稼、喂养牲口、夜半行军、野外生存、开篝火晚会、科学观察……特别是与农村孩子手拉手，到农民家吃住，参与生产劳动，体验农家生活，从中受到了深刻的教育。我们高兴地看到，行知基地已经成为全市中小学生热切向往的农村生活乐园，被称为南京素质教育的活跃细胞。

开拓创新之路是没有止境的。1996 年年初，我们又抓住机遇，和南京古南都饭店签订了 15 年联合办学协议。南京古南都饭店是一家四星级宾馆。饭店总经理了解到我校艰苦创业的事迹后深受感动，出资为学校每间教室配备了录音、广播、电视、投影等"四机一幕"，每月给学校教师发放一定的补贴，给家庭困难的孩子长期资助。今年 6 月 1 日，我们还争取到南京日报社的大力支持，建成了一间电脑教室，使农村孩子也学上了电脑。

走开放之路，走创新之路，使行知小学形成了可持续发展的内在机制，发生了根本的变化。村级大教育课题，从一个侧面，大胆探索了乡村教育的发展规律，得到了中国陶行知研究会与中央农村教育综合改革调研组领导、专家的肯定，被确定为省级"九五"重点课题。行知小学也先后两次被评为"江苏省模范学校"。

为了适应农村教育事业的需要，多年来，我一直注意加强师德修养，坚守着学习是硬道理，成长是硬道理的信念，在深入实践的同时，发奋读书，领会方针政策，把握最新信息，特别是系统地跟踪研究素质教育的理论与实践动态，研读中外教育家原著，参观名校，拜访名师，去年还参加了南京师范大学的教育基础理论博士研究生课程进修。从走上工作岗位第一天起，我就坚持写教育日记，把做的、读的、问的、想的随时随地记下来，至今已写下 120 多本 500 多万字。这 500 多万字忠实地记录了一个乡村教师的梦想与激情，记录了一个农民儿子的快乐与艰辛。虽然我存折本上积累的有形财富还寥寥无几，但是笔记本上积累的无形财富已日渐丰厚。这是我最大的快乐和骄傲！

在投入农村教育事业的同时，我也有了一个幸福的小家庭，我和我的爱人是在农村夜校里认识的，现在她在村办工厂里上班；儿子健康活泼，已在行知小学上到了五年级；母亲已被我接到身边，安享晚年。忘不了1989年我结婚时，五里村农民给我送来了一块匾，上面写着"乡村教育之家"六个大字，这是农民对我的最高奖赏。

回顾近20年的乡村教育实践，我最大的感受是：值得！

有人说我得到了那么多那么高的荣誉，苦也值得。但我更觉得我只是一个平平常常的乡村教师，是千千万万在农村学校中默默奉献的一员。时代要推出自己的杰出青年、劳动模范，我只是一个幸运的代表。

有人说我如果不辞去团县委的工作，现在有可能当上了更高级别的领导，可以发挥更大的作用。干了这么多年，还当个乡村小学教师，不值得。而我认为，人生价值的大小，不在于职位的高低，更不在于享受的多少。乡村教师"捧着一颗心来，不带半根草去"，完全可以体现出崇高的人生价值！

我觉得20年过得太快了，有收获，也有不足。好在，我还年轻。我还要认真干好第二个20年。

我坚信，乡村教育工作看似平凡，但是小里可以见大，平中可以出奇。人生为一大事来！美好的理想一定能实现！

3

2022 年基础教育国家级教学成果特等奖成果报告——《大情怀育人：扎根乡村 40 年的行知教育实验》

走在行知路上，培育乡村新人。几代教师扎根乡村 40 年，坚守初心，致力于让乡村儿童享受公平而有质量的教育，潜心开展行知教育实验，构建了大情怀育人体系，走出了一条乡村教育现代化之路。

一、问题的提出

围绕乡村学校不同发展阶段的育人难题，如何创造性运用陶行知教育思想，传承优秀乡村文化，推动育人方式变革，重点解决以下三个问题。

一是办学条件差，师生流失严重，解决乡村学校的生存问题。

二是封闭办学，城乡教育差距大，解决乡村教育的公平问题。

三是在城乡一体化背景下，解决乡村儿童享受高质量教育的问题。

二、解决问题的过程与方法

本成果以陶行知教育思想为引领，以培育乡村新人、创办一流乡村学校为目标，以大情怀育人为主线，以行知教育实验为抓手，经历了四个发展阶段。

(一)村校一体，生活育人(1981—1993)

1981年开办行知实验班。1985年创办行知小学，逐步开展小幼衔接、劳动教育、家长学习班、不留级、良师成长、村级大教育6项实验，推动村校协同，整合乡土课程资源，将乡村生活融入教育教学过程，普及初等教育，办孩子喜爱、农民满意的家门口好学校，以解决学校生存问题。行知小学作为联合国教科文组织普及初等教育与扫盲规划研讨会考察点，受到好评；获得中国陶行知研究会首届全国陶行知教育理论研究与实验成果一等奖。

(二)城乡联合，实践育人(1994—2006)

1994年创立行知基地。开展"三农"体验、赏识教育、三小课堂、教师发展学校、小学小班化、中华文化浸濡6项新实验。为推动城乡协同，我们率先开展综合实践活动，形成城市带动乡村、乡村反哺城市的良性互动局面，促进了教育公平。2000年，我入选全国优秀教师师德报告团，在人民大会堂及各地宣讲育人经验，反响热烈。学校成为省实验小学、省文明单位、全国青少年校外活动示范基地。

(三)国际交流,文化育人(2007—2014)

2007 年设立行知苑对外交流中心。我们开展世界学校共建、马来西亚行知教育携手行动、五好陶娃评价、中学小班化、青奥学校创建、孔子课堂 6 项新实验,以推动国际协同。利用友好交流活动,开发文化融合课程,提高了育人质量,产生了广泛影响。学校成为市现代化示范学校、汉语国际推广中小学基地,被国际奥委会指定为南京青奥会文化教育活动场所。

(四)品牌共享,生态育人(2015—2021)

2015 年组建教育集团。开展教学做合一、以美育人、研学课程、云播课程 4 项新实验。深入学习习近平总书记关于教育的重要论述,梳理和总结大情怀育人体系,优化育人生态,推动品牌共享,深化了学校与家庭、中小学与幼儿园、校内与校外、乡村与城市、国内与国外教育文化的融合,带动了国内外 200 多所学校开展行知教育实验。2017 年成为全国青少年校园足球特色学校,2018 年成为全国中小学生研学实践教育营地。获全国教育改革创新杰出校长奖、江苏省国家级教学成果特等奖。

三、成果的主要内容

(一)开辟了"生活即教育"的行知教育实验道路

以陶行知教育思想的当代实践解决乡村学校育人实际问题,我们始终潜心于行知教育实验。大情怀育人体系就是在系列行知教育实验中逐步构建起来的。贯彻党的教育方针政策，以"生活教育"理论为引领，用一个个扎实的实验，推进班级建设、课程开发、教学实施、队伍锻造，创新管理制度，优化教育机制，改造学校生活，转变师生价值观念和行动方式。

1. 满怀敬仰、全面传承陶行知教育思想

弘扬"捧着一颗心来，不带半根草去"的精神。扎根乡村，热爱儿童，主动放弃进城的机会、提拔的机会，甘做"傻瓜"，勇于"开辟"，乐于"创造"，潜心开展行知教育实验，不断提高育人质量，不断提升师德境界，做老百姓心目中的"四有"好老师。

奉行"知行合一"的哲学。陶行知将"知""行"合起来，创造了一个"衡"字，寓意知行合一。行知教育实验以此为实践哲学，强调一个"我"字：师生都从我做起，高扬主体精神，做学习、工作、生活的主人，自立立人，成为有担当的人；聚焦一个"爱"字：达成被爱、引导施爱、启发自爱，成为有情怀的人；还抓住"真、事、用、新、大、恒、乐"等字，修炼知行合一这门"大课"，将理念转换成教育行为。

践行生活教育理论。系统运用"生活即教育""社会即学校""教学做合一"原理指导教育教学实践，坚持劳动教育，突出体育、美育和中华传统文化教育，实现五育融合，促进学生德智体美劳全面发展，促进全民终身大教育体系的形成。

2. 用扎根性、长程性、掘井式的持续实验破解各种育人难题

40年一以贯之，以陶行知教育思想引领教育实践，遇到新问题便开展新实验，在怀疑中起步，在挫折中坚持，在规律上坚守，在收获时共享，

不断深化实验项目。从 1981 年到 2021 年累计开办了 104 个行知班，开展了 22 项行知教育实验，贯穿村校一体、城乡联合、国际交流、品牌共享各阶段，涉及德育、课程、教学、管理各领域，指向德智体美劳各方面，构成了落地生根、扎实丰满的实验体系，有效破解了一系列乡村教育难题，提升了育人质量。

2011 年，在全国纪念陶行知 120 周年诞辰系列活动中，我们正式明确将"行知教育"作为核心概念，标志着行知教育实验进入了一个自觉实践、自觉构建的新阶段，它有三个基本特征：第一，"扎根性"，扎根教育现场，直面问题，自觉开展；第二，"长程性"，与时俱进，持续探索，及时将实验成果转化为学校的价值导向和工作制度，转化为师生的思维方式和行动方式；第三，"掘井式"，反复推进，持续深入，系统构建，不断深化育人方式变革。

3. 开展行知教育实验遵循三个原则

积极与国家教育改革步伐相呼应。学习贯彻教育体制改革、普及九年义务教育、素质教育、课程改革、教育现代化、核心素养等一系列方针政策，为党育人，为国育才，始终把握好行知教育实验的正确方向。

自觉与教育前沿思想理论相结合。融合"童心母爱""情感教育""关怀伦理"等教育思想，密切关注愉快教育、成功教育、新教育实验的经验，不断推进行知教育实验向纵深发展。

在经验分享中丰富实验内涵。2000 年入选全国优秀教师师德报告团，2004 年以来多次到马来西亚巡回演讲，众多国内外教育同行也走进行知校园，这既是传播陶行知教育思想的机会，也是更好地学习他人鲜活教育经验的机会，持续给行知教育实验带来新启发。

4. 探索新时代行知教育实验的路径和方法

2018 年分别与湖南弘慧教育发展基金会、北京桂馨基金会合作，实施支持西部贫困地区乡村学校开展行知教育实验公益项目，邀请"行知教育实验主持人"，开展自我成长、家庭建设、班级经营、学校发展四个层面的实验。编印《行知教育实验手册》，阐述七项实验原则：不忘初心，自觉担当使命；理念认同，终身并肩携手；从我做起，实验与人同行；放出样子，扩大实验影响；四个层面，同步推进实验；系统思考，整体设计实验；搭建平台，充分共享智慧。已带动了国内外 6 个国家 60 多位教育同行设立"行知教育工作室"，与国内外 200 多所学校携手合作，初步形成了行知教育实验共同体。

(二)构建了"爱满天下"的大情怀育人体系

以陶行知教育思想的当代实践解决乡村学校育人实际问题，我们始终聚焦于"大情怀"。陶行知先生给后人留下了丰厚的精神遗产，最动人、最有力量的就是"爱满天下"的大情怀。他说："要想完成乡村教育的使命，什么计划方法都是次要的，那超过一切的条件是同志们肯把整个的心献给乡村人民和儿童。真教育是心心相印的活动。唯独从心里发出来的，才能打到心的深处。"在 40 年的育人探索中，我们鲜明地提出了大情怀育人教育主张，构建了大情怀育人体系，形成了体现独特儿童观、教育观、学校观、课程教学观的本土教育话语方式。

1. 爱生命的育人理念

四大要义。关怀生命——达成被爱，让每个生命都成为爱的聚焦；引导施爱，让每个生命都成为爱的源泉；启发自爱，让每个生命都成为爱的堡垒。关注生长——尊重生命生长的客观规律，既欣赏盛开的鲜花，又善待迟开的花苞，拒绝揠苗助长、急功近利，让每个学生都能享受成长的快乐。关切生机——尊重生命主体，相信生命潜能，理解生命差异，通过成长性评价，滋养生命、激发生机。关心生态——建设优美的校园环境，建立良好的教学关系，为生命提供丰富、健康、自然的文化生态。

四个特征。以大爱为育人的核心——大情怀是以德育人。以理想信念为育人的灵魂——大情怀育人是价值育人。以知行合一为育人的支柱——大情怀育人是实践育人。以审美品格为育人的境界——大情怀育人是以美育人。

三个机制。深情的引领机制——解决"方向"问题，坚守教育信念，勇于担当促进乡村进步的教育使命，高质量贯彻五育并举、全面发展的教育方针，始终以立德树人评价学校的各项工作。真情的驱动机制——解决"动力"问题，倡导"学会赏识""花苞心态"，不放弃、不伤害、不小看，以生命唤醒生命，在爱的实践中实现爱的传递。融情的凝聚机制——解决"性能"问题，倡导"人人都是学习者，人人都是教育者，人人都是创造者"的大教育观，凝聚智慧，协力为儿童成长创造良好育人生态。

2. 有担当的育人目标

培养持续的学习者、自觉的教育者、积极的创造者。培育学习力，人人担当终身学习、不断成长、学以致用的责任；培育教育力，人人担当"自觉觉人"、终身自我教育、促进他人健康成长的责任；培育创造力，人人担当开拓创新、促进生活美好、社会进步的责任。

"三风一训"凸显担当品质。大情怀育人培养的是有担当的"精彩陶子"。校风"大气、大志、大爱"：大气强调自立自强，大志激发理想信念，大爱突出责任担当。教风"坚持、感激、成长"：坚持初心，感激所得，全心成长。学风"扎根、舒展、绽放"：植仁爱之根，身心舒展，在勇于担当中绽放。校训"还能更精彩"：肯定过去，担当未来。

"五好陶娃"评价指向全面发展。分学段拟定成长目标，发挥吉祥物的评价功能，制订《陶娃规》，实施"五好陶娃"评价方法，运用"优点卡"评价技术，培养"手脑并用、快乐舒展、淘气可爱、灵气十足、友爱互动"全面发展的乡村儿童。

3. 重实践的育人路径

以爱的实践为核心的生活德育：德育融入乡村生活，融入村校、城乡、中外文化交流活动，让学生在生活中感受被爱、自觉施爱、学会自爱。"教学做合一"的生长课程：整合教育资源，为学生的全面发展提供场景丰富的综合实践课程。手脑并用的生机课堂：凸显"小朋友、小先生、小主人"的主体意识，开展"小问题、小探究、小展示"，在做事中成长。

4. 可共享的育人生态

环境生态。提升学校硬件，营造优美环境。既有现代化的教学楼，也完整保留了村小原貌。有茶艺馆、陶艺馆、军事模型馆、生命安全实训馆等众多特色场馆，有花圃、池塘、大草坪、小树林，还有茶园、菜园、果园、荷花园，都散发着浓浓的乡土气息。周边设有 50 多个农户接待站、20 个劳动实践协作基地，将校园延伸到社会。

文化生态。建造行知文化广场，敬立陶行知雕像，设计学校标志"陶花"、吉祥物"陶娃"；营造"用心用情、共建共享"的课程文化，"含苞待放、生机盎然"的教学文化，"有滋有味、有情有义"的教师文化，"合情合理、通情达理"的管理文化。制订《行知文化建设纲要》，文化主题是"并肩走在行知路上，携手创造精彩人生"；文化使命是"让乡村儿童享受精彩教育，让行知精神得到精彩弘扬"；办学愿景是"小学校，大教育；小学校，大文化；小学校，大事业"；学校精神是"立大志，做小事；立大志，做实事；立大志，做新事"；教育策略是"走进生命、发现潜能、唤起自信、善待差异、引导自选"。

教师生态。取"千教万教教人求真"之"真"、"捧着一颗心来"之"心"，做真心良师：努力读好"实践"这本活书，读好"行知"这本大书，读好"生命"这本天书，坚信生命价值在做人的基础上建立。

(三)形成了"教学做合一"的课程与教学范式

以陶行知教育思想的当代实践解决乡村学校育人实际问题，我们始终立足课程教学改革。强调以"做"为中心，突出实践品格，先后开展了12项课程与教学方面的实验探索，将大情怀育人落在实处。

1. 促进学生全面发展的"生长课程"

按照"国家课程校本化，生活资源课程化，学校课程系统化"的思路，在高质量落实国家课程标准的前提下，运用联合策略，让课程生长在乡村的土地上，生长在联合的生活中，形成了"基于生长、滋养生长、促进生长"的培植乡村儿童生活力的生长课程体系，为"村校一体、城乡联合、国际交流、品牌共享"的大情怀育人实施路径提供了有力保障。

生命涵育课程群涵盖 6 个学校课程领域，其中校本课程有 50 多个。社会实践课程群有 6 个门类 24 个模块 100 多个课程。

实践使我们体会到，整合乡土资源，完全可以开发出满足乡村儿童全面发展、快乐成长的课程体系；乡村丰富的课程资源也可以反哺城市，满足城市学生体验乡村生活、开展劳动教育实践的需要；整合乡村和城市文化资源，还可以开发吸引境外学生学习中华文化的课程；城乡学生携手，中外学生相遇，又成为开发"交往课程"的契机。

2. 充满信任、富有美感的"生机课堂"

提取学校生活场景、家庭生活场景、社会生活场景、虚拟生活场景的教学意义，用"花苞精神"使课堂生机盎然，让学校成为学生每天都想来的地方。

创造性运用"小先生制"。凸显学生"小朋友、小先生、小主人"的学习主体意识，做互敬互爱的小朋友、即知即传的小先生、自动自立的小主人。操作层面以"小问题、小探究、小展示"为学习形态，实行"板块式"学习流程，让课堂焕发生机活力。

六条原则。落实尊重、信任、理解、激励、包容、提醒原则，不放弃，不歧视，不抱怨，不逼迫，让"花苞心态"成为师生的共识。

三个维度评价课堂学习。一看有没有聚焦事件：事是场景、任务、引擎，事源于教学计划，也源于生活，课堂里学生要有事可做。二看有没有改进工具：教学工具为学习提供支持，用"学问手册""学习单""课堂观察量表"促进学生自主合作探究，用"优点卡""五好陶娃"等工具进行形成性评价和激励性评价。三看有没有收集证据：证据让学习"可见"，在学习流程中收集、记录事实与数据，评价学习的完成度。

(四)搭建了"社会即学校"的协同育人平台

以陶行知教育思想的当代实践解决乡村学校育人实际问题，我们始终致力于凝聚教育合力。运用联合策略，坚持开放办学，构建人人受教育、人人办教育的协同育人格局，用"大协同"落实"大情怀"。

1. 村校协同，共建家校社互动，中小幼衔接的村级大教育平台

20世纪90年代开展村级大教育实验，破解学校资源不足的难题，学校融入乡村，乡村帮助学校，学校教育、家庭教育、农民教育、教师教育齐抓共管，共同发展。2011年设立中学部，中小幼和基地共同推行生活教育，办学理念一致，文化标识通用，管理协同，资源共享，教育质量显著提升。

2. 城乡协同，校内外互动，共建全国一流的中小学生研学实践平台

1994年创立行知基地，陆续建成了生活体验区、室内体验区、户外种植区、文体活动区、素质拓展区，还开辟了校外半径5公里核心资源区、10公里拓展资源区、100公里内研学资源区，内外联通，为众多学校提供乡村实践体验课程，满足了育人需求，也带动了乡村发展，成为全国研学实践教育领域的排头兵。

3. 国际协同，共建令人向往的中外师生文化交流平台

"融进行知文化、亲近乡土文化、触摸南京文化、领略长江文化"，文化融合课程引来了众多国外师生。2007年创建汉语国际推广中小学基地，实施了新加坡学生中华文化浸濡活动、马来西亚爱心教育项目、美国孔子课堂项目、青奥会生态环保农业项目、华裔青少年中国寻根之旅活动、"一带一路"华文学校行知教育论坛项目、中华文化云播中心项目等，每年

都吸引上千名境外师生学习中华文化。2009 年成为国家汉办外国本土汉语教师培训基地。为新加坡、马来西亚等国家的华文教师累计开办了 40 多个研修班，培训华文教师超过 1000 人，分享行知思想和育人经验。

实践证明，乡村教育并不是落后教育的代名词，乡村教育有着自身的美好品质和独特价值。通过联合的方式，乡村学校就能以平等的姿态融入城乡一体化、全球化的浪潮，并从中获得滋养，全面提升育人质量。这里说的育人，还包括所有成年人。协同育人格局下的学校，是老百姓心目中文明、公正、美丽、有知识、讲道德的地方，要让老百姓通过学校看到国家的希望、民族的未来，让学校成为一面文化旗帜，在绿色乡间高高飘扬，在老百姓心中高高飘扬！

四、效果与反思

(一)培养了大批"做真人、爱生活、善学习、有担当"的"精彩陶子"

对行知小学 1986—2021 届 81 个毕业班 2735 名毕业生和 1000 多名在校生的抽样调查显示，校友记忆中的学校生活体验达 92.6 分，在校习得最为突出的品质是"家国情怀"和"劳动意识"。在校生区域内音乐、美术、劳动、综合实践绿色质量调研中的表现均为优秀，省学业水平测试各项指标超省均 3%～5%。

(二)造就了一批"扎根乡村、乐于奉献、勇于创新"的真心良师

调查显示，校友在各项评价中对母校老师的师德评分最高，达

93.9分。以陶为师，树立了中国乡村教师良好的群体形象：有全国优秀教师、中国好人，有全国社会教育突出贡献奖获得者，有全国教书育人楷模、师德标兵、"两基"工作先进个人、中国当代教育名家。教师代表入选教育部师德报告团，应邀到7个国家分享行知教育经验。

(三)建成了一所"爱满天下、知行合一、面向未来"的一流乡村学校

我们学校从落后的村小发展成现代化的教育集团，成为老百姓家门口的好学校，成为省模范小学、实验小学、文明单位、全国校园足球特色学校、全国青少年校外活动示范基地、全国中小学生研学实践教育营地、中国华侨国际文化交流基地。

(四)发挥了行知教育思想在国内外的示范影响力

《人民日报》、《中国教育报》、中央电视台、新加坡《联合早报》等媒体长期跟踪报道；专著《走在行知路上》被列入"中国当代教育家丛书"，并在马来西亚出版发行；出版"行知教育实验丛书"7本，带动了内蒙古、新疆、云南等地50多所学校开展行知教育实验。马来西亚教育部推动的爱心计划，自2010年开始将本校作为"母亲校"，系统学习实践陶行知教育思想。目前有130余所华文小学参与这项计划，惠及近4000位教师6万个学生。多次应邀到菲律宾、马来西亚等国做巡回演讲，听众累计超过1万人。与200多所海外华文学校联合举办了17次"一带一路"华文学校行知教育论坛。推动了新加坡行知文教中心、马来西亚行知教育学苑等5家海外行知教育文化机构的成立。2020年和2021年，云播中心给美国孩子在线上中

文课，给欧洲学生上书法课，与新加坡学生在线"同上一节课"，共组织线上交流活动 200 多次，参与者超过 5 万人次。

中国教育科学研究院专家评价本校"为中国的教育现代化在农村如何突破，做了一个有意义的、实验性的探索"。中国教育学会专家评价本人"扎根农村 40 年，创造性地继承和发扬了陶行知先生的教育思想，把一所简陋的农村小学办成了具有先进教育理念、优秀教师队伍、优异教育质量的全国知名现代化学校，经验值得总结，成果值得推广"。

(五)几点反思

第一，在新时代背景下，如何更加深入地开展行知教育实验，推动育人方式变革？以陶行知教育思想为代表的中华优秀教育文化，尚未在办学实践中充分彰显其生命力，教育理念与教学实践分离现象依然存在。真正实现知行合一的教育理想，还需要开展更多的实验探索。

第二，在城乡一体化进程中，乡村学校如何进一步凸显育人优势？城乡一体化是社会发展的趋势，但乡土情怀、乡村资源依然是乡村学校育人的根基。怎样既能适应城市化，又能保持乡土本色，让城市教育和乡村教育相互滋养，还需要进行更深的挖掘。

第三，在信息化时代，怎样进一步推动行知教育实验共同体的建设，让大情怀育人走得更远？完善大情怀育人的理论和实践，成为更多教育工作者、更多学校的自觉行动，还需要做出更大的努力。

4

2024 年教育部"教育家精神"巡回宣讲稿

大家好！我汇报的题目是《当好乡村孩子的引路人》。

学习领会习近平总书记深刻阐释的教育家精神，我内心产生了强烈共鸣，受到了莫大鼓舞。我真切体会到，教育家精神是照亮教育强国之路的灯塔，全社会都要大力弘扬教育家精神，每个人都要努力为教育强国建设做贡献。

老师对学生的影响深远，一言一行都可能伴随学生的一生。"言为士则，行为世范"既揭示了教师职业的本质属性，也是对广大教师教书育人提出的殷切期望。

记忆把我拉回 40 多年前。1981 年，我从晓庄师范毕业后，主动选择到江浦县建设乡五里小学任教。我最大的心愿是，让乡村孩子也能享受好的教育。

开学了，我发现还有 6 个孩子没来报名。我没有放弃，用了一个多月，走村串户，把这些孩子全部拉进课堂。王阴霞同学读二年级后，辍学在家，我反复上门动员，劝她不要放弃，让她插班四年级，给她补上落下的功课。

30 多年后，我听到了王阴霞的感人故事：她捐肾救夫，罹患癌症坚强无悔，入选"中国好人榜"。她说是老师在她心中播下了善良的种子，让她决不放弃，迎难而上。

当年学校建在山坡上，墙体开裂，漏风漏雨。在村长的带领下，乡亲们集资七万多元，在平坦的小河边新建学校。学校有了起色，我被提拔到县里。之后，我思虑再三，郑重向组织递交申请书，回校任教。我甘愿做一辈子乡村教师。

学生刘明祥看到我回来了，问我会不会一直在这里教书，我说会的。从此，我再也没有离开这所学校。而他后来也报考了师范院校，毕业后回母校任教，一干就是 34 年，成为中国青少年社会教育"银杏奖"突出贡献奖获得者。

1985 年，学校更名为行知小学，我当校长。我们摸了个底，学校过去 9 年的 357 名毕业生，平均每人留级 1.27 年。我们顶住压力，开展"不留级实验"。

有个孩子叫朱仁洲，上课不专心，成绩不理想，他的父亲要求给孩子留级，态度很坚决。

我去家访，看到墙上贴了很多他画的画，很有天赋。我指着画对孩子的父亲说："画画有灵气，成绩没问题，交给我们，放心吧！"在我们的坚持和保证下，家长终于答应让孩子读二年级。

我们提倡老师、学生、家长学会欣赏，人人修炼"花苞心态"，既赞美盛开的鲜花，又善待迟开的花苞。慢慢地，朱仁洲的美术天赋得到发挥，学习信心得到激发，后来凭美术专长考上了大学。

多年后，已成为南京工业大学艺术学院副教授的朱仁洲，不仅为南京工业大学设计了校徽，还主动请缨，为母校设计校徽和吉祥物。他说，母校给他最大的财富就是学会欣赏，这也是重要的审美素养。

学校课桌凳都是缺胳膊少腿的。我们老师就自己动手，抡起铁锹，带着学生栽下一片小树苗，盘算着等这些树长大了，就砍下来更新课桌凳。

如今，我们自然是用不着砍树了。这片小树林已成为校园里最美的风景，成为校友们最难忘的童年记忆。老师们热爱学校、勤于劳动、乐于创造的品质对学生产生了持久的影响。

稻田、果园就是宝贵的课堂，梨树、桃树就是鲜活的教材。在大自然中，在手脑并用中，孩子们的学习主动性越来越强，教学质量越来越好。

没想到，我们整合乡土资源，开发课程教学体系，不仅可以促进乡村孩子快乐学习、全面发展，还可以反哺城市教育，提供乡村生活、劳动实践的体验机会。1994 年，我们开办了江苏省第一个中小学生社会实践基地——行知基地。

一批又一批城市学生走进劳动基地，挖红薯，采茶叶，割麦子，采棉花，看露天电影，开篝火晚会。我们与农民联合办基地，设立 50 多个农户接待站，聘请村民担任校外辅导员，也帮他们提高收入。

30 年来，行知基地接待近 60 万中小学生，成为全国研学营地。

2005 年，基地又开始承办新加坡、澳大利亚学生中华文化浸濡活动、华裔青少年中国寻根之旅活动……已累计接待 100 多个国家 12000 多个师生，成为汉语国际推广中小学基地、中国华侨国际文化交流基地。

我们也利用基地，让乡村孩子当起即知即传的小先生。数千名小先生在老师的指导下，把乡土文化、自然之美传递给城市学生、外国朋友，把科技知识、文明风尚带进乡村的每个角落。

经过 40 多年的奋斗，伴随着乡村脱贫、依托着国家全面建成小康社会，我们学校发生了翻天覆地的变化，昔日占地 9 亩的落后村小发展成了集中小幼、基地于一体的现代化教育集团。我们的《大情怀育人：扎根乡村 40 年的行知教育实验》荣获国家级教学成果特等奖。

南京师范大学对 1986 至 2021 届 81 个班 2735 名毕业生调查显示，校友记忆中的学校生活体验为"温暖"，表现出不放弃、能坚守、爱劳动、会创造、有担当等良好素养。

在这项跨度为 40 年的教育实验中，我们深切体会到，老师的引领示范至关重要。刘明祥、王阴霞、朱仁洲……站在我们面前的，是一个个平凡的乡村孩子，我们不仅仅教给了他们知识，更重要的是，让他们传承了知行合一、向上向善的精神品格。正如他们自己所说的，温暖、坚持、创造、担当……这是教育的初衷，也是教育的答案。

40 多年来，学校走出了一批又一批振兴乡村、服务社会、报效国家的生力军，走出了忠诚勇敢的边防战士、开拓创新的科研人员、救死扶伤的抗疫先进、潜心育人的人民教师……他们都在祖国各个平凡的岗位上成就着不平凡的人生。

言为士则，行为世范。正其身，修其德，学生自会亲其师；忠其事，精其业，学生自会信其道。每一位平凡的老师都在学生的成长道路上，起着不平凡的作用！我们愿意躬耕教坛，努力为学生做好锤炼品格的引路人、学习知识的引路人、创新思维的引路人、奉献祖国的引路人。

后　记

2023 年 7 月 28 日，我先后接到北京师范大学滕珺教授和北京师范大学出版社祁传华主任的电话，约我参与顾明远先生主编的"四有"好老师丛书写作计划。这个计划让我怦然心动！

从 1981 年 18 岁到 2023 年 60 岁，我在南京长江北岸一所乡村小学度过了教师职业生涯。在这个时间节点上，写一本书，讲述自己作为一名乡村教师完整的职业生涯故事，也展望、规划一下 60 岁以后的教育生活，是我不能错过的机会。

8 月 25 日，我在线出席丛书编写启动会。顾明远先生赞同我汇报的写作提纲，他说："2021 年我曾到行知教育集团参加'扎根乡村 40 年的行知教育实验'研讨会，很感动。相信你一定能写好这本书。"在启动会上，我也听取了其他作者的写作计划以及编委会专家的点评，大为感动，大受启发。

10 月 20 日，我在中国香港出席第五届粤港澳大湾区师德论坛，遇到顾明远先生和滕珺教授。那时，我正在因难以确定这本书的立意、视角，磨蹭两个月都下不了笔而焦虑。顾先生和滕教授认为我在那次论坛上分享的践行高尚师德、弘扬教育家精神，做党和人民满意的好老师就是很好的立意、很好的视角。他们建议我围绕这个主线，首先看一看过去的教育日记、工作资料，收集真实、充实的写作素材。专家的鼓励、点拨，让我打开了思路，增强了信心。

2004 年，我撰写的《走在行知路上》，在高等教育出版社出版，被收录于"中国当代教育家丛书"。当时，为出版这本书，我学会了使用电脑。我在累计 150 多本教育日记中，选择将 30 多万字的素材输入电脑，为写作打下了重要的基础。此后，我开始用电脑写教育日记。这一次，我将20 年来的"日程"和"随笔"集中到一个 word 文档里，累计超过 200 万字，也汇集了顾明远先生作序、我主编出版的"行知教育实验丛书"(7 本)电子稿以及历年来的论文、报道文稿。有了这些素材，就可以在电脑里搜索关键词，方便查阅、调取所需要的内容了。

在整理素材的过程中，我的写作思路逐渐清晰起来。42 年的教书育人生涯，我最想要在这本书里分享"四个一"。

圆一个心愿：让农民的孩子也能享受最好的教育。

走一条道路：走在行知路上。

做一件事情：开展行知教育实验。

绘一张蓝图：构建大情怀育人体系。

围绕这四条线，顺着"扎根""突围""超越""共享""反思"的线索，我刻意选择了 60 个话题，像是在为自己 60 岁的人生做一份"总结报告"，更像是面向今后教育生活的一份"开题报告"，不是结论，而是新探索的开始。

关于这本书，我是越想越美，但很快又被新的焦虑淹没。距离交稿的时间越来越近了，怎么办？怎么办？

2024 年春季学期开学时，北京师范大学教育培训中心选送内蒙古鄂尔多斯市 4 位小学语文名师来南京行知小学跟岗学习。在王丹校长的大力支持下，听我口述并协助整理这本书，成为跟岗学习的重要内容和形式，也受到几位老师的真心欢迎。

聚在学校的行知书屋，泡上一杯在行知校园产出的绿茶，打开智能笔记本，我们的新书共创便开始了。围绕 60 个话题，我们时而讲述，时而追问，时而质疑，时而讨论……大家都感到那个过程很充实、很陶醉，感觉时间过得很快。每次交流之后，几位老师就分头行动，将自动生成的录音和文字整理成稿，我再一篇一篇修改、加工。就这样，我们用了 1 个月的时间，合成了整本书第一稿。我们又将书稿打印出来，请每位老师通篇阅读、修改，再一起讨论、打磨，很快生成了第二稿。这个过程当然也是很辛苦、很煎熬的，但是老师们热情高涨，工作卓有成效。她们以热忱的教育情怀和扎实的专业素养，以及过硬的语言文字基本功，为这本书的成型做出了重要贡献。特别感谢四位可敬可爱的老师，她们是：

内蒙古鄂尔多斯市鄂托克前旗第三小学胡向红老师；

内蒙古鄂尔多斯市乌审旗第三小学冯小静老师；

内蒙古鄂尔多斯市康巴什区第五小学张雪娇老师；

内蒙古鄂尔多斯市伊金霍洛旗第四小学米雪梅老师。

几位老师在结束跟岗，返回途中，都发来微信，分享感受。米雪梅老师的微信是：

> 杨校长，昨天我又看望了一次老校区，走了一遍行知路，驻足在您的办公室前，穿梭在教学楼和行知基地的角角落落，和可爱尽职的门卫师傅挥挥手……每到一处，每见一人，四个月来的点点滴滴都会清晰浮现在眼前，温暖的、感动的、努力的、欢笑的……尤其是听您讲述的那段时间，在别人看来您是有情怀的教育家，但在我眼里更是一位慈爱、睿智的父辈亲人。感谢您一次次点燃了我的教育理想，推着我站上一个个思想高地。无法预测这段经历对我的教育之路、人生之路有多大的影响，但我隐约感觉到会很大很大……

我很高兴能在行知校园里遇到这 4 位年轻的教育伙伴，在和她们的共同奋斗中，我也收获了感动，收获了成长。她们是这本书的共创者，又是这本书最早的读者。我感觉到她们是爱读这本书的，她们让我相信，这本书是有可能被更多人接受的。她们满怀青春活力扎根民族地区，争做"四有"好老师，弘扬教育家精神，为党育人，为国育才，为铸牢中华民族共同体意识奉献力量。从她们身上，我看到了教育强国建设的美好前景，也看到了行知教育实验重要的推广价值。

也要特别感谢江苏省行知教育实验研究所的几位同事，他们每人负责一章，在第二稿的基础上进行了深度加工：

> 吴鑫老师负责第一章 12 篇，
>
> 张淑华老师负责第二章 12 篇，
>
> 郑一辰老师负责第三章 14 篇，
>
> 朱德成老师负责第四章 13 篇，
>
> 戴春玲老师负责第五章 9 篇。

我再做最后统整，形成了第三稿，按时交给了出版社。后来，朱德成老师还用了几天时间对出版社二校稿进行了整体修改完善。

还要特别感谢责任编辑宋星。由于我这本书是在口述的基础上生成的，语言上缺少推敲，给编辑带来了很大的不便；拿到二校、三校稿后，我们又进行了较多的修改，给编辑增加了很大的压力。宋编辑总是耐心、热忱地支持我们、鼓励我们，她的专业素养给我们留下了美好的印象。

5 月 19 日，敬爱的顾明远先生再次来我们学校调研指导，并为学校题词："深化行知教育实践，推进中国式教育现代化。"顾先生听说我的书已经交给出版社开始排版，即将进入一校阶段，很高兴。特别感激顾先生给予我的厚爱和指导。这个重要的题词，其实也揭示和提升了我写这本书的意义。

7 月底，出版社嘱咐我写后记。我刚好准备出发到吉隆坡，出席马来西亚华校董事联合会总会 70 周年会庆系列活动"教育名师讲堂"，做主题为"教师在社会变革中的角色"的演讲。在学术交流的间隙，我写成了这篇后记。很巧的是，2004 年 8 月，我应邀出席马来西亚华校董事联合会总会 50 周年会庆系列活动，也是在吉隆坡写下了《走在行知路上》那本书的前言。

由于自己的学识不够，这本书难免存在疏漏之处，敬请亲爱的读者批评指正！

杨瑞清

2024 年 8 月 3 日于马来西亚吉隆坡

图书在版编目（CIP）数据

走在行知教育实验的路上/杨瑞清著 . —北京：北京师范大学
出版社，2025.1.（"四有"好老师系列丛书）. —ISBN 978-7-303-
30125-6

Ⅰ. K825.46

中国国家版本馆 CIP 数据核字第 20242G6W66 号

营 销 中 心 电 话 010-58805385
北 京 师 范 大 学 出 版 社
主题出版与重大项目策划部

ZOUZAI XINGZHI JIAOYU SHIYAN DE LUSHANG

出版发行：北京师范大学出版社　www.bnupg.com
　　　　　北京市西城区新街口外大街 12-3 号
　　　　　邮政编码：100088
印　　刷：北京盛通印刷股份有限公司
经　　销：全国新华书店
开　　本：730 mm×980 mm　1/16
印　　张：23.5
字　　数：289 千字
版　　次：2025 年 1 月第 1 版
印　　次：2025 年 1 月第 1 次印刷
定　　价：96.00 元

策划编辑：祁传华　　　　　　责任编辑：宋　星
美术编辑：王齐云　　　　　　装帧设计：王齐云
责任校对：陈　民　　　　　　责任印制：马　洁　赵　龙